弗布克精细化管理全案系列

成本费用控制
精细化管理全案

（第2版）

王德敏　编著

人民邮电出版社

北　京

图书在版编目（CIP）数据

成本费用控制精细化管理全案／王德敏编著. —2
版. —北京：人民邮电出版社，2012.3（2023.2重印）
（弗布克精细化管理全案系列）
ISBN 978-7-115-27195-2

Ⅰ.①成…　Ⅱ.①王…　Ⅲ.①企业管理：成本管理
Ⅳ.①F275.3

中国版本图书馆 CIP 数据核字（2011）第 255804 号

内 容 提 要

本书从控制方案、管控制度、管控流程三个维度入手，细化了对企业经营效益至关重要的人力成本、研发费用支出、生产成本、采购成本、物流成本、质量成本、销售费用、管理费用、财务费用共九项成本费用，可以帮助企业对成本费用控制工作进行精细化管理，具有很强的操作性。

本书适用于企业经营管理人员、成本费用中心管理人员、成本会计等相关工作人员以及企业财务管理咨询师、成本控制咨询师、高校相关专业师生阅读和使用。

◆ 编　著　王德敏
　　责任编辑　刘　盈
　　责任印制　焦志炜

◆ 人民邮电出版社出版发行　　北京市丰台区成寿寺路 11 号
　　邮编　100164　　电子邮件　315@ptpress.com.cn
　　网址　http://www.ptpress.com.cn
　　固安县铭成印刷有限公司印刷

◆ 开本：787×1092　1/16
　　印张：26　　　　　　　　　　2012 年 3 月第 2 版
　　字数：360 千字　　　　　　 2023 年 2 月河北第 43 次印刷

定　价：68.00 元（附光盘）
读者服务热线：（010）81055656　印装质量热线：（010）81055316
反盗版热线：（010）81055315
广告经营许可证：京东市监广登字20170147号

前　言

"弗布克精细化管理全案系列"图书旨在通过职位说明、制度、工具、流程和方案"五位一体"的整合，将职责、任务落实到具体的岗位和具体的人员，从而形成具体的工作方案。

为了方便读者"拿来即用"、"改了能用"、"易于套用"，我们对图书各部分的内容都进行了"模板化"设计，以方便读者结合本企业实际有针对性地修改、使用。

《成本费用控制精细化管理全案（第2版）》是"弗布克精细化管理全案系列"图书中的一本。这是一本不谈成本砍削理念、只讲成本节约方案的操作手册，本书内容集系统性、操作性、工具性、全案性和精细化于一体，从控制方案、管控制度和管控流程三个维度构建了企业成本费用控制精细化管理的全套方案。

在《成本费用控制精细化管理全案（第1版）》中，作者详细叙述了人力成本、生产成本、采购成本、物流成本、质量成本、销售费用、管理费用、财务费用共八项成本费用的控制事宜，几乎涵盖了企业的全部成本费用。

第1版出版近三年来，赢得了数十万读者的广泛关注，已成为广大企业读者的常备工具书。众多读者对本书的针对性、实用性、方便性、专业性给予了高度评价，同时针对书中存在的问题也提出了客观的意见和建议。

在此基础上，第2版做了如下修订和补充。

1. 根据新的《企业会计准则》，增加了研发费用支出的控制事宜，使本书也能够被技术型企业、研发型企业"拿来即用"。

2. 根据新的《企业会计准则》，更新了相关成本费用的核算办法，使企业成本控制工作的依据和成果更趋精准化。

3. 在人力成本、生产成本、采购成本、销售费用、管理费用、财务费用这六大成本方面，增加、补充了控制方案、管控制度、管控流程，使成本费用控制的范围进一步扩大，可以帮助企业全面开展成本费用控制工作。

4. 充分考虑读者的建议，对书中部分内容进行了图表化处理，以方便读者阅读和使用。

通过上述修订、完善，本书共设计了117个成本费用控制方案、25个成本费用管控制度、20个成本费用管控流程。设计的这些内容，不但构建起了企业成本费用管理的内容框架，而且形成了企业成本费用控制精细化管理的内容体系。

因此，本书的最大特色在于通过对企业九项成本费用的分析和细化，将各项成本费用控制工作逐步落实到方案、制度、流程上，可以使企业及企业各职能部门有效控制自身的成本费用，从而切实做到"向成本费用要利润、从成本费用中挤利润"。

在使用本书时，读者可根据企业的实际情况和工作的具体要求，对书中提及的方案、制度、流程修改套用，使其更加符合企业实际，提高成本费用控制的实际工作效果。同时，本书编者还为读者精心准备了配套光盘，光盘内收录了书中部分内容，并将书中某些工具表单根据实际需要适当放大，以便读者打开光盘后无需任何调整即能打印并使用这些工具表单。

在本书修订过程中，杨扬、孙立宏、孙宗坤、刘井学、刘伟、郁延娜负责资料的收集和整理，邓长发、廖应涵、王建霞、庄惠欢、李苏洋、任玉珍、王玉凤、唐娟负责图表的编排，张瀛参与修订了本书的第1章，陈婉莹参与修订了本书的第2章，王淑敏参与修订了本书的第3章，王兰会参与修订了本书的第4章，姜涛参与修订了本书的第5章，王琴参与修订了本书的第6章，姜巧萍参与修订了本书的第7章，孙佩红参与修订了本书的第8章，姚小风参与修订了本书的第9章，李亚慧参与修订了本书的第10章，全书由王德敏统撰定稿。

目　录

第 1 章

企业成本费用构成

1.1 人力成本

1.1.1 人力成本构成分析

企业人力成本（以下简称 HR 成本）是指企业为了获得日常经营管理所需的人力资源，在人员招聘、使用和人员离职后所产生的所有支出。具体包括招聘、录用、培训、使用、管理、医疗、保健、福利等各项费用。

根据人员从进入企业到离开企业整个过程中所发生的人力资源工作事项，可将 HR 成本分为取得成本、开发成本、使用成本与离职成本四个方面，具体内容如图 1-1 所示。

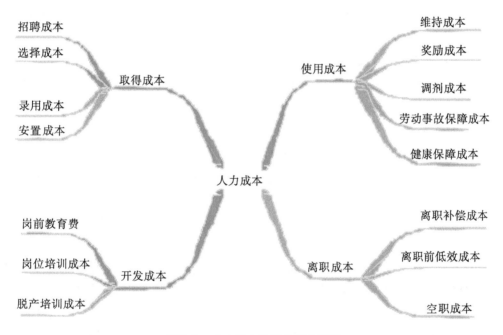

图 1-1 人力成本构成分析示意图

1. 取得成本

取得成本是指企业在招募和录取员工的过程中发生的成本，主要包括招聘、选择、录用和安置等各个环节所发生的费用。

（1）招聘成本，是指企业为吸收内外部人力资源而发生的费用，主要包括招聘人员的直接劳动费用、直接业务费用（如招聘洽谈会议费、差旅费、代理费、广告费、宣传材料费、办公费和水电费等）、间接费用（如行政管理费、临时场地及设备使用费）等。

（2）选择成本，是指企业为选择合格的员工而发生的费用，包括各个选拔环节（如初试、面试、心理测试、评论、体检等过程）发生的一切与录取或不录取有关的费用。

（3）录用成本，是指企业为取得已确定聘用员工的合法使用权而发生的费用，包括录取手续费、调动补偿费、搬迁费等由录用引起的有关费用。

（4）安置成本，是指企业将被录取的员工安排在某一岗位上的各种行政管理费用，包括录用部门为安置人员所损失的时间成本，录用部门安排人员的劳务费、咨询费等。

2. 开发成本

开发成本是指企业为提高员工的能力、工作效率及综合素质而支出的费用或付出的代价，主要包括岗前教育费、在职培训费和脱产培训费等。

（1）岗前教育费，是指企业对上岗前的新员工在思想政治、规章制度、基本知识、基本技能等方面进行教育所发生的费用，具体包括教育者与受教育者的工资，教育者与受教育者离岗的人工损失费用、教育管理费、资料费用和教育设备折旧费用等。

（2）岗位培训成本，是指企业为使员工达到岗位要求而对其进行培训所发生的费用，包括上岗培训成本和岗位再培训成本。

（3）脱产培训成本，是指企业根据生产和工作的需要，允许员工脱离工作岗位接受短期（一年内）或长期（一年以上）培训而发生的费用，其目的是为企业培养高层次的管理人员或专门的技术人员。

3. 使用成本

使用成本是指企业在使用员工的过程中发生的费用，主要包括工资、奖金、津贴、补贴、社会保险费用、福利费用、劳动保护费用、住房费用、工会费、存档费、残疾人保障金等。

（1）维持成本，是指企业维持员工的生产能力所发生的费用，主要指付给员工的劳动报酬，包括工资、津贴、年终分红等。

（2）奖励成本，是指企业为了激励员工发挥更大的作用，而对其超额劳动或其他特别贡献所支付的奖金，包括各种超产奖励、创新奖励、建议奖励或其他表彰支出等。

（3）调剂成本，是指企业为了调剂员工的工作和生活节奏，使其消除疲劳、稳定员工队伍所支出的费用，包括员工疗养费用、娱乐及文体活动费用、员工定期休假费用、节假日开支费用、改善企业工作环境的费用等。

（4）劳动事故保障成本，是指企业在员工因工受伤和因工作而患职业病的时候，给予员工的经济补偿费用，包括工伤和患职业病的工资、医药费、残疾补贴、丧葬费、遗属补贴、缺勤损失、最终补贴。

（5）健康保障成本，是指员工因工作以外的原因（如疾病、伤害、生育等）不能坚持工作，企业需要给予的经济补偿费用，包括医药费、缺勤工资、产假工资和补贴等。

4. 离职成本

离职成本是指企业在员工离职时可能支付给员工的离职津贴、一定时期的生活费、离职交通费等费用，主要包括解聘、辞退费用及工作暂停造成的损失等。

（1）离职补偿成本，是指企业辞退员工或员工自动辞职时，企业应补偿给员工的费用，包括截至离职时间企业应支付给员工的工资、一次性付给员工的离职金、必要的离职人员安置费用等支出。

（2）离职前低效成本，是指员工因即将离开企业而带来的工作或生产效率低下，企业由此损失的费用。

（3）空职成本，是指员工离职后造成职位空缺的损失费用，由于某职位空缺可能会使某项工作或任务的完成受到不良影响，从而会造成企业的损失。

1.1.2 人力成本管理控制方案

现代企业的竞争主要是人才竞争，这也是企业在人力成本方面的支出一直居高不下的主要原因之一。企业在发展壮大的同时，必须重视人才队伍的不断壮大、人力资源成本（以下简称"HR 成本"）的管理控制，加强 HR 成本统计与分析，减少无效的人工投入或支出，提高劳动生产率，实现 HR 成本合理的投入产出比，以不断提升本企业在市场中的竞争力。

下面给出某企业的人力成本管理控制方案，供读者参考。

人力成本管理控制方案

一、HR 成本控制的责任主体

HR 成本管理工作是一项系统工程，需要从组建 HR 成本管理组织开始，建立系统性的、全方位的 HR 成本管理体系，即在企业内部建立以人力资源部为主、财务部配合的 HR 成本管理小组，该小组的主要职责具体体现在以下五个方面。

1. 负责 HR 成本管理组织建设

指定企业下属单位或各部门的 HR 成本管理的责任主体。

2. 负责 HR 成本预算管理

严格审核各项 HR 成本的预算，对预算外的人工支出予以严格监控，执行审批程序，经批准后方能执行，尽可能控制 HR 成本的不合理支出。

3. 负责确定 HR 成本控制目标

调查、收集、整理社会上或同行的 HR 成本信息、本企业全部人工的 HR 成本信息，合理确定本企业的 HR 成本控制指标及目标，定期发布企业各部门及下属单位的 HR 成本控制标准。

4. 本企业 HR 成本信息管理与服务

（1）监督检查各部门及本企业下属单位提交的报表数字，确保 HR 成本的相关数据真实有效。

（2）定期发布企业的 HR 成本状况，为下属各单位提供 HR 成本信息查询服务。

5. 负责企业 HR 成本结算工作

负责召开每年的 HR 成本结算会，对有效控制 HR 成本或相对 HR 成本偏低的单位或部门进行奖励，对相对 HR 成本偏高的单位或部门进行预警预报，必要时可于相关人员的考核中提出 HR 成本否决制建议。

二、做好 HR 成本分析工作

HR 成本分析的重点工作在于确定合适的分析指标，以全面分析 HR 成本的构成、数量与指标之间的关系。常见的 HR 成本分析指标主要包括总量分析指标、成本结构指标、成本分析比率型指标三个方面。

1. HR 成本总量分析指标

HR 成本总量分析指标用人均 HR 成本、全员劳动生产率等指标来反映，具体如下表所示。

HR 成本总量分析指标一览表

指标名称	计算公式	用途
人均 HR 成本	$\dfrac{HR\,成本总额}{同期同口径员工人数}$，其中，员工人数指在本企业工作并需支付工资的人数	人均 HR 成本可以分析企业间 HR 成本的结构差异，对各自竞争潜力和用工效率产生的影响，为调整 HR 成本使用方向和提高使用效益提供参照
全员劳动生产率	$\dfrac{产值总额}{员工人数} \times 100\%$	全员劳动生产率主要反映了企业生产活动投入的经济效益指标

2. HR 成本结构指标

HR 成本结构指标主要是指一定时期内，HR 成本某组成项目占 HR 成本总额的比例，计算公式如下。

$$HR\,成本某组成项目所占比重 = \frac{该时期该组成项目的数量}{同期 HR 成本数量} \times 100\%$$

该指标可用来说明各组成部分在人工成本中的结构比例关系的变化，企业可根据指标的变动，分析其中具体的结构性变动原因，并采取措施加以调整。

3. HR 成本分析比率型指标

HR 成本分析比率型指标主要通过 HR 成本产出系数、HR 成本销售收入系数、HR 成本利润系数、人事费用率、劳动分配率、成本费用总额中 HR 成本比重等指标来反映，具体如下表所示。

HR 成本分析比率型指标一览表

指标名称	计算公式	用途
HR 成本产出系数	$\dfrac{\text{产值总额}}{\text{HR 成本总额}}$	反映 HR 成本投入产出效益状况
HR 成本销售收入系数	$\dfrac{\text{销售收入}}{\text{HR 成本总额}}$	反映 HR 成本投入产出效益状况
HR 成本利润系数	$\dfrac{\text{企业利润总额}}{\text{企业 HR 成本总额}}$	反映企业经营状况的变动趋势
劳动分配率	$\dfrac{\text{HR 成本总额}}{\text{产值总额}} \times 100\%$	表示在一定时期内新创造的价值中有多少用于支付 HR 成本，反映分配关系和 HR 成本要素的投入产出关系
人事费用率	$\dfrac{\text{HR 成本总额}}{\text{销售收入总额}} \times 100\%$，其中，销售收入是指企业销售产品或提供劳务等取得的收入	反映劳动投入占实现价值形态的总产出程度，其倒数表明每投入一个单位的人工成本能够实现多少销售收入
HR 成本工资含量	$\dfrac{\text{员工工资总额}}{\text{HR 成本总额}}$	反映工资占人工成本的比重
成本费用总额中 HR 成本比重	$\dfrac{\text{HR 成本总额}}{\text{成本费用总额}} \times 100\%$，其中，成本费用总额指企业产品制造成本、企业销售费用、管理费用、财务费用等费用之和	该指标是企业、行业间商业竞争的重要指标

三、确定合适的 HR 成本控制目标

随着企业的发展壮大，HR 成本必然会不断增长，所以，HR 成本管理控制的目标并不是减少 HR 成本的绝对额，而是从投入产出的角度考虑一定量的 HR 成本投入所带来的效益，如人均 HR 成本增长时，人均产值或人均销售收入的增长幅度如何。

因此，HR 成本管理小组应该根据本企业所在行业的特点，确定以下 HR 成本控制目标。

1. 降低 HR 成本在总成本费用中的比重，增强产品的竞争能力。

2. 降低 HR 成本在销售收入中的比重，增强 HR 成本的支付能力。

3. 降低 HR 成本在总产值中的比重，增强人力资源的开发能力。

由于各行业的费用率存在明显差异，因此，劳动分配率和人事费用率指标适合在同行业的企业之间进行比较。

四、加强 HR 成本预算管理

HR 成本管理小组应组织做好 HR 成本预算的编制与执行工作。

1. HR 成本预算的编制应以企业的财务预算年度作为 HR 成本的预算年度，以财务及其他专业的预算数据为依据，由人力资源部单独编制预算。

2. 人力资源部在编制 HR 成本预算时，应根据国家有关方针、政策，按照各部门的计划、任务，根据上年实际发生情况，考虑本年特殊增减因素，本着节源增收、量入为出的原则，科学合理地安排各项资金，编制 HR 成本预算，不得编制赤字预算。

3. 为了保证预算制度的严肃性，预算一经批准，一般不予调整，下列情况除外。

（1）在执行年度预算过程中受国家宏观政策变动影响的。

（2）在执行年度预算过程中企业人员发生较大变化的。

4. 如果确实需要调整年度 HR 成本预算，下属各单位、各部门需向 HR 成本管理小组或人力资源部经理提出申请，经批准后方能执行。

五、建立 HR 成本支出统计台账

为了方便对 HR 成本的支出进行分析，确保 HR 成本数据的真实性和可靠性，HR 成本管理小组应建立 HR 成本统计台账。

1. HR 成本支出统计台账的种类

（1）HR 成本汇总台账。

（2）工资内外收入台账（应含支付员工的全部劳动报酬）。

（3）员工社会保险台账。

（4）员工福利费用台账。

（5）教育培训费用台账。

（6）劳动保护费用台账。

（7）非本单位员工的 HR 成本支出台账。

（8）其他人工成本台账。

2. HR 成本各种台账的填报要求

（1）一般应按本期实际发生数填报，除有单独规定外，不能按计划数填报。

（2）要按"谁支付、谁统计"的原则登账，如企业某下属单位对外按项目承包，只对单位支付项目承包费用，不直接支付工资报酬时，不统计为本企业的 HR 成本。

六、做好 HR 成本结算工作

HR 成本结算工作的具体步骤如下。

1. 召开 HR 成本结算会

HR 成本管理小组应于每年的企业财务总决算后，召开 HR 成本结算会，按照本企业财务管理规定和人力资源管理政策，依据建立的 HR 成本统计台账，及时、准确、完整地对人工成本进行结算。

2. 比较 HR 成本实际发生额与预算额度

对比年初的 HR 成本预算，计算节约或超支的额度，并分析 HR 成本总量指标、结构指标和比率型指标，对比 HR 成本控制目标的实现情况。

3. 总结节约的经验，分析超支的原因

在年终结算时，应分析具体的原因，并采取措施加以调整。例如，对于工资水平过高、增速过快的部门或单位，可以对其效益工资作必要的核减，并对责任者进行处罚。

七、加强 HR 成本控制结果的奖惩

对于 HR 成本管理得当的单位，应制定一些奖励措施。

1. 对照各部门、各下属单位 HR 成本增收节支的程度，提取工资总额的一定比例作为奖励基金，以调动各部门、各单位 HR 成本管理的积极性。

2. 对于人均人工成本水平过高，同时出现人事费用率、劳动分配率过高的单位，要提出预警预报，必要时实行成本否决制。

1.1.3 人力成本预算管理制度

为使企业人力成本管控工作有据可依，企业成本费用控制责任部门应制定出人力成本预算管理制度。下面给出某企业制定的人力成本预算管理制度，供读者参考。

人力成本预算管理制度

第1章 总则

第1条 目的

为合理安排人力资源管理活动资金，规范人力资源管理活动的费用使用情况，在遵循企业战略目标和人力资源战略规划目标的前提下，依据公司预算制度，特制定本制度。

第2条 预算职责分工

1. 人力资源部是人力资源成本（以下简称 HR 成本）预算的主要执行部门及本制度的制定部门。

2. 公司预算委员会负责审查、核准 HR 成本预算，并提出修正意见。

第3条 范围

HR 成本预算的编制、执行与调整均须遵循本制度的相关规定。

第4条 工作期间规定

人力资源部应于每月 28 日前编妥接下来三个月的各项 HR 成本支出预计表，并于次月 15 日前编妥上月实际与预计比较的费用比较表（一式三份），呈总经理审阅后，该表一份自存，一份送总经理办公室，一份送财务部。

第5条 制定依据

1. 董事会确定的经营发展规划及人力资源战略规划。

2. 历年人力资源管理活动的实际费用情况及本年度预计的内外部变化因素。

第2章 HR 成本预算的编制

第6条 HR 成本所包含的内容如下表所示。

HR 成本构成一览表

费用项目	费用内容构成
工资成本	基本工资、奖金、津贴、职务工资、加班工资、补贴
福利与保险费用	福利费、员工教育经费、住房公积金、养老保险、医疗保险、失业保险、工伤保险等
招聘	招聘广告费、招聘会会务费、高校奖学金
人才测评	测评费
培训	教材费、讲师劳务费、培训费、差旅费
调研	专题研究会议费、协会会员费
辞退	补偿费
劳动纠纷	法律咨询费
办公业务	办公用品与设备费
残疾人安置	残疾人就业保证金
薪酬水平市场调查	调研费

第 7 条 HR 成本预算编制流程如下图所示。

HR 成本预算编制流程示意图

第8条　人力资源部在进行预算时，应考虑各项可能变化的因素，留出预备费，用于预算外支出。

第9条　人力资源部做好年度预算后，编制《年度预算书》，并于三个工作日内上报预算委员会进行核准、审批。

第3章　HR成本预算的执行与控制

第10条　HR成本预算的执行

1. 人力资源部在收到预算委员会批复的年度预算后，按照计划实施。

2. 人力资源部应建立全面预算管理簿，按时填写"预算执行表"，按预算项目详细记录预算额、实际发生额、差异额、累计预算额、累计实际发生额、累计差异额。

第11条　HR成本预算执行控制

1. 在预算管理过程中，对于预算内的项目，由人力资源部经理、总经理进行控制，预算委员会、财务部进行监督，预算外支出由财务部和总经理直接控制。

2. 下达的预算目标是与业绩考核挂钩的硬性指标，一般情况下不得超预算。总经理根据预算执行的情况对责任人进行奖惩。

3. 费用预算如遇特殊情况确需突破时，必须提出申请，说明原因，经财务部及总经理核准后纳入预算外支出。如支出金额超过预备费，必须由预算委员会审核批准。

4. 若HR成本的预算有剩余，可以跨月转入使用，但不得跨年度。

5. 预算执行中由于市场变化或其他特殊原因（如已制定的预算缺乏科学性或欠准确、国家政策变化等）时，应及时对预算进行修正。

第4章　HR成本预算修正的权限与程序

第12条　预算的修正权属于预算委员会和公司董事会。

第13条　当遇到特殊情况需要修正预算时，人力资源部必须提出《预算修正分析报告》，详细说明修正原因以及对今后发展趋势的预测，提交预算委员会审核并报董事会批准，然后执行。

第5章　HR成本预算的考核与激励

第14条　HR成本预算考核对象与作用

HR成本预算考核主要是对预算执行者的考核评价。预算考核是发挥预算约束与激励作用的必要措施，通过预算目标的细化分解与激励措施的付诸实施，达到引导员工向公司战略目标方向努力的效果。

第15条　HR成本预算考核原则

预算考核是对预算执行效果的认可过程，具体遵循如下原则。

1. 目标原则。以预算目标为基准，按预算完成情况评价预算执行者的业绩。

2. 激励原则。预算目标是对预算执行者进行业绩评价的主要依据，考核必须与激励制度相配合。

3. 时效原则。预算考核是动态考核，每期预算执行完毕应立即进行。

4. 例外原则。对一些阻碍预算执行的重大因素，如市场的变化、重大意外灾害等，考核时应作为特殊情况处理。

第 16 条　公司通过季度、年度的考核保证 HR 成本预算的执行情况。

第 17 条　季度、年度预算考核是对前一季度、年度预算目标的完成情况进行考核，及时发现潜在问题，或者在必要时修正预算，以适应外部环境的变化。

第6章　附则

第 18 条　本制度由人力资源部拟订并负责解释，经预算委员会批准后实施。

第 19 条　本制度自＿＿＿ 年＿＿＿月＿＿＿日起生效执行。

1.1.4　人力成本预算编制方案

企业为使人力成本管理控制工作更具目的性，应对一定时期内的人力成本进行合理的预算，并形成书面文件，以指导人力资源资金的合理安排和有效使用。

下面给出某企业制定的人力成本预算编制方案，供读者参考。

人力成本预算编制方案

一、方案规划

（一）目的

为保证企业人力资源管理资金的合理安排和有效使用，人力资源成本（以下简称 HR 成本）得到合理控制，特制定本方案。

（二）预算编制原则

在充分考察以往年度费用预算及使用情况的基础上，结合本年度公司经营目标及人力资源规划，本着客观、可行、科学和经济的原则编制。

（三）预算编制职责范围

1. 人力资源部负责年度 HR 成本预算的编制。

2. 各相关职能部门给予相应配合。

3. HR 成本预算方案经总经理审批后，由财务部备案。

二、年度 HR 成本预算及使用情况分析

人力资源部通过收集公司近三年的 HR 成本预算及使用情况数据，并分析整理，结论如下表所示。

HR 成本预算及使用情况历史数据

单位：万元

费用项目	2009 年		2010 年		2011 年	
	预算	实际	预算	实际	预算	实际
招聘	0.85	0.8	1.2	1.25	1.6	1.6
培训费用	3	2.8	3.5	3.4	4.2	4
员工工资	150	144	180	183	235	240
各项福利费用	20	18.9	22	24	28	27.9
社会保险总额	60	58	72	73.2	84	83.5
其他相关费用	4	4.5	6	5.8	8	8.5
总计	237.85	229	284.7	290.65	360.8	365.5

根据上表数据可以得出如下结论。

1. 随着公司经营业绩的不断增长及业务范围的扩展，每年公司需要招聘各岗位员工，招聘费用基本上以平均 40% 的速度递增。

2. 随着公司员工总数的逐年增加，员工工资支出平均以 30% 的速度递增。

3. 随着公司经营效益的提高及员工总数的增加，各项福利费用亦随之递增。

4. 根据我国国民生产总值的不断提高，本地区人均工资水平不断提高，员工保险缴费基数亦逐年提高，加之公司员工总数的增长，公司每年缴纳社会保险总数基本上平均以每年 20% 的速度递增。

5. 其他各类人力资源相关费用支出平均亦以 35% 的速度递增。

6. 公司 HR 成本总额平均以 28% 的速度递增。

三、公司经营状况分析

1. 公司 2012 年的发展目标为：继续以 40% 的增速发展。

2. 预计新增业务项目两项，人员编制 15 人，其中项目经理两名。

3. 预计公司将在传统业务项目上加大运营力度，销售和研发人员会有所增加。

4. 公司相关人力资源管理制度、政策的调整对 HR 成本的影响。

四、公司人力资源相关政策的调整

根据公司于 2011 年 12 月 30 日公布的《2012 年人力资源管理制度》的规定，对相关人力资源管理政策的调整如下表所示。

人力资源管理政策调整内容

人力资源管理政策	调整内容
招聘政策调整	1. 从2012年起，大力实行中高级人才内部推荐制，经公司考核合格后录用为正式员工的，每成功一名，奖励推荐员工500元 2. 从2012年起，进一步完善非研发人员的选择程序，加强非智力因素的考查；研发人员的聘用仍采取面试和笔试相结合的考查办法
薪资福利政策调整	1. 经总经理提议、董事会批准，自2012年1月起增加员工工龄津贴，为企业连续服务每满一年者每月增加20元工龄津贴 2. 从2012年起，对于能完成半年度生产、销售和利润目标的部门，公司将拨款，由部门组织员工春游、秋游各一次，费用为每人200~400元，视完成利润情况决定具体数额
考核政策调整	1. 从2012年起，实行全面的目标管理，公司根据各部门、各岗位人员目标的完成情况进行绩效考核 2. 从2012年起，建立部门经理对下属员工进行书面评价的制度，每季度开展一次，让员工及时了解上级对自己的评价，从而发扬优点、克服缺点 3. 从2012年起，建立考核沟通制度，由直接上级在每月考核结束时与被考核者进行沟通 4. 从2012年起，加强对考核人员的培训，减少考核误差，提高考核结果的可靠性和有效性
员工培训政策调整	1. 从2012年起，新进员工的上岗培训除了制度培训之外，增加岗位操作技能培训和安全培训，并实行笔试考试，考试合格后方可上岗 2. 从2012年起，管理培训由人力资源部与专职管理人员合作开展，培训分管理层和一般员工培训两部分 3. 从2012年起，为了激励员工在业余时间参加专业学习培训，经企业审核批准，凡愿意与企业签订一定服务年限合同的，企业予以报销部分或全部培训学费

五、编制2012年HR成本预算

1. 招聘费用预算

招聘费用的具体预算如下表所示。

招聘费用预算表

招聘费用预算项目	预算明细
校园招聘讲座费用	计划对本科生、研究生各举办3次讲座，共6次，每次花费500元，共计3 000元
参加人才交流会	参加3次交流会，每次平均2 400元，共计7 200元
宣传材料费	交流会及校园招聘会的宣传材料合计2 500元
网络招聘会	在×××招聘网站上刊登招聘信息一年，费用合计9 600元
合计	22 300元（2.23万元）

2. 培训费用预算

2009 年实际培训费用 4 万元，本年扣除外聘人员的劳务费支出，增加新进员工的上岗培训费用，预计 2012 年培训费用约为 4.6 万元。

3. 员工工资预算

按企业增资每年 5% 计算和增加员工 15 人计算，全年工资支出预算为 302 万元。

4. 员工福利预算

增加春、秋游费用 4 万元（由行政部预算并组织），员工的各项福利费用预算为 31.2 万元。

5. 社会保险预算

2011 年社会保险金共缴纳 83.5 万元，按 20% 的速度递增，2012 年度社会保险金总额为 100.2 万元。

6. 预备费预算

人力资源部考虑各项可能变化的因素，留出预备费 2 万元，以备发生预算外支出。

7. 2012 年公司 HR 成本预算简表

在 2012 年薪酬福利成本预算总额＿＿＿万元的基础上，采取自上而下的方式制定出 2012 年薪酬福利各项目成本预算，具体内容如下表所示。

2012 年 HR 成本预算简表

单位：万元

费用项目	预算额
招聘费	2.23
培训费	4.6
员工工资	302
各项福利费用	31.2
社会保险	100.2
其他费用支出	10
备用金	2
合计	452.23

1.2 研发费用支出

1.2.1 研发费用支出构成分析

研发费用支出是指企业在研究与开发无形资产过程中发生的各项支出，具体包括研发人员的薪资及其他人事费用、材料成本和已消耗的劳务、设备与设施的折旧、制造费用的合理分配及其他成本等。

根据研发费用支出的对象不同，研发费用支出可划分为研发设计费、工艺技术费两部分。

1. 研发设计费

研发设计费主要是指企业在开展产品研发、设计、试制过程中发生的相关费用。具体构成如图1-2所示。

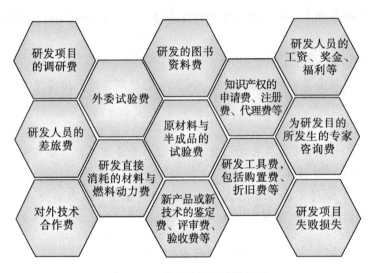

图1-2　研发设计费构成明细图

2. 工艺技术费

工艺技术费主要是指企业在开展工艺技术应用、技术改造、技术引进等活动中发生的相关费用，具体构成如图1-3所示。

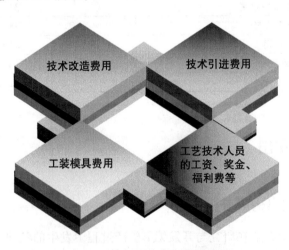

图1-3　工艺技术费构成明细图

1.2.2　研发成本管理控制办法

在新产品或无形资产的设计阶段，可采取下列四大措施或方法来加强研发成本的分析和控制工作，具体如图 1-4 所示。

价值工程分析	◆ 分析是否有可以提高产品价值的替代方案 ◆ 总体上分析研发成本的构成，包括原材料制造过程、劳动力类型、使用的装备以及外购与自产零部件之间的平衡 ◆ 通过改善产品设计，在不牺牲产品价值功能的前提下削减产品部件和制造成本，如提高零部件的标准化程度 ◆ 通过削减产品不必要的功能或降低复杂程度来控制成本
工程再造	◆ 对已完成设计或已存在的工序制造过程进行再设计，消除无附加值的作业，同时提高装配过程中有附加值作业的效率，降低制造成本 ◆ 在进入量产阶段时，仍需对产品的初次设计进行重新审查，力图发现初次设计过程中存在的昂贵的复杂部件及独特或比较繁杂的加工过程，却对产品的整体功能不产生任何影响时，即可进行删除或改进
加强研发成本分析工作	◆ 加强性能成本比的分析，以发现新开发出来的产品是否符合原先设定的目标成本、目标功能和目标性能等相关目标 ◆ 在设计新产品时，除考虑材料成本外，还应考虑，使用该种材料是否会导致其他方面的成本增加，如这种材料是否易于采购，便于仓储、装配和装运等 ◆ 事先做好全盘考虑，以避免研发过程或量产过程中的整改工作
减少设计交付生产前被修改的次数	◆ 设计交付生产前被修改的次数，是核算新产品研发成本支出的重要指标之一 ◆ 事先计划、设计使产品一次性达到设计要求，可减少其被重新设计、重新测试的次数，进而大大降低人工成本、材料成本等 ◆ 使产品一次性达到设计要求，交付正常量产时还可加快新产品投入市场的进度；反之，因错失市场良机而造成的损失将不可估量

图 1-4　研发成本控制方法示意图

1.2.3　研发经费管理控制制度

为使企业技术研发部门能合理使用研发经费，使得研发经费控制工作有据可依，企业相关职能部门应研究、制定研发经费管理控制制度或方案。下面给出某企业的研发经费管理控制制度，供读者参考。

研发经费管理控制制度

第1章 总则

第1条 目的

本着以下四个目的，根据集团公司经营发展的实际情况和技术发展现状，特制定本制度。

1. 合理使用研发经费，降低产品或技术研发的成本。

2. 使用有限的经费创造尽可能多的价值。

3. 防止研发经费的流失与浪费。

4. 确保集团公司依靠技术进步加速发展。

第2条 研发经费管理原则

1. 计划统筹安排的原则。

2. 对研发项目实行研发经费承包制原则。

3. 节约使用、讲求经济效益的原则。

第2章 研发经费的来源与列支范围

第3条 研发经费的来源

1. 集团公司财务部按销售额的____%提取用于重点产品研发的专项拨款。

2. 下属工厂从其他方面筹措的用于研发的费用。

第4条 研发经费的使用范围

研发经费的使用范围主要包括以下13个方面。

1. 研发项目的调研费。

2. 研发人员的差旅费。

3. 对外技术合作费。

4. 委外试验费。

5. 研发活动直接消耗的材料、燃料和动力费用。

6. 研发工具费，包括研发工具的购置费用、折旧费等。

7. 研发过程中的技术资料费。

8. 原材料与半成品的试验费。

9. 新产品或新技术的鉴定、论证、评审、验收、评估等费用。

10. 知识产权的申请费、注册费、代理费等费用。

11. 研发人员的工资、奖金、福利等。

12. 为研发目的发生的专家咨询费。

13. 研发失败的损失。

第3章 研发经费管理组织与相关制度

第5条 设立研发经费管理的专门组织

1. 下属工厂均应设立专门的研发委员会，由总经理、副总经理以及财务部、技术部、生产部等相关部门的经理组成，主要负责审议研发经费预算、审议研发项目、审议研发成果等工作。

2. 下属工厂成立研发部，直接对总经理负责，任何人无权干涉。

第6条　建立研发经费预算制度

1. 研发经费应编制单独的预算。

2. 研发部一般需要根据已制订的年度研发计划，在财务部的协助下，对下一年度的研发经费进行预算，并编制"研发经费预算报表"。

3. 研发经费预算必须经过研发委员会的审批。

第7条　建立研发经费专款专用制度

研发经费按单项预算拨给，单列账户，实行专款专用，由研发部掌握、财务部监督，不准挪作他用。

第8条　对研发项目建立项目负责制

1. 各下属工厂拟对某一产品或某项技术进行研发时，应指定专门的项目负责人。

2. 项目负责人主要负责组织研发项目小组，并根据项目的具体进度分配研发经费，定期接受工厂对于研发进度和经费使用情况的考核。

3. 各下属工厂会根据项目进度成果和经费使用情况，对于在规定时间内完成研发工作且研发经费有剩余的小组，将剩余费用按照一定的比例奖给研发项目小组。

第9条　对研发项目建立进度报告制

1. 研发部或项目小组应定期编制《研发项目进度报告》，呈报研发委员会审核。

2. 研发委员会应根据研发项目的进度报告，审核项目的进度成果，并根据项目的进展情况按预算拨款。

3. 若研发委员会在审核项目进度的过程中，发现无任何进展或在研发过程中遇到超出想像的困难时，应及时组织人员重新审视研发项目，确定其经济性。若重新审视的结果为不经济，应立即停止拨款。

第10条　建立项目经费使用报告制度

每年年底，集团公司财务部应将本年度研发项目经费提取和使用情况，向集团公司总经理办公会议作汇报。

第4章　研发经费的使用程序

第11条　销售部或研发部提出的研发项目课题

1. 新产品开发项目一般由研发部填写"新产品开发合同评审立项表"，分析该产品的经济效益和发展前景。

2. 技术部、生产部签署初步意见后，有关领导按质量体系要求，组织合同（包括书面或口头的）评审会，决定是否立项开发。

3. 在研发项目立项的同时做出研发经费预算，经领导批准后报财务部备案。

4. 开发过程中的费用据实报销，项目完成后结算，实际经费超过预算10%以上的，必须补充报告说明原因。

第12条 技术部主动提出的技术革新和技术开发课题

1. 此类课题包括工艺改进，设备改进，新材料、新技术的引进探索和试验，自制设备设计试制等。

2. 上述课题需要申请研发经费的，由技术部申请立项，填写"技术革新和技术开发立项申请表"，说明改进或开发内容，提出详细的工作计划和经费预算。

3. "技术革新和技术开发立项申请表"经主管领导组织审核或直接批准后实施。

4. "技术革新和技术开发立项申请表"需交财务部备案，作为研发经费列支的依据。

5. 项目完成后结算，实际经费超过预算10%以上的，必须补充报告说明原因。

第13条 各工厂领导在工作决策中认为必须列入技术开发的项目

各工厂领导在工作决策中认为必须列入技术开发的项目，经过调查研究和充分协商后，由总经理下达"技术开发项目工作令"，直接指定负责人和参与人员，核定奖励经费和其他经费。"技术开发项目工作令"需报研发部备案。

第5章 研发经费部分列支项目的控制措施

第14条 研发项目的奖励与考核

1. 事先进行研发成果评价，填写"研发成果评价及奖励申请表"，领导批准后由财务部兑现奖励。

2. 各工厂应按照研发经费的一定比例，对于出成果比预定时间早、出成果时剩余研发经费较多、采用新技术节省大量研发经费的人员或项目组进行重奖。

3. 人力资源部负责制定对研发部或研发项目组的考核指标，并提交研发委员会进行确认。

4. 人力资源部制定的对研发部或研发项目组的考核指标，应将研发经费的控制情况与研发进度、研发阶段成果等挂钩，如阶段研发成果占总成果的比重、研发经费进度预算达成率等。

5. 人力资源部应定期对研发部或研发项目组进行考核，对于完不成考核指标的项目组进行惩处。

第15条 技术资料费的归口管理

1. 技术资料费由研发部归口管理，其根据需要不定期申请经费成批更新和添置技术图书。

2. 各部门技术人员因工作需要，也可临时购置少量技术资料，交技术资料室归档后限期借阅，但需经研发部经理审核后方可在技术资料费中报销。

3. 技术人员要添置长期留用的工具书时，必须提出书面申请，经研发部经理签字同意后方可购买报销。

第16条 研发工具费用的控制

1. 技术部与研发部应共同制定研发工具的使用规范，特别是高价值、高精度的研发工具，应由达到操作要求的人员使用，避免因操作失误造成研发工具的损坏，增加研发工具的使用成本。

2. 研发部应指派专人对研发工具进行保养，延长研发工具的使用寿命，提高研发工具的使用效率，降低研发工具的更新、修理费用。

3. 人力资源部应将对研发工具的保养项目纳入对研发人员的绩效考核体系中。

第17条　合作开发项目的研发费用控制

涉及与大专院校、研究机构和国内外企业之间进行技术合作的开发项目，必须按《合同法》的规定与对方签订《技术合作开发合同》，经总经理办公会议研究批准后执行。实施中发生的费用，由财务部严格按合同执行。

第18条　因研发发生的其他费用

其他因产品研发或技术开发所发生的费用，有关单据由工厂的主管领导签字后，直接在研发经费中列支，与其他费用界限不清时，由财务副总判定。

第6章　附则

第19条　本制度由财务部制定，经总经理办公会（中、高层领导班子组成）审议，总经理审批通过后公告实施。修改、废止时亦同。

第20条　本制度自____年____月____日起实施。

1.3　生产成本

1.3.1　生产成本构成分析

生产成本是指生产单位为生产产品或提供劳务而发生的各项生产费用，包括在生产过程中实际消耗的直接材料、直接人工、其他直接费用和制造费用。其具体构成如表1-1所示。

表1-1　生产成本明细项目一览表

项目	说明
1. 直接材料成本	◆ 企业在生产产品的过程中消耗的、直接用于产品生产并构成产品实体的原料及主要原材料、燃料和动力、包装物、外购半成品、修理用备件（备品配件）和其他直接材料
（1）原材料	◆ 企业为生产产品而耗用的从外部购入的原料及主要材料
（2）燃料	◆ 企业为生产产品而耗用的从外部购入的燃料，包括气、煤、柴油等
（3）动力	◆ 企业为生产产品而耗用的从外部购入的动力，如热力、电力和蒸汽等

（续表）

项目	说明
（4）包装物	◆ 用于包装本企业产品的各种包装容器，如桶、箱、瓶、坛、筐、袋等
（5）外购半成品	◆ 企业为生产产品而耗用的从外部购入的各种半成品
（6）修理用备件	◆ 企业为生产产品而耗用的有关配品和配件
（7）其他直接材料	◆ 企业为生产产品而耗用的辅助材料及其他直接材料
2. 直接人工成本	◆ 企业在生产产品的过程中，直接从事产品生产的工人工资、奖金、津贴和补贴，以及福利费
3. 其他直接费用	◆ 企业发生的除直接材料和直接人工以外的，与产品有直接关系的费用
其中：支付给个人和上交给政府的部分	◆ 企业发生的其他直接费用中支付给个人的各种补贴和上交给政府管理部门的各项费用
4. 制造费用	◆ 企业各生产车间（或各分厂，下同）为生产产品和提供劳务而发生的各项间接费用，不包括企业行政管理部门为组织和管理生产经营活动而发生的管理费用
（1）生产管理人员薪酬	◆ 生产车间管理人员的工资、奖金、津贴
（2）生产管理人员福利费	◆ 企业为生产车间管理人员提供的福利费
（3）折旧费	◆ 生产车间根据应计提折旧的固定资产原值和规定折旧率计提的资产折旧费，包括生产车间的厂房、建筑物、管理用房屋和设备的折旧费
（4）修理费	◆ 生产车间为修理房屋、固定资产和低值易耗品等资产所支付的费用
（5）经营租赁费	◆ 生产车间租用办公用房、生产用房、机械设备、低值易耗品等支付的租赁费用和土地租赁费用
（6）保险费	◆ 生产车间当年支付的房屋、设备等财产的保险费
（7）取暖费	◆ 生产车间当年支付的取暖费
（8）运输费	◆ 生产车间在生产或销售产品过程中进行运输活动所支付的、不能计入原材料成本的运杂费

（续表）

项目	说明
（9）劳动保护费	◆ 生产车间为员工配备的工作服、手套、安全保护用品、防暑降温用品等所发生的支出和高温、高空、有害工作的保健津贴、洗理费等
（10）低值易耗品摊销	◆ 生产车间使用的低值易耗品的摊销费，包括家具备品、计量工具、小型工具等费用
（11）设计制图费	◆ 生产车间当年支付的设计制图费
（12）研发与试验检验费	◆ 生产车间当年支付的用于研发、试验检验的费用
（13）水电费	◆ 生产车间支付的用于外购的水费和电费
其中：水费	◆ 生产车间支付的用于外购的水费
（14）机物料消耗	◆ 生产车间实际发生的机物料消耗
（15）差旅费	◆ 生产车间支付的差旅费，包括市内公出的交通费和外地出差的差旅费
（16）办公费	◆ 生产车间发生的各项办公经费支出
（17）劳务费	◆ 生产车间支付给临时生产人员的，且未包括在直接人工中的劳务费用
（18）通信费	◆ 生产车间用于通信方面的费用，如固定电话、移动电话、网络等费用
（19）外部加工费	◆ 企业委托外单位（企业）加工支付的加工费
（20）其他制造费用	◆ 企业在报告期发生的除上述制造费用以外的所有制造费用
其中：支付给个人和上交给政府的部分	◆ 其他制造费用中支付给个人的各种补贴和上交给政府管理部门的各项费用

备注：企业在统计、核算上述各项费用时应统一口径、核算方法。

1.3.2 生产成本管控流程

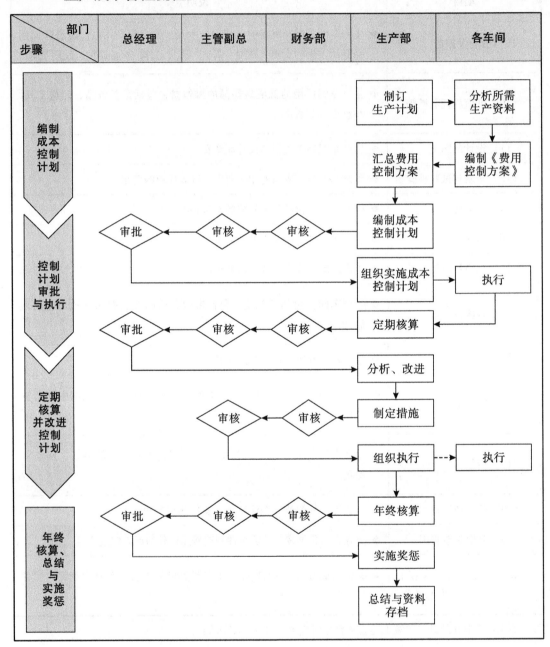

1.3.3 生产成本管理控制制度

下面给出某企业的生产成本管理控制制度，供读者参考。

生产成本管理控制制度

第1章 总则

第1条 为加强对生产成本的管理控制，确保生产效益，特制定本制度。

第2条 本制度适用于涉及生产成本管理控制的部门和个人。

第3条 生产成本主要由直接材料费用、直接人工费用和制造费用三部分构成，其中制造费用包括间接材料、间接人工和其他制造费用等。

第4条 生产成本管理控制是指在产品生产制造的过程中，企业对成本形成的各种因素，按照事先拟订的标准进行严格监督，一旦发现偏差及时采取措施加以纠正，从而使生产过程中的各项资源消耗和费用开支限制在标准规定的范围之内。

第5条 生产成本控制权责

1. 生产部负责对直接材料的消耗指标、领用、投料程序、标准工时、加工单价等做出明确的规定。

2. 财务部负责对制造费用分摊做出规范及生产成本的核算，并呈报生产成本绩效。

第2章 生产成本控制的一般性规定

第6条 生产成本控制程序如下图所示。

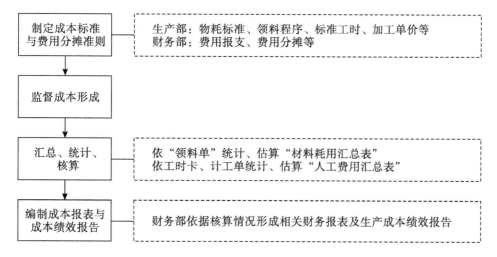

生产成本控制程序图

第7条 直接材料费用主要通过"领料单"来统计、估算，据此编制"材料耗用汇总表"（如下表所示）。

材料耗用汇总表

日期：____年___月___日   第___页 共___页

材料名称			规格		料号			单价		
制造单号	日期	生产车间	计划生产数	实际生产数	标准用量	领用量	退库量	实际用量	超用量	超耗率（%）
合计										
合计超耗金额			（单价×合计超耗量）								

经理：   主管：   制表：

第8条 直接人工费用主要通过"工时卡"、"计工单"来统计、估算，并据此编制"人工费用汇总表"（如下表所示）。

人工费用汇总表

编号：   日期：____年___月___日

项目 \ 部门别						
用人数	本期					
	上期					
	差异					
	期间差异					
	目标差异					
产量	本期					
	上期					
	差异					
	期间差异					
	目标差异					
每人平均产量	本期					
	上期					
	差异					
	期间差异					
	目标差异					
说明						

第9条　核定制造费用时采用预定分摊率，各项实际制造费用发生的金额与已分摊制造费用有差异时，以多、少分摊处理，并视状况转入成本或损益。

第10条　若采用分步成本制时，月底必须估算在制品的完工程序，以核算产品的产量，在此基础上统计、估算产品生产成本，并编制"产品生产成本比较表"（如下表所示）。

产品生产成本比较表

产品别	单位	产量（A）	直接材料			直接人工			制造费用			合计			总成本差异（C = A/B）
			本月	上月	差异	本月	上月	差异	本月	上月	差异	本月	上月	差异（B）	

经理：　　　　　　　　主管：　　　　　　　　制表：

日期：＿＿年＿＿月＿＿日　　　　日期：＿＿年＿＿月＿＿日　　　　日期：＿＿年＿＿月＿＿日

第3章　制定成本标准与费用分摊原则

第11条　控制产品生产成本时，可采用标准成本控制法，其主要特点是把成本的事前计划、事中控制和事后分析考核结合起来。

第12条　标准成本是在一定条件下制定的直接材料费用、直接人工费用和制造费用的控制标准，是进行生产成本控制的准绳，它应包括成本计划中规定的各项指标。

第13条　在确定生产成本控制标准之前，必须进行充分的调查、研究和科学的计算。

第14条　选择合适的方法确定生产成本控制标准。企业常用的方法主要包括计划指标分解法、预算法、定额法三种。

1. 计划指标分解法，即通过将大指标分解为小指标的方法来确定。分解时，可以按部门、单位分解，也可以按不同产品和各种产品的工艺阶段、零部件或工序进行分解。

2. 预算法，即用编制预算的方法来确定成本控制标准，如根据季度的生产销售计划来确定较短期（如月份）的费用开支预算，并将其作为成本控制的标准。

3. 定额法，即确定定额和费用开支限额，并将这些定额和限额作为控制标准进行控制，如材料消耗定额、工时定额等。

第15条　在确定生产成本标准时，需要正确处理成本指标与其他技术经济指标的关系（如和质量、生产效率等的关系），从完成企业的总体目标出发，经过综合平衡，防止出现片面性等情况。

第4章　生产成本形成过程中的监控

第16条　监督生产成本形成过程，即根据生产成本控制标准，在开展生产作业的过程中，对成本形成的各个环节、成本指标的执行情况、影响指标值的各项条件（如设备、工艺、工具、工人技术水平、工作环境等），进行经常性的检查、评比和监督。

第17条　材料费用的日常控制

1. 材料费用的控制重点

（1）查核直接材料、间接材料成本的计算方法，必须符合企业及国家有关成本核算规定。

（2）查核当期直接材料、间接材料耗用数量及单位用量。

（3）查核领用、退库程序及计价方法必须符合规定。

2. 材料费用监督、控制的职责划分

（1）车间质量检查员要监督生产人员按图纸、工艺、工装要求进行操作，实行首件检查，防止成批报废。

（2）车间设备员按工艺规程规定的要求监督设备维修和使用情况，不符合要求不能开工生产。

（3）仓储部材料员要按规定的品种、规格、材质实行限额发料，监督领料、补料、退料等制度的执行情况。

（4）生产调度人员要控制生产批量，合理下料、合理投料，监督期量标准的执行情况。

（5）生产车间材料费的日常控制，一般由车间材料核算员负责，具体职责包括经常收集材料消耗资料文件，分析对比，追踪原因，并会同有关部门和人员提出改进措施。

第18条　人工费用的日常控制

1. 人工费用的控制重点

（1）外包人工必须符合相关的规定。

（2）当期直接人工、间接人工记录及其工作内容。

2. 人工费用控制职责划分

（1）车间劳资员（或定额员）对生产现场的工时定额、出勤率、工时利用率、劳动组织的调整、奖金、津贴等的监督和控制，并负责对上述有关指标进行控制和核算，分析偏差，寻找原因。

（2）生产调度人员要监督车间合理安排作业计划，做到合理投产，合理派工，控制窝工、停工、加班、加点等行为。

第19条　间接制造费用的日常控制

1. 核查生产部的各项管理费用、车间经费等，设有定额的按定额控制，未设定额的按各项费用预算进行控制。

2. 核查生产及非生产部门制造费用发生数是否在预算范围内，有无超支现象。

3. 核查制造费用报支，应依财务管理规范及范围报支。

4. 各个部门、车间、班组分别由有关人员负责控制和监督，并提出改进意见。

第5章　附则

第20条　本制度由财务部指导生产部制定，其修订、补充、废止事宜由生产部负责。

第21条　本制度报财务总监审核、经总经理审批后，自2012年1月1日起实施。

1.3.4　生产成本核算管理办法

为规范企业的生产成本核算工作，使生产成本管控、考核等有准确的数据支持，财务部或相关职能部门应对生产成本核算办法加以规定。下面给出某企业的生产成本核算管理办法，供读者参考。

生产成本核算管理办法

第1章　总则

第1条　为了规范生产成本核算工作，达到管理与控制生产成本的目的，特制定本办法。

第2条　在抓好生产成本管理与控制的同时，建立健全公司内部成本核算制度，全面提高生产成本的会计核算水平，是公司领导特别是公司财务工作人员的重要职责。

第3条　公司财务工作人员必须认真贯彻执行国家会计制度、会计准则等规定对生产成本的列支范围、核算的程序方法等进行强制性规范，以保证生产成本核算成果的质量。

第2章　产品生产成本核算基础工作

第4条　为了准确、真实地核算产品成本，公司各部门、各生产车间和仓库必须建立健全成本管理基础工作。

第5条　各部门根据公司下达的指标，结合自身实际情况对费用开支实行分口管理、层层落实的管理办法。

第6条　各生产车间要加强对产品成本核算的基础管理工作，具体工作主要从以下六个方面进行。

1. 对生产耗用的原材料、辅助材料、燃料、动力、工具、备件以及主要低值易耗品等实行定额管理。

2. 准确统计每批产品的原材料耗用，并在各产品之间进行合理分摊。

3. 根据本公司技术水平对各种产成品、在产品制定合理工时定额，使其成为工资费用分配、个人考核、班组工时利用情况的依据，并把经过准确统计的产品生产所耗工时上报给财务部。

4. 设立专门的领料员，对每种产品的原材料进行准确记录和分摊。

5. 区分原材料的定额和无定额，有定额的应按定额领、发料，无定额的应编制领用料计划，实行限额发料，不准以领代耗。

6. 对月末结存的材料等物资实施盘点，如需继续使用的应办理结转手续，转入下月继续使用。不需要继续使用的，应及时退回供应仓库。

第7条　仓库管理

1. 加强仓库登记管理，对领用、生产所需的原材料及备品备件进行全面、准确登记。

2. 严格控制物资的验收计量，对生产经营活动中的原材料、备件、产品等物资的入库、出库和水、电、气的消耗，都要经过严格的检验和计量。

3. 强化物资的盘点管理，建立"物资盘点表"，实行定期盘点和不定期盘点相结合的盘点方法。

第8条　建立健全原始记录管理制度

1. 对生产中耗用的各种原材料、备件、工具和动力，工时、设备利用情况，内部转移，成品交库、出库和数量、质量检验，各项财产、物资的毁损等建立原始记录。

2. 采用统一的原始记录格式的填制方法。

3. 严格签署、审查、传递、汇集、保管程序，做到数字完整、清晰、真实可靠。

第9条　财务部应对成本核算及管理工作按月进行严格考核，尤其对生产产品所耗工时、生产批次产品领用的原材料进行严格控制，如发生超标或浪费现象应给予处罚。

第3章　产品生产成本核算要求

第10条　公司按照权责发生制原则进行核算，凡不属于本期产品承担的费用，无论款项是否已经支付，也不能计入本期产品生产成本，要严格划清成本开支的界限。

第11条　生产成本核算必须划清下列界限，不得相互混淆。

1. 正确划分应计入成本与不应计入成本的界限。

2. 正确划分各月的费用界限。

3. 正确划分产品费用和期间费用的界限。

4. 正确划分各种产品的费用界限。

5. 正确划分产成品和在产品的费用界限。

第12条　下列支出应当计入产品生产成本。

1. 直接材料，包括生产经营过程中实际消耗的原材料、辅助材料、备品配件、外购半成品、直接燃料及动力、包装物以及其他直接材料。

2. 直接工资，包括公司直接从事产品生产人员的工资、奖金、津贴和补贴。

3. 其他直接支出，包括直接从事产品生产人员的员工福利费等。

4. 返回废品损失，因质量原因由质检部门判定从下步工序转回的，应由本工序承担费用损失。

5. 制造费用，包括公司各个生产车间为组织和管理生产所发生的生产车间管理人员工资、员工福利费、修理费、办公费、水电费、加工费、机物料消耗、劳动保护费、低值易耗品摊销、差旅费、折旧费、运杂费、托运保管费、交通费、电话费、保险费、检定费、计量费、维护费、工装费以及其他制造费用。

第13条　下列支出不得列入生产成本。

1. 为购置和建造固定资产、购入无形资产和其他资产的支出。

2. 对外投资的支出。

3. 被没收的财物。

4. 各项罚款、赞助、捐赠支出。

5. 国家规定不得列入成本、费用的其他支出。

第 14 条　下列收入不得冲减生产成本。

1. 规定应列入营业外收入的各项收入。

2. 固定资产变价收入。

3. 外销材料、废次品等发生的收入。

4. 按规定应直接上交财政的各种罚款收入。

5. 按规定不应该冲减生产成本的其他收入。

第 4 章　产品生产成本核算方法

第 15 条　公司产品按生产作业计划归集生产成本，生产成本核算采用逐步结转分步法，根据工序特点，按品种分步结转半成品、产成品成本。产品成本的核算期为月份。

第 16 条　直接材料的归集与分配

1. 生产管理部门按订单或"生产任务通知单"编制"领料单"，仓库按"领料单"配送原材料，生产制造部门按"领料单"领用原材料。

2. 生产车间统计人员依据直接材料的原始消耗记录，分类别按品种汇总，编制"原材料耗用明细表"，月末财务人员将仓库转出的原料领用数据与统计人员上报数据核对，并分配计入产品生产成本。

3. 车间统计人员还要按产品品种明细编制"返回产品回收明细表"，作为直接材料的减项，同时计入产品原料成本，并计算出产品单耗。

第 17 条　步骤费用的归集与分配

与生产产品相关，但不能直接归属于某个产品的费用，按照一定的系数归集分配计入产品生产成本，并计算出产品单耗。

1. 直接人工费的归集与分配

（1）生产车间设专人负责考勤工作，以便于归集为生产批次产品所负担的人工费用。

（2）财务部月末根据生产部门上报的考勤簿编制"工资及福利费明细表"，列示于"生产成本——直接人工"与"制造费用——车间管理人员工资及福利费"的借方。将计入"生产成本——直接人工"借方的人工费按一定的系数分配计入产品成本，并计算出产品单耗。

2. 工艺用辅助材料的归集与分配

与生产直接相关的辅料、耐火材料、冶金辅具、其他材料等按项目归集，按一定的系数分配计入产品生产成本，并计算出产品单耗。

3. 工艺用燃料及动力的归集与分配

与生产直接相关的水、电、风、气（汽）等燃料动力按项目归集，按一定的系数分配计入产品生产成本，并计算出产品单耗。

4. 制造费用的归集与分配

制造费用是指生产部门为组织管理生产而发生的各项间接费用，包括工资和福利费、折旧费、修理费、办公费、水电费、机物料消耗、劳保费、租赁费、保险费、存货盘亏费（减盘盈）及其他制造费用。制造费用也要按一定的系数分配计入产品生产成本，并计算出产品单耗。

（1）车间管理人员的工资及福利费，根据该部门所设考勤簿及"工资及福利费明细表"进行归集。

（2）生产部门发生的固定资产折旧费，应通过编制"固定资产折旧计算明细表"进行归集与分配。

（3）其他制造费用应通过编制"其他制造费用明细表"进行归集。

第18条　返回废品损失的归集与分配

因质量原因由质检部门判定由下步工序转回的，应由本工序承担责任的费用损失，直接冲减本期生产合格量，发生的费用损失直接计入产品生产成本。

第19条　当产品完工后，按照工序要求，编制"产品生产成本计算单"。同时，编制"可比产品生产成本计算单"，与同期或基期比较。

第5章　产品生产成本核算基本程序

第20条　公司产品生产成本核算的基本程序如下。

1. 对所发生的费用进行审核，确定这些费用是否符合规定的开支范围，并在此基础上确定应计入产品生产成本的费用和应计入各项期间费用的数额。

2. 对于应计入产品生产成本的各项费用，区分哪些应当计入本月的产品生产成本，哪些应当由其他月份的产品生产成本负担。

3. 每个月应计入产品生产成本的生产费用，在各种产品之间进行分配和归集，计算各种产品的生产成本。

4. 既有完工产品又有在产品的成本，在完工产品和期末在产品之间进行分配和归集，并计算出完工产品总成本和单位成本。

5. 完工产品的生产成本结转至"产成品"科目。

6. 结转期间费用。

第21条　生产费用计入成本的方法

1. 各种原料及主要材料按各种产品实际投料或原始记录的实际耗用量直接计入。

2. 各种辅助材料费用、燃料动力费、工资、固定资产折旧费、车间经费等，凡是为生产单一产品发生的，应直接计入该产品的生产成本；凡是为生产多种产品、由多种产品共同耗用而不能直接计入的，按一定系数进行分配。

第22条　其他几个特殊问题核算的处理办法

1. 原材料、燃料、备品备件、半成品等发生盈亏的处理

必须查明原因，按照规定的审批权限，报经有关部门审核批准，扣除责任者赔偿后的余额，按公司内部管理权责的划分，分别计入和冲减公司管理费用及车间经费，或按规定调整消耗量或产量。对于发生的损毁，应当先将处置收入扣除账面价值和相关税费，最后将剩下的金额计入公司管理费和车间经费。

2. 对具有待摊性质和预提性质的费用的处理

（1）具有待摊性质的费用，在其发生时一次性计提，然后将其纳入到有关成本项目当中。

（2）具有预提性质的费用，根据其具体使用项目在其预先提取时分别计入"应付账款"、"其他应付款"或"应付利息"当中。

3．"废品损失"的处理

（1）凡是生产中的废品，将废品扣除可回收的价值后，在原成本项目中反映。

（2）凡是销售后用户退回的废品，均应退回原生产车间，冲减该产品当月产量。其废品损失应计入该产品的生产成本，并将废品的销售量及销售成本以红字按原数冲回产成品账户，冲减当月的销售量及销售成本。如果废品修复后入库，应增加车间的当月产量。如系上一年度销售退回的废品，只冲减当年的销售量，不冲减生产量。

第6章 附则

第23条 本办法由财务部负责编制、修订与解释，报总会计师审批。

第24条 本办法自颁布之日起实施。

1.4 采购成本

1.4.1 采购成本构成分析

采购成本是指企业为经营发展需要，组织相关人员开展采购活动而发生的各项费用，具体包括订购成本、维持成本、缺料（或缺货）成本三大部分。

1．订购成本

订购成本，是指企业为了完成某次采购而开展的各种活动的费用，具体又可细分为如表1-2所示的具体费用项目。

表1-2 订购成本明细费用项目表

订购成本明细科目	相关说明
请购手续费用	◆ 因请购活动发生的人工费、办公用品费以及存货检查、请购审查等活动发生的费用
采购询议价费用	◆ 因供应商调查、询价、比价、议价、谈判等活动发生的通信费、办公用品费、人工费等
采购验收费用	◆ 负责采购事项的采购专员参与物料（或货物）验收所花的人工费、差旅费、通信费等，检验仪器、计量器具等所支付的费用，以及采购结算发生的费用等
采购入库费用	◆ 入库前的整理挑选费，包括挑选整理过程中发生的工费支出和必要的损耗损失
其他订购成本	◆ 发生在订购阶段的其他费用，如结算采购款项所发生的费用

在订购成本中，有一部分与订购次数无关，如常设的采购部的基本开支等，称为订购的固定成本；另一部分与订购的次数有关，如差旅费、通信费等，称为订购的变动成本。总体订购成本会随着订购次数或订购规模的变化而呈反方向变化。

2. 维持成本

维持成本是指企业为保有物料或货物而开展的一系列活动所发生的费用，其具体费用项目如表1-3所示。

表1-3　维持成本明细费用项目表

维持成本明细科目	相关说明
存货资金成本	◆ 因存货占用了资金从而丧失使用机会所产生的成本
仓储保管费用	◆ 物料（或货物）存放在仓库而发生的仓库租金、仓库内配套设施费用等，以及因仓库日常管理、盘点等活动支出的人工费
装卸搬运费	◆ 因仓库存有大量物料（或货物）而增加的装卸、搬运活动所发生的人工费、搬运设备费等
存货折旧与陈腐成本	◆ 存货在维持保管的过程中因发生质量变异、呆滞、破损、报废等而产生的费用
其他维持成本	◆ 发生在维持阶段的其他费用，如存货的保险费用等

与订购成本类似，维持成本也可分为固定成本和变动成本。维持的固定成本，与存货数量的多少无关，如仓库折旧、仓库员工的固定月工资等；维持的变动成本，与持有的存货数量有关，如存货资金、物料的破损和变质损失、物料的保险费用等。总体维持成本会随着订购次数或订购规模的变化而呈反方向变化。

3. 缺料（或缺货）成本

缺料（或缺货）成本是指企业因采购不及时，造成物料或货物供应中断而产生的损失，其具体费用项目如表1-4所示。

表1-4　缺料（或缺货）成本明细费用项目表

缺料（或缺货）成本明细科目	相关说明
安全库存及其成本	◆ 企业保持一定数量的安全库存所发生的费用
延期交货及其损失	◆ 因缺料（或缺货）而延期交货所发生的特殊订单处理费、额外的装卸搬运费、运输费及相应的人工费等
失销损失	◆ 因缺货而使客户购买其他产品或永远失去合作客户导致企业遭受的直接损失

1.4.2 采购成本管控流程

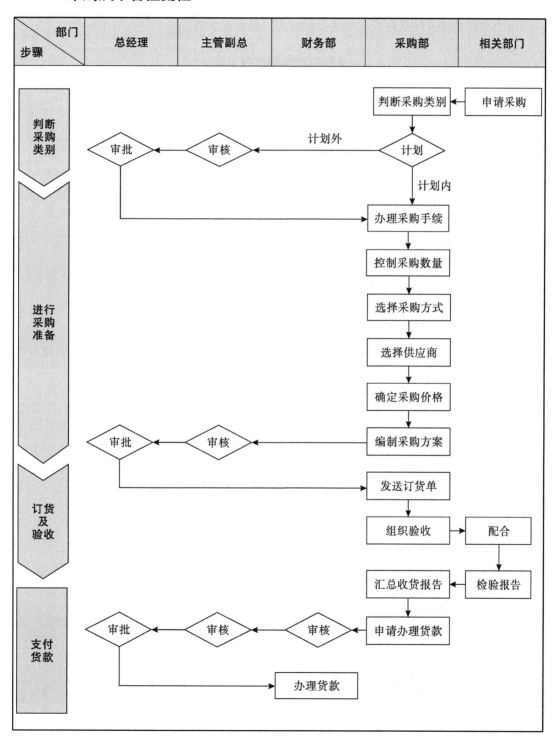

1.4.3 采购成本管理控制方案

下面给出某企业的采购成本管理控制方案，供读者参考。

采购成本管理控制方案

一、方案规划

（一）目的

为确保采购材料高质量、低价格，达到降低采购成本的目的，规范采购价格审核管理程序，特制定本方案。

（二）适用范围

采购各项原物料时，对于价格的审核、确认，除另有规定外，一律依本方案处理。

（三）权责单位

1. 采购部负责本方案的制定、修改、废止工作。

2. 总经理负责本方案制定、修改、废止的审批工作。

二、采购成本分析

（一）采购成本分析项目

成本分析是就供应商提供的报价进行成本估计，逐项审查、评估，以求证成本的合理性。一般包括以下八个项目。

1. 直接及间接材料成本。

2. 工艺方法。

3. 所需设备、工具。

4. 直接及间接人工成本。

5. 制造费用或外包费用。

6. 营销费用。

7. 税金。

8. 供应商行业利润。

（二）成本分析的运用

出现以下六种情形时，采购人员应进行采购成本分析。

1. 新材料无采购经验时。

2. 底价难以确认时。

3. 无法确认供应商报价是否合理时。

4. 供应商单一时。

5. 采购金额巨大时。

6. 为提高议价效率时。

（三）"采购成本分析表"的提供方式

"采购成本分析表"的提供方式一般有两种：一种是由供应商提供的，另一种是由采购部编制"标准报价单"或"成本分析表"交由供应商填写。"采购成本分析表"的样式如下表所示。

<h3 style="text-align:center">采购成本分析表</h3>

厂商名称： ___年___月___日

产品名称		零件名称		零件料号		估价数量		备注
主材料费	序号	名称	规格	厂牌	单价	用量	损耗率	材料费
加工费	序号	工程内容	使用设备	日产量	设备折旧	模具折旧	单价	加工费
后加工费	序号	加工名称	使用设备	日产量	加工单价	说明		
材料费合计			加工费合计			后加工费合计		
营销费用			税金			利润		
总价								
备注								

（四）成本分析步骤

1. 确认设计是否超过规格要求。

2. 检讨使用材料的特性与必要性。

3. 计算各方案的使用材料成本。

4. 提出改善建议并检讨。

5. 检讨加工方法、加工工程。

6. 选定最合适的设备、工具。

7. 作业条件的检讨。

8. 加工工时的评估。

9. 对制造费用、营销费用、利润空间进行压缩。

（五）成本分析注意事项

1. 利用自己或他人的经验。

2. 应用会计查核手段。

3. 利用技术分析方法。

4. 向同类供应商学习。

5. 建立成本计算经验公式。

6. 提高议价技巧。

三、采购成本控制

控制采购成本的有效方法就是降低采购材料成本。降低材料成本主要从以下六个方面入手。

（一）进行材料分类，把握主要的控制方向

对材料进行分类，确定重点材料后，在询价、比价、谈判、验货等各个环节上加以控制，最终使采购材料的价格降到最低。

（二）选择合适的采购方式

根据公司需采购的物料及采购量，结合该物料的市场供应情况，选择合适的采购方式，能集中采购的不分散采购，尽量利用联合采购的优势。

（三）公开采购，引入竞争机制

公司应当公开采购的清单，广泛接触各厂家的业务人员，形成供应商之间的竞争，这样有利于降低价格。

（四）采购标准材料

因为大量制造、大量供应，标准材料的价格都不会太贵，如果定做则价格往往会高出很多，使采购成本上升。

（五）规范价格审核工作

1. 明确报价依据

（1）研发部提供新材料规格书，作为采购部成本分析的基础，也可以作为供应商的报价依据。

（2）非通用物料的规格书，一般由供应商先提供样品，待开发部确认可用后，方予报价。

2. 价格审核

（1）供应商接到规格书后，于规定期限内提出报价单。

（2）采购部一般应挑选三家以上的供应商进行询价，以作为比价、议价的依据。

（3）采购专员填制"单价审核单"（一式三份）呈部门主管（经理）审核。

（4）采购主管审核采购专员的报价，认为需要再进一步议价时，退回采购人员重新议价，或由主管亲自与供应商议价。

（5）采购主管审核确认后的价格，呈分管副总审核，并呈总经理批准。

（6）副总、总经理均可视需要再行议价或要求采购部进一步议价。

（7）"单价审核单"经核准后，一联转财务部，一联由采购部存档，一联转供应商。

3. 价格调查

（1）已核定的材料，采购部必须经常分析或收集资料，作为降低成本的依据。

（2）本公司各有关单位均有义务协助提供价格信息，以供采购部比价参考。

（3）已核定的物料采购单价如需上涨或降低，应以"单价审核单"的形式重新报批，且附上书面的原因说明。

（4）单价涨跌的审核流程，与新价格审核流程相同。

（5）在同等价格、品质的条件下，价格涨跌后采购部应优先考虑与原供应商合作。

（6）为了配合公司成本降低策略，原则上每年应就采购单价要求供应商配合降价。

（7）采购数量或频率有明显增加时，应要求供应商适当降低单价。

（六）加强采购人员的管理，保证采购人员的廉洁

1. 对内加强监督，对外向供应商申明本公司的政策。

2. 进行职业道德教育，采取一定的措施防止采购人员为了一己私利而损害公司利益。

1.5 物流成本

1.5.1 物流成本构成分析

物流成本是指企业从原材料供应开始直至将商品送到消费者手中所发生的全部物流费用，具体包括企业在产品包装、装卸、运输、储存、流通加工等物流活动中支出的人力、财力、物力成本之和。按物流的功能划分，物流成本的构成具体如表1-5所示。

表1-5 物流成本构成明细科目及说明表

物流成本明细科目	说明
1. 仓储成本	建造、购买或租赁等仓库设施设备的成本和各类仓储作业带来的成本
（1）资金占用成本	占用资金支付的银行利息
（2）仓储维护成本	与仓库有关的租赁、取暖、照明、设备折旧、保险费用和税金等费用
（3）仓储运作成本	与货物出入仓库有关的搬运装卸费用
（4）仓储风险成本	由于企业无法控制而造成的库存货物贬值、损坏、丢失和变质等损失
2. 运输成本	运输营运工作所耗用的人工费用以及车辆所耗用的燃油税费、维护修理费用、折旧费、保险费等
（1）人工费用	运输人员的工资、福利、奖金、津贴和补贴等
（2）燃油税费	营运车辆在运行中耗用的各种燃料费用，如汽油和柴油等，包括在使用汽油、柴油过程中按国家规定税率所缴纳的消费税
（3）车辆修理费	营运车辆进行三级维护和小修所发生的工料费、修复旧件费用，以及车辆大修费用
（4）车辆折旧费	营运车辆按规定方法计提的折旧费
（5）车辆保险费	向保险公司缴纳的营运车辆保险费用
（6）轮胎损耗费	营运车辆耗用的外胎、内胎和垫带的费用，以及轮胎翻新费和零星修补费
（7）交通事故费	营运车辆在运行过程中，因交通肇事所发生的事故损失，扣除保险公司赔偿后的事故费用
（8）车船使用税	按国家规定税率缴纳的车船使用税
（9）其他费用	其他各项车辆营运费用，如车辆牌照和年检费、洗车费、过路过桥费等
3. 装卸搬运成本	
（1）人工费用	支付给装卸机械司机、助手和装卸工人的工资、津贴及相关福利费
（2）燃料和动力	装卸机械在运行和操作的过程中，所耗用的燃料（如汽油、柴油）和动力（如电力、蒸汽）费用
（3）轮胎损耗费	装卸机械领用的外胎、内胎、垫带及外胎翻新费和零星修补费

（续表）

物流成本明细科目	说明
（4）保养修理费	为装卸机械工具进行保养、大修、小修所发生的料、工、油料等费用
（5）资产折旧费	按规定计提的装卸机械折旧费
（6）低值易耗品费用	装卸搬运过程中领用的随机工具、劳保用品和消耗性工具
4. 流通加工成本	在物资流通的过程中，为提高物流效率，从事加工作业而产生的费用，如为了保证较长的生鲜食品保管期而进行冷冻作业，为使家具类产品的保管、装卸、运输实现效率化而在营业网点组装等费用
（1）流通加工劳务费用	从事流通加工活动的管理人员、工人及有关人员工资、奖金等费用的总和
（2）流通加工设备费用	流通加工设备购置费用、维护保养费用及折旧费等
（3）流通加工材料费用	在流通加工过程中需要消耗一些材料的费用
（4）流通加工其他费用	在流通加工中耗用的电力、燃料、油料等费用
5. 包装成本	
（1）运输包装材料费	各类物资在实施包装的过程中耗费的材料费用
（2）运输包装人工费	向实施包装作业的工人或专业作业人员发放的计时工资、计件工资、奖金、津贴和补贴等各项费用支出，但不包括劳动保护费的支出
（3）包装机械设备费用	包装过程中使用包装机械（或工具）的购置费用、日常维护保养费以及每个会计期间终了时计提的折旧费用
（4）包装技术费用	为了能更好地实现包装的功能，对其实施缓冲包装、防潮包装、防霉包装等技术所支出的费用
（5）其他包装费用	除了上述主要费用以外所发生的一些其他包装辅助费用，如包装标记、包装标志的印刷、拴挂物费用的支出等
6. 物流信息及管理费用	
（1）物流管理费用	企业为物流管理工作支出的差旅费、会议费、业务招待费等
（2）物流信息费用	企业物流信息系统建设费、运营维护费及其他杂费

需要指出的是，广义的仓储成本包括流通加工成本以及装卸搬运成本，由于这两者在整个仓储成本中占有较大的比例，所以单独列出以利于企业开展物流成本管控工作。

1.5.2 物流成本管控流程

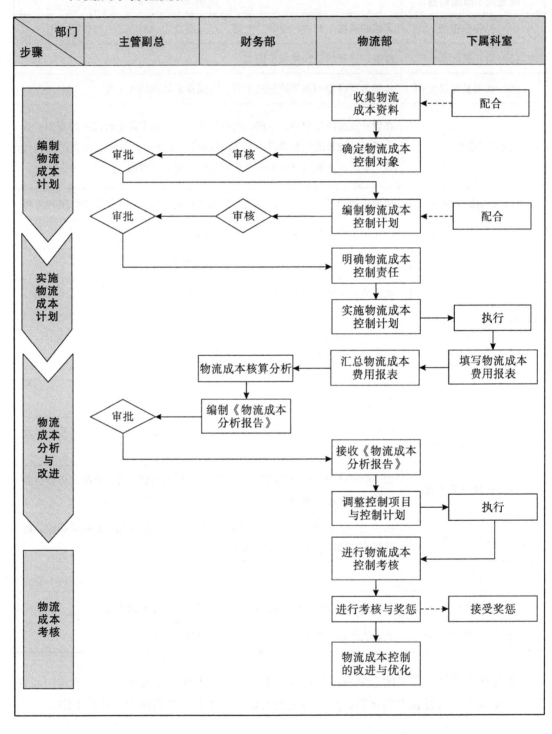

1.5.3 物流成本管理控制方案

物流成本控制是一个系统性的工程，为了更有效地对企业物流成本进行控制，充分发挥物流"第三利润源"的作用，获得较好的经济效益，企业应制定物流成本管理控制方案，以便相关人员在工作中参考。

物流成本管理控制方案

一、物流成本控制对策

（一）运输成本控制措施

1. 通过商流和物流的分离，使物流途径更加简短。

2. 工厂直接运送。

3. 选择合理的运输线路，减少运输次数。

4. 合理安排配车，提高车辆的装载效率。

5. 设定最低的接受订货量。

6. 开展共同运输，尽可能减少无效运输。

7. 选择最合适的运输配送技术和方法。

（二）仓储成本控制措施

1. 根据客户服务水平，运用合适的方法（如经济订购批量法、MRP 库存控制法、JIT 库存控制法等）确定合理的安全库存量。

2. 加强仓储管理，提高仓储作业效率。

3. 切实管理好库存物资，减少库存损耗。

（三）包装成本控制措施

具体包括采用价格便宜的包装材料，包装简易、朴素化，包装作业机械化，加强包装材料的回收与重复利用等。

（四）装卸成本控制措施

1. 尽可能减少装卸次数。

2. 引进集装箱和托盘，利用机械化作业，提高装卸作业效率。

3. 规范装卸作业人员的行为，杜绝野蛮操作对货物造成的损坏。

二、加强对物流成本各个控制点的考核

公司人力资源部应将上述控制点的主要负责部门作为成本控制中心，设定关键业绩指标，对部门管理人员及作业的行为绩效进行考核，以使各项物流作业更有效地服务于公司的发展战略。

1. 针对运输成本控制，设置车辆满载率、送货准时率、单位收入运输成本等指标，并进行评价。

2. 针对仓储成本控制，设置仓容利用率、分拣效率、盘库准确率、单位库存成本降低率等指标，并进行评价。

3. 针对包装成本控制，设置物流包装作业按时完工率、包装费用降低率等指标，并进行评价。

4. 针对装卸成本控制，设置装卸作业效率、货物因装卸损耗率、装卸人工费用等指标，并进行考核。

1.6 质量成本

1.6.1 质量成本构成分析

质量成本是指企业为了保证和提高产品质量而支出的一切费用，以及因未达到产品质量标准，不能满足用户和消费者需求而产生的一切损失。质量成本一般包括预防成本、鉴定成本、内部损失成本和外部损失成本。

1. 预防成本

预防成本是指企业为了防止质量水平低于标准水平或提高现有质量水平，而开展的预防活动和采取的各种预防措施所发生的费用，其具体构成如表1-6所示。

表1-6　预防成本构成表

预防成本明细项目	说明
质量培训费	◆ 为达到质量要求或改进质量的目的，提高员工的质量意识和质量管理的业务水平，开展培训所支付的费用
质量管理活动费	◆ 为开展质量管理活动所发生的一切费用，包括制定质量手册、程序文件等质量文件发生的费用，质量管理部门发生的办公费
质量改进措施费	◆ 为保证或改进产品质量所支付的费用，如为产品质量改进而购买设备、工具等所发生的费用
质量评审费	◆ 对本企业产品质量审核、质量体系评审、新产品投产前进行质量评审所支付的费用，如质量体系认证审核费、新产品评审费等
质量管理人员工资及福利费	◆ 从事质量管理人员的工资总额及相关福利费

2. 鉴定成本

鉴定成本是指企业评定产品是否满足规定的质量要求所支付的费用，包括的费用项目如表1-7所示。

表 1-7   鉴定成本构成表

鉴定成本明细项目	说明
检测试验费	◆ 对进厂的原材料及生产过程中的半成品、成品按质量标准进行试验、检验所发生的费用
检验、测试等部门办公费	◆ 检验、测试等部门为开展日常检验、测试工作所发生的办公费
检测设备费	◆ 检测设备的购置、维护保养、检定校准所发生的费用，以及检测设备因使用而发生的折旧费
质量检测人员工资及福利费	◆ 质量检验人员的工资总额及相关福利费

3. 内部损失成本

内部损失成本又称内部故障成本，是指产品在生产过程中因质量问题而发生的损失，具体构成如表 1-8 所示。

表 1-8   内部损失成本构成表

内部损失成本明细项目	说明
废品损失费	◆ 无法修复或在经济上不值得修复的产成品、半成品、在制品、试制产品等因报废而产生的净损失价值
返工返修费	◆ 对不合格的产成品、半成品、在制品进行修复而使其合格所耗用的原材料、动力、人工、复检等费用
停工损失费	◆ 由于质量事故、故障停机、待料而造成停机所损失的费用
质量事故处理费	◆ 对已发生的质量事故或异常问题进行分析处理所产生的各种费用
降级损失	◆ 产品存在轻微质量缺陷，但其主要性能均达到规定的质量要求而需降级减价处理所造成的损失

4. 外部损失成本

外部损失成本又称外部故障成本，是指产品出厂后因质量缺陷而引起的一切费用支出。其具体构成如表 1-9 所示。

表 1-9   外部损失成本构成表

外部损失成本明细项目	说明
索赔费	◆ 由于产品质量缺陷，经用户提出申诉，企业进行赔偿处理所发生的费用，如索赔赔偿费、诉讼费等
退货损失费	◆ 由于产品质量问题而造成的退换货所产生的损失费，如退回产品净损失、运输费、包装费等

（续表）

外部损失成本明细项目	说明
保修费用	◆ 根据保修合同规定或于保修期内，对客户提供修理服务所发生的一切费用
折价损失	◆ 因客户接受低于标准的产品而承认的折扣让价费用，包括因产品降级出售而损失的收益

1.6.2 质量成本管控流程

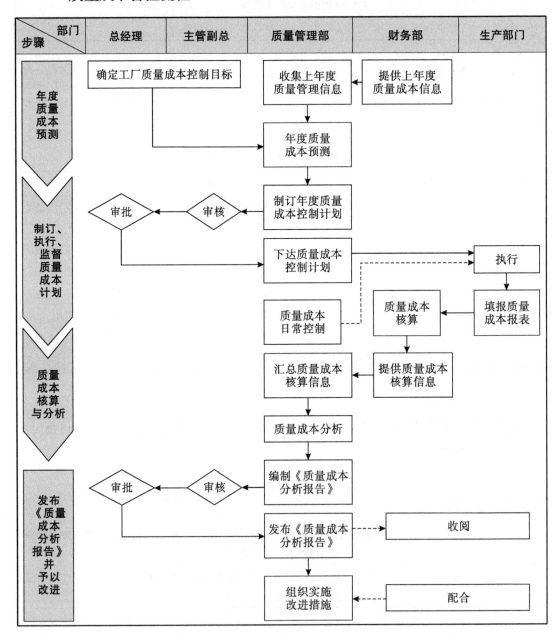

1.6.3 质量成本管理控制方案

在做好质量管理工作的同时，为了控制质量成本，使企业获得较好的经济效益，企业质量管理部门应制定质量成本管理控制方案，以便相关人员在工作中参考。

质量成本管理控制方案

一、目的

为了进一步推行质量成本控制办法，更好地实施质量成本控制管理，以达到不断降低质量成本，提高企业经济效益的目的，根据有关质量成本管理规定，结合本公司的实际情况，特制定本方案。

二、质量成本的构成分析

质量成本的构成及各成本项目的责任部门如下表所示。

质量成本构成及责任部门一览表

一级科目	二级科目	三级科目	费用明细	责任部门或责任人
质量成本	预防成本	质量培训费	培训师授课费	副总
			培训教材费、文具费、资料费等	综合管理部
		质量管理活动费	质量管理部门办公费	
			质量管理资料费	
			质量审核费	副总
			质量奖励费	
			质量管理咨询费	
		质量改进措施费	产品质量改进费	质量管理部
			设备、工具购置费	
		质量评审费	质量体系认证审核费	副总
			产品质量审核费	
			新产品研发费	技术部
		工资及福利费	质量管理人员工资及福利费	综合管理部
	鉴定成本	检测试验费	工序检验费	质量检测科
			材料、半成品、成品试验检验费	
		质量检测科办公费	质量检测科办公费	综合管理部
		工资及福利费	质量检测人员工资及福利费	
		检测设备费	检测设备购置费	质量管理部
			检测设备检定、校准费	质量管理部
			检测设备折旧费	财务部

（续表）

一级科目	二级科目	三级科目	费用明细	责任部门或责任人
质量成本	内部损失成本	废品损失费	报废损失费	生产部
		返工损失费	返工工时费、材料费、复检费等	
		停工损失费	停工损失费	
		质量事故处理费	质量事故处理费	质量管理部
	外部损失成本	索赔费	索赔赔偿费	销售部
			诉讼费	副总
		退换货损失费	退货损失费	销售部
			换货损失费	
			保修费用	
			折价损失	

三、质量成本管理控制的基础工作

（一）做好各种定额管理工作

1. 产品的材料消耗定额由技术部负责归口制定、管理。

2. 产品的外购配套件消耗定额由设计部负责归口制定、管理。

3. 设备的配件消耗定额由设备动力部负责归口制定、管理。

4. 工具消耗定额由工装部负责归口制定、管理。

5. 劳动工时定额由人力资源部负责归口制定、管理。

6. 质量成本费用由财务部负责归口制定、管理。

（二）在公司内部制定合理、稳定的计划价格

1. 材料物资计划价格由采购部归口制定，由财务部统一管理。

2. 工具计划价格由工装部归口制定，由财务部统一管理。

3. 备品配件计划价格由设备动力部归口制定，由财务部统一管理。

4. 各工序的价格由生产部负责归口制定、管理。

（三）做好原始记录的整理和数据的统计工作

1. 质量原始记录格式由生产部归口制定。

2. 材料物资原始记录格式由各材料物资部归口制定。

3. 财务成本原始记录格式由财务部归口制定。

（四）做好计量装置的配备工作

1. 材料物资的计量装置由物料控制部归口购置管理。

2. 气、水、电的流量仪表由设备动力部归口购置管理。

3. 所有计量装置由计量部负责统一校正、维修管理。

（五）建立质量成本管理责任制度

1. 质量成本管理实行"统一领导、各负其责、分级管理、全面控制"的原则。

2. 公司的质量成本管理工作在总经理的领导下，由总会计师负责组织，以财务部为主，其他有关部门参加，对全公司质量成本进行预测、计划、核算和经济分析。

3. 由总经济师负责组织计划部，其他部门参加，对全公司的质量成本进行控制和考核。

4. 其他相关部门在质量成本管理控制方面的主要职责如下表所示。

质量成本管理职责一览表

管理机构名称		具体职责
高级管理层	最高管理者（总经理）	对质量成本管理全面负责
	管理者代表	协助最高管理者做好质量成本管理工作
	总工程师	对质量成本的综合分析和改进工作负责
	总会计师	对质量成本预测、计划、核算、经济分析和质量成本数据的真实性及准确性负责
	总经济师	对质量成本指标的下达、控制、考核及产生的效益负责
质量管理部		1. 会同财务部和销售、采购、生产计划、设计、工艺和制造等相关部门制定质量成本管理制度，确定质量成本核算项目 2. 组织落实、监督、考核质量成本计划，并对计划外质量费用进行控制管理 3. 每月根据要求提供本部门的有关质量成本数据，定期上报财务部 4. 协调质量成本管理活动，对有争议的质量成本责任做出仲裁 5. 负责质量成本综合分析工作，定期向领导提供《质量成本报告》 6. 根据质量成本综合分析结果，制定相应的质量成本改进措施及改进计划，并送有关责任部门实施
财务部		1. 根据质量管理部提供的质量成本计划草案，编制质量成本计划 2. 参与制定质量成本管理制度，提出质量成本核算程序 3. 参与确定质量核算项目 4. 组织有关人员收集、核算质量成本数据，并进行汇总统计、核算 5. 编制并提供质量成本数据的收集、核算及经济分析所需的报表 6. 组织质量成本经济分析，定期向领导和质量管理部门提供《质量成本经济分析报告》和有关资料
其他相关部门		1. 执行本部门质量成本计划，并提出措施 2. 收集、核算并提供本部门质量成本数据、报表和《质量成本分析报告》，按期上报 3. 对质量成本管理工作中提出与本部门有关的问题进行整改，需要时采取纠正措施或预防措施

（六）建立目标质量成本管理制度

1. 目标质量成本是某一产品在一定时期所要求实现的质量成本水平。开发新产品和改造老产品，都应实行目标质量成本管理。目标质量成本管理要从产品设计入手，事先控制产品质量成本水平，使产品既保持其应有的功能，又有最低的质量成本。

2. 公司实行目标质量成本管理，将目标质量成本层层分解，据此制定公司总部、分公司、部门、车间、班组、各岗位、各工序的"目标责任质量成本表"。

3. 质量目标成本管理的程序

依据市场调查、经济预测及公司的利润目标，提出单位产品的目标质量成本，以此作为设计产品耗用材料与工费的限额；同时，力求做到功能好、质量成本低，并据此评价产品的设计方案，进行经营决策，指导产品生产，不断降低产品质量成本，从而提高经济效益。

四、编制质量成本计划

（一）质量成本计划编制的规划

以目标质量成本为方向，降低质量成本为保证，形成先进可行的质量成本指标体系。

1. 季度质量成本计划应以主要产品的单位质量成本计划和分公司、车间及部门的质量成本计划为重点。

2. 质量成本计划的编制工作由总会计师负责组织，以财务部为主，销售、技术、生产、计划、供应、劳资等部门应给予密切配合并参与制定。

3. 年度和季度的质量成本计划指标草案由总经济师审查后，提交总经理批准，然后下发全公司执行。

（二）质量成本计划的内容

质量成本计划主要包括以下两个方面的内容。

1. 降低质量成本的措施方案，包括改进技术、降低消耗、修旧利废、改制利用、提高工效、降低废品、增加销售、改进管理等多种措施。

2. 按主要产品和质量成本项目分别编制产品质量成本计划。

（三）编制质量成本计划的程序

1. 根据公司生产经营目标确定计划期内产品质量成本的控制数据。

2. 制定计划期内降低质量成本的主要措施，包括采用新技术、新工艺、新材料，以及改进经营管理等节约物质消耗和劳动消耗的措施。

五、质量成本核算与分析

（一）收集质量成本数据

1. 质量管理部于每年的1月份编制"年度质量成本计划"。

2. 每月26日，各部门按照"质量成本核算流程图"规定的职责范围填报"质量成本部门统计表"，报质量管理部。

3. 每月 28 日，质量管理部会同财务部填报"质量月报表"。

4. 各部门按"质量成本费用汇总归集表"的责任范围填报质量成本各科目，每月 29 日报公司财务部。

5. 每月 3 日，质量管理部编制上月"质量成本月报表"及附表。

6. 质量成本计划应与企业业务计划相协调，并成为业务计划的一部分。

（二）统计、核算质量成本数据

质量成本采用会计核算与统计核算相结合的方法，具体核算方法包括以下六种。

1. 在公司财务部、质量管理部和销售部分别建立质量成本核算台账。

2. 财务部负责统计核算在财务部列支的各项质量成本费用。会计人员在日常编制会计凭证时，应按照质量成本核算的要求，将有关质量成本的支出内容和金额单独列出，并记入"质量成本核算台账"。

3. 质量管理部负责统计核算减产损失、降级损失等不在财务账上直接反映出来的各项质量成本费用，并记入"质量成本核算台账"。

4. 销售部根据外部反馈信息和凭证统计外部损失成本，并记入"质量成本核算台账"。

5. 各分厂质量管理部门和成本会计分别统计核算发生在分厂的质量成本。

6. 财务部月末汇总编制公司"质量成本月报表"，具体如下表所示。

质量成本月报表

编号：　　　　　　　　编制日期：＿＿＿年＿＿＿月　　　　　　　　单位：元

序号	项目	基期或计划	本期发生数		比较	
			金额	%	金额	%
一	预防成本					
1	质量培训费					
	其中：培训教材、资料费					
	内部培训费					
	外部培训费					
2	质量管理活动费					
3	质量评审费					
4	质量信息资料费					
5	质量管理人员工资及福利费					
	小计					
二	鉴定成本					
1						

（续表）

序号	项目	基期或计划	本期发生数		比较	
			金额	%	金额	%
2						
	小计					
三	内部损失成本					
1						
2						
	小计					
四	外部损失成本					
1						
2						
	小计					
	合计					

备注：该表中的具体费用项目可参考"质量成本构成及责任部门一览表"中的一、二、三级科目。

（三）进行质量成本分析

1. 质量成本分析的内容

质量成本分析的内容和要点如下表所示。

质量成本分析内容和要点

质量成本分析内容	质量成本分析要点
1. 质量费用计划完成情况的分析 2. 质量成本构成情况的分析 3. 质量成本相关指标情况的分析 4. 重点产品质量成本分析 5. 质量成本改进完成情况分析 6. 质量成本管理效果分析	1. 提出报告期内影响质量成本的主要因素 2. 提出相应质量成本改进措施和工作目标 3. 对质量成本管理体系的有效性做出定性、定量的评价

2. 质量成本分析指标

质量成本分析的指标体系如下表所示。

质量成本分析指标体系

指标分类	质量成本结构指标	质量成本相关指标
指标内容	1. 预防成本率 $=\dfrac{预防成本}{质量总成本}\times100\%$ 2. 鉴定成本率 $=\dfrac{鉴定成本}{质量总成本}\times100\%$ 3. 内部损失成本率 $=\dfrac{内部损失成本}{质量总成本}\times100\%$ 4. 外部损失成本率 $=\dfrac{外部损失成本}{质量总成本}\times100\%$	1. 质量成本率 $=\dfrac{质量总成本}{工程总成本}\times100\%$ 2. 产值质量成本率 $=\dfrac{产值总额}{质量总成本}\times100\%$ 3. 利润质量成本率 $=\dfrac{总利润}{质量总成本}\times100\%$

3. 编制"质量成本分析报告"

质量管理部与财务部共同从以下三个方面进行质量成本分析，编制《质量成本分析报告》，经财务部和质量管理部负责人签字后上报总经理审批。

（1）质量成本二级科目的饼图和趋势图。

（2）每个月内、外部损失成本的趋势、成本发生的主要原因、发生时间及产品等，以便寻找改进的区域和措施，提出改进要求。

（3）找出影响产品质量的主要缺陷和质量管理体系的薄弱环节，为提出质量改进建议提供依据，为降低成本、调整质量成本结构和寻求最佳质量水平指出方向。

六、质量成本考核

质量成本计划的实施情况由综合管理部门依据质量考核控制程序的要求按月进行考核。

（一）公司级考核指标

1. 主要产品的单位质量成本（元）。

2. 百元商品产值质量成本率 $=\dfrac{质量成本}{商品总产值\div100}\times100\%$

3. 可比产品质量成本降低率（%）。

4. 销售利润质量成本率 $=\dfrac{销售利润}{质量总成本}\times100\%$

（二）分公司、车间级考核指标

1. 原材料件的质量成本（元）。

2. 产品的单位质量成本（元）。

3. 百元总产值质量成本率 $=\dfrac{质量成本}{产品总产值\div100}\times100\%$

七、质量成本改进

（一）明确质量成本改进目标

1. 预防成本占质量成本总额的0.5%～5%。

2. 鉴定成本占质量成本总额的 10% ~ 50%。

3. 内部损失成本占质量成本总额的 25% ~ 40%。

4. 外部损失成本占质量成本总额的 20% ~ 40%。

5. 质量成本总额一般不超过销售总额的 2%。

（二）采取质量改进措施

质量管理部根据《质量成本分析报告》提供的情况，按照纠正和预防措施控制程序，要求有关责任部门采取措施予以改进。应采取改进措施的情况包括以下三种情形。

1. 内部损失成本和外部损失成本大幅上升或连续上升。

2. 质量成本计划无法实现。

3. 发生对质量成本控制有重大影响的典型事件。

同时，质量管理部对纠正和预防措施进行跟踪，确保其有效性。

1.7 销售费用

1.7.1 销售费用构成分析

销售费用是指企业在销售产品或应税劳务等过程中发生的各项费用，以及为实现销售而专设销售机构（含销售网点、售后服务网点等）的各项经费。一般情况下，销售费用的构成如表 1-10 所示。

表 1-10 销售费用构成一览表

一级科目	二级科目	三级科目	说明
销售费用	销售人员薪酬	基本工资	◆ 为销售本企业产品或应税劳务而专设的销售机构（含销售网点、售后服务网点等）的员工工资
		提成	◆ 企业按销售人员实现的销售额的一定比例为其支付的提成费
		福利费	◆ 为销售本企业产品或应税劳务而专设的销售机构（含销售网点、售后服务网点等）的员工福利费
		奖金及特殊奖励	◆ 企业因销售人员做出额外贡献而发放的奖金及特殊奖励
	业务费用	培训费	◆ 为培训本企业及销售机构的销售人员而产生的各项费用
		差旅费	◆ 本企业及销售网点的销售人员为销售本企业产品或应税劳务而发生的差旅费，包括市内公出的交通费和外地出差的差旅费
		办公费	◆ 本企业及销售网点的销售人员为销售本企业产品或应税劳务而发生的各项办公经费支出

（续表）

一级科目	二级科目	三级科目	说明
销售费用	业务费用	通信费	◆ 本企业及销售网点的销售人员为销售本企业产品或应税劳务而在通信方面的支出，包括固定电话、移动电话、联网等的费用
		业务招待费	◆ 本企业及销售网点的销售人员为销售本企业产品或应税劳务而发生的各项招待费用
		销售折扣	◆ 本企业及销售网点的销售人员在销售本企业产品或应税劳务时，因购买方购货数量较大或及时付款等原因而给予对方的一种价格优惠，前者称为"商业折扣"，后者称为"现金折扣"
		坏账损失	◆ 企业在销售产品或应税劳务时，因产生无法收回的应收账款而造成的损失
	公关费用	公关公司费用	◆ 企业请公关公司开展公关活动而支付的费用
		赞助费用	◆ 企业赞助赛事或某些活动而发生的费用
		庆典活动费	◆ 企业开展各种庆典活动（如周年庆等）而发生的费用
		公关人员报酬	◆ 企业支付公关人员的工资、奖金及其他福利费
		会议费	◆ 企业召开各类公关会议而发生的资料费、设施设备费、人工费等
	广告费用	广告策划费用	◆ 企业请专业的广告策划机构而支付的费用
		广告制作费用	◆ 企业在制作广告方面所发生的费用
		媒体费用	◆ 企业为发布广告购买媒介所发生的费用
	售后服务费用	消耗材料费	◆ 为销售本企业产品而专设的销售机构（含销售网点、售后服务网点等）发生的机物料消耗
		客户损失赔偿费	◆ 由于本企业产品存在质量缺陷而向客户提供的赔偿所发生的费用
		管理费用	◆ 主要包括售后服务网点发生的房屋及固定资产的修理费，根据固定资产原值和规定折旧率而计提的资产折旧费，租用柜台或设备而发生的经营租赁费等
	销售物流费用	库存费用	◆ 企业自销产品时应负担的仓库保管费用
		包装费用	◆ 企业在自销产品时应负担的包装费
		运输费用	◆ 企业在销售产品的过程中进行运输活动所支付的费用
		装卸费用	◆ 企业在自销产品时应负担的装卸费用

1.7.2　销售费用使用控制流程

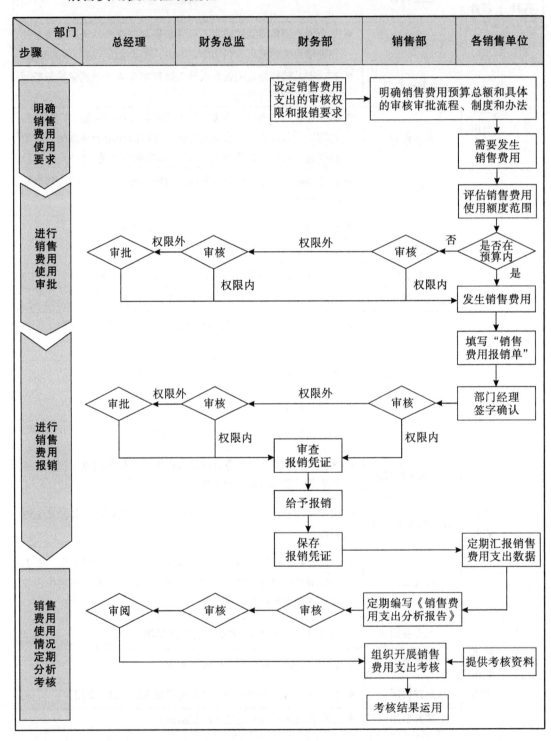

1.7.3 销售费用管理控制办法

为规范企业销售费用管控工作，使销售费用的支出控制工作有据可依，企业销售部或相关职能部门应制定出销售费用管理控制办法，以使该项工作常态化。

销售费用管理控制办法

第1章 总则

第1条 目的

为了规范公司销售费用的使用程序，有效控制销售费用支出，提高公司营销系统所有资源的利用率，本着节约、有利于销售工作的原则，结合本公司的实际情况，特制定本办法。

第2条 适用人员范围

本办法适用于公司营销系统及驻外销售机构的所有在职员工。

第3条 适用范围

1. 本办法适用于公司销售人员的差旅费、通信费、业务招待费及驻外销售机构的办公费用。

2. 上述费用之外的销售费用，如广告宣传费、促销费用、公关费用、运输费用、赔偿费用、退换货费用、包修费用、营销人员薪酬、培训费用、办公会议费用等，不在本办法的控制范围之内。这些费用的控制，可参照公司其他相关制度的规定，或按月度预算执行。

第2章 销售费用控制原则

第4条 预算控制原则

1. 营销系统各部门应按月编制各项销售费用分类预算（如下表所示，出于全面性考虑，本表将公司可能发生的所有销售费用全部列出，其中，加粗文字是本办法的控制重点），经财务部试算平衡后，报总经理批准后执行。

销售费用预算表

编号：   单位：元

项　目			年度销售费用计划额度					元	
			1月		2月		3月		……
			金额	销售比重（%）	金额	销售比重（%）	金额	销售比重（%）	
销售费用	1. 销售变动费用	（1）销售佣金							
		（2）运费							
		（3）包装费							
		（4）保管费							
		（5）燃料费							
		（6）促销费							
		（7）广告宣传费							
		（8）消耗品费用							
		（9）其他费用							
		小计							
	2. 销售固定费用	（1）销售人员费用	①工资						
			②奖金						
			③福利费						
			④劳保费						
			⑤其他费用						
		小计							
		（2）销售固定经费	①差旅费						
			②通信费						
			③业务招待费						
			④折旧费						
			⑤修缮费						
			⑥保险费						
		小计							
	合计								

2. 本办法控制范围内的销售费用，均应在预算范围内开支使用。

3. 每月月末，营销系统各部门的相关负责人及销售专员应对本月发生的销售费用进行分项统计，填写"销售费用分析表"，开展偏差分析，及时发现问题，并采取措施。例如，某销售专员发生的业务费用过高时，可调整访问路线或降低住宿标准等。

第5条 实行提成制人员费用控制原则

1. 实行提成制的人员的工资、奖金、费用实行包干制，因开展业务发生的差旅费、通信费、业务招待费在其提成中开支。

2. 在预算范围内的费用按标准预支差旅费，按季度考核作总决算，季度超支在下一期提成中扣回。年度超支不得滚入下一年度。

第6条 营销系统其他人员费用控制原则

销售管理人员、销售内勤人员发生的差旅费、通信费，在预算范围内的按标准开支报销，超支部分自己承担。

第3章 销售费用支出审批规定

第7条 除个人包干费用之外的费用，如业务招待费，须先申请后使用；紧急情况下须电话向上级主管申请，后补办申请手续。

第8条 各类销售费用发生后，销售人员需在出差回到公司后一周内办理报销手续，对于出差超过一个月、不能在月度结清费用的销售人员，须通过邮寄的方式把票据寄回公司，由销售部内勤人员代为履行报销审批程序，财务部把相应款项汇入当事人账户。

第9条 销售费用借支或报销额度规定

1. 根据销售人员出差路程、时间等因素确定借款额度，并以其月工资为最高额度。

2. 借支或报销额度审批权限应参考公司具体授权规定。

第10条 销售费用支出与报销审批程序

1. 销售费用支出的当事人提出预算范围内的费用支出申请后，报本部门负责人或主管领导批准。

2. 销售费用支出当事人在得到主管领导的批准后，执行销售费用支出事项。

3. 财务部对当事人的销售费用支出情况进行审查，主要审查费用支出的相关凭证填写是否标准、票据有效性、出差日期是否准确以及申请程序、预算标准以及出差报告是否符合规定等内容。

4. 营销总监负责对预算范围内及相应权限的费用进行审批。

5. 费用支出报销得到营销总监批准后，直接由财务部付款报销，超标准、超权限的费用报销需经总经理审批。

6. 总经理负责预算外、超标准、营销总监审批权限以外的销售费用支出的报销审批。

第4章 通信费、差旅费控制

第11条 个人通信费以实际费用发票报销。

第12条 实行提成制人员的通信费、差旅费按公司规定的标准进行预支（参见下表所列的销售部相关人员的通信费、差旅费开支标准），结算奖金时扣除。

营销系统的通信费、差旅费开支标准

所属部门	职位	个人通信费标准（元/月）	差旅费标准					
			长途交通工具标准		出差市内补助			
			飞机	火车	市内交通	伙食	住宿	小计
营销总监		实报	机票	火车软卧	——	——	——	实报
销售部	经理		4折机票	火车硬卧	20	40	140	200
	大区经理		——	火车硬座				
	省区经理		——	火车硬座				
	销售专员		——	火车硬座				
市场部	经理		4折机票	火车硬卧	实报			
	市场主管		——	火车硬座	实报			
	市场专员		——	火车硬座	实报			
客服部	经理		4折机票	火车硬卧	实报			
	客服专员		——	火车硬卧				
	其他人员		——	火车硬座	实报			

1. 上表中"出差市内补助"以普通城市为标准，如出差到其他城市，可按三级标准予以增加。

（1）出差到省会城市，部门经理的住宿费用按____元/天、其他人员的住宿费用按____元/天进行报销。

（2）出差到经济发达地级城市，如温州、大连、宁波、青岛、无锡、东莞等城市，可参照省会城市的标准执行。

（3）出差到北京、上海、广州、深圳等城市，部门经理的住宿费用按____元/天、其他人员的住宿费用按____元/天进行报销。

2. 如两个同性别人员同时出差至同一个地方，则扣减一个人的住宿费（以职务级别高的为准），其他补助不变。

3. 住宿费用必须凭发票按实际金额报销，超支部分自己负担，其他补助按标准报销，但必须提供相应的收据凭据。

4. 部门经理级人员出差如有4折以下机票到达目的地，可以搭乘飞机。

5. 如因紧急事务而超标准（如需搭乘飞机限时赶赴出差地），必须经过营销总监的批准。

6. 若出差交通为长途客车，其费用实报实销，不在上述标准中执行。

第13条 驻外销售机构的人员的通信费、差旅费实行包干制，由公司独立核算并另行制定标准。

第5章 业务招待费控制

第14条 销售人员开发的新客户来公司考察，费用由公司承担，但需事先报请营销总监批准（详细注明住宿天数、陪客餐费、回程路费等）。

第15条 公司老客户临时来公司办事，公司承担一天的费用（住宿及餐费）。

第16条 客户来公司住宿标准____元/天，总经理、营销总监作陪餐费实报，其他人员作陪餐费以____元/每人/每餐标准，按发票报销。

第17条 销售部出差人员开发新客户或与老客户交流感情，可适当与客户会餐，但必须事先报请部门经理批准。部门月招待费用总额不得超过2 000元，每笔不得超过150元，凭当地发票报销，特殊情况需报请营销总监批准。

第6章 驻外销售机构费用控制

第18条 公司同意设立驻外销售机构（如办事处、仓库等）的片区，销售机构的办公室租赁费（含物业管理费）、仓库租赁费、水电费由公司承担（具体明细如下表所示），根据公司正常审批程序报销。

驻外销售机构费用一览表

城市级别	租赁费	行政办公费用	生活补助	水电费	物业费
普通城市					
省会城市及经济较发达地级城市					
北京、上海、广州、深圳					

备注：经济发达地级城市如温州、大连、宁波、青岛、无锡、东莞等城市。

第19条 行政办公费用主要指在当地的固定电话、传真、复印、打印等办公费用，个人通信费参照公司的统一标准执行。

第20条 公司总部人员驻销售机构办公的，按驻外天数每天补助15元的驻外补助。

第21条 驻外销售机构的人员在当地的车船费用以当地公交车票据为报销依据。

第22条 驻外销售机构的人员往返公司或出差外地按公司的标准费用报销。

第23条 驻外销售机构的人员需添置办公设备时，参照公司的采购管理规定执行。

第24条 驻外销售机构的日常费用开支由财务部根据各销售机构的预算拨付备用金，

出纳（可兼职）负责备用金的保管与支付事宜。费用开支情况由公司总部负责审计，审计不合格的费用由销售机构的主要负责人追回不应报销的费用。

第25条　不独立考核盈亏的销售机构由出纳负责邮回费用开支单据冲销备用金借款。

第26条　独立考核盈亏的销售机构的费用开支经审计合格后直接计入本机构的当期费用。

第7章　附则

第27条　本办法由公司总部财务部制定，报总经理审批后，自公布之日起执行。

第28条　本办法由公司总部财务部负责解释、修订。

1.7.4　销售费用使用报销方案

为规范销售费用的使用报销工作，使销售费用报销人员、财务部出纳人员开展报销工作时有据可依，企业相关职能部门应给出销售费用使用报销的具体办法，以便员工参考。

销售费用使用报销方案

一、目的

1. 确保将销售费用控制在预算范围内。

2. 严格控制销售费用的支出，杜绝违规报销行为。

3. 确保所有销售费用的列支做到合理、合规，并进行及时准确的记录。

二、适用范围

本方案适用于销售人员因开展销售业务所产生的市内外交通费、住宿费、移动电话费用、邮寄费、招待费、出差费（包括市内出差误餐费）等。

三、设定报销审批额度

1. 销售费用额度低于____元时，由销售部经理进行最终审批。

2. 销售总监对单次报销额度超过_____元的销售费用进行最终审批。

3. 总经理对高于_____元的销售费用进行审批。

四、明确报销标准

1. 移动电话费的报销标准

（1）销售人员必须凭移动电话运营商提供的发票作为报销凭证，超过公司规定标准的费用由销售人员自理。

（2）销售人员未完成当月业绩目标时，移动电话费报销公司限额的60%。若当月未完成业绩，而手机发生费用少于或等于限额的60%，则按实际发生费用报销。

2. 出租车费的报销

（1）出租车费报销须提供出租车打印发票。

（2）出租车费用总额超过公司规定的标准时，超出部分由销售人员自理。

3. 客户来访费用和礼品费用的报销

客户来访所产生的费用以及销售人员赠送给客户的礼品费用，由销售人员个人承担30%，公司承担70%，但礼品范围仅限于公司提供的礼品。

4. 其他费用

由于销售人员个人工作失误所造成的销售费用的额外支出，公司和销售人员各承担50%。

五、报销要求

1. 出差费用的报销单据上必须注明出差时间、出差单位、出差事由。

2. 所有邮寄费用的报销均要求附清单，清单内载明的内容包括邮寄时间，所寄内容，收件人姓名、地址、电话等。

3. 销售费用的报销一律凭发票，如果是收据和白条，公司一律不予报销。

4. 在报销业务招待费用时，销售人员必须在发票背面注明被招待的单位名称、列席人数、级别、招待时间等。

5. 在报销销售费用时，销售人员对于已经进行部分借支的，应当对借支的额度进行记录，并在报销额度中扣除。

六、费用报销程序

1. 提出报销申请

（1）出差费用

销售人员出差回到公司后的第二天起，应于三日内将出差的报销票据进行整理、分类并分项粘贴，由销售部经理审核。

（2）移动手机费用和其他费用

每月8日前，由销售人员将待报销的票据进行整理、分类或分项粘贴，经销售部经理审核签字。

2. 销售部经理审核

（1）销售部经理在权限范围内审核销售费用报销凭据和"报销费用申请单"，并填写审核意见，送财务部予以报销。

（2）对于超出销售部经理权限范围的额度，销售部经理应将"报销费用申请单"报销售总监进行进一步审核。

3. 销售总监审核

销售总监在权限范围内审核销售费用报销凭据和"报销费用申请单"，并填写审核意见，送财务部予以报销。

4. 总经理审批

总经理审批超出销售总监审核范围的销售费用额度。

5. 财务部费用会计审核确认

财务部费用会计对销售费用审核确认的内容如下表所示。

费用会计审核事项和内容

序号	审核内容
1	◆ 费用内容及原始票据的真实性、合规性
2	◆ 报销单填写是否齐全，计算是否正确，是否已经过规定程序审核批准，各程序的审批是否在规定的审批权限内，对不合规的票据予以没收
3	◆ 费用是否在资金计划内，是否在部门预算内，将不在资金计划和预算内的费用退回，要求补充资金计划和（或）超预算计划
4	◆ 费用项目是否符合差旅费报销政策，对不符合差旅费报销政策的予以退回

1.8 管理费用

1.8.1 管理费用构成分析

管理费用是指企业的董事会和行政管理部门为组织和管理企业生产经营活动所发生的费用，或由企业统一负担的各项费用。其具体构成如表 1-11 所示。

表 1-11 管理费用构成明细表

管理费用明细科目	说明
行政管理人员工资及福利费	◆ 企业行政管理部门的员工工资及福利费
社会保险费用	◆ 企业为员工缴纳的各项社会保险费用的总额 ◆ 若企业的社会保险费用在"制造费用"、"销售费用"、"管理费用"中分别核算的，则本指标只包括企业行政管理人员的社会保险费用 ◆ 若所有员工的社会保险费用都在"管理费用"中核算，则本指标包括企业所有员工的社保费
住房公积金和住房补贴	◆ 企业支付给员工个人的住房公积金或住房补贴
办公费	◆ 生产及各管理部门使用的文具、纸张、印刷品、清洁卫生用品、报刊杂志及电话费用
业务招待费	◆ 企业为业务经营需要而支付的列入"管理费用"的业务招待费用
工会经费	◆ 企业工会发生或使用的相关费用
员工教育经费	◆ 企业为员工学习先进技术和提高文化水平而支付的费用
差旅费	◆ 企业行政管理部门的差旅费包括市内公出的交通费和外地出差的差旅费

（续表）

管理费用明细科目	说明
通信费	◆ 企业行政管理部门用于通信方面的费用，包括固定电话、移动电话、联网等费用
交通费	◆ 企业用于商务汽车使用和保养方面的各项支出，包括车险、过路过桥费、停车费、修车费、耗油（天然气）费等，以及企业用于租车、打车的费用
研究开发费	◆ 企业开发新技术或新产品等而发生的新产品设计费、工艺规程制定费、设备调试费、原材料和半成品的试验费、技术图书资料费、研发人员的工资等，不包括"制造费用"中已填报的"研发、试验检验费"
技术转让费	◆ 企业使用非专利技术或引进技术而需要支付的费用
董事会会费	◆ 企业董事会或最高权力机构及其成员为履行职能、执行职权而发生的各项费用，包括董事会或最高权力机构成员的津贴、差旅费、会议费等
劳动保护费	◆ 企业为员工配备的工作服、手套、安全保护用品、防暑降温用品等所发生的支出和高温、高空、有害作业津贴、洗理费等 ◆ 若生产成本之"制造费用"中已经核算了劳动保护费，则此项不包括"制造费用"中的劳动保护费
员工取暖费和防暑降温费	◆ 企业支付给员工个人的取暖费和防暑降温补贴
劳务费	◆ 企业支付给雇佣的临时生产人员的，且没有包括在工资中的劳务费用，但不包括已在"生产成本"中填报的劳务费
会议费	◆ 企业用于召开会议的费用
印刷费	◆ 企业统一负担或支付的各种印刷费
咨询费	◆ 企业向咨询机构进行生产技术经营管理咨询所支付的费用，包括聘请经济技术顾问、法律顾问等的费用
诉讼费	◆ 企业因起诉或应诉而发生的各项费用
审计费	◆ 企业聘请中介机构（如注册会计师事务所、资产评估机构等）进行查账、验资，以及资产评估、清账等发生的费用和企业接受审计发生的费用
修理费	◆ 企业行政管理部门为修理房屋、固定资产和低值易耗品等资产所支付的费用
折旧费	◆ 企业行政管理部门的固定资产按规定折旧率计提的资产折旧费
水电费	◆ 企业行政管理部门支付的用于外购的水费和电费
绿化费	◆ 企业对办公区、生产作业区进行绿化而发生的零星绿化费用
税金及上交的各种专项费用	◆ 企业上交的税金以及上交管理部门的各种专项费用的总和，包括房产税、车船使用税、土地使用税和印花税以及各种政府规费、捐赠等
排污费	◆ 为已经产生或仍在继续产生的环境污染损失或环境危害行为承担的一种经济责任，依法向环保主管部门缴纳的费用

1.8.2 管理费用使用控制流程

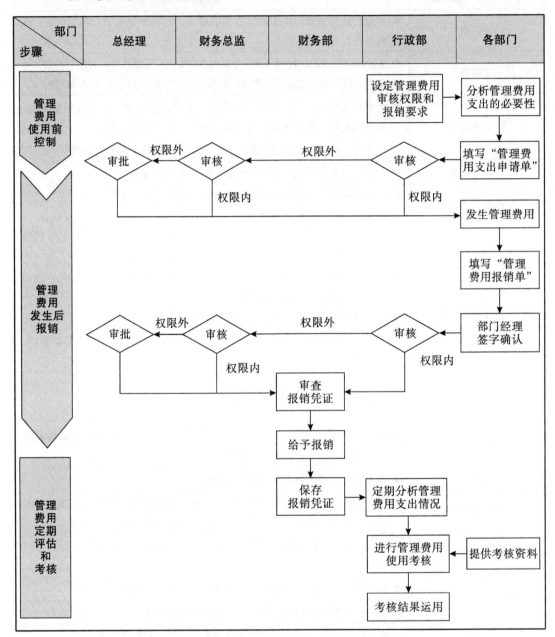

1.8.3 管理费用支出审批规定

为加强对管理费用的预算管理，在保障企业各职能部门正常运作的同时，严格控制管理费用的支出，企业应对管理费用支出的审批程序、权限审批人员等做出相应的规定，以便员工参照执行。

管理费用支出审批规定

第1章　总则

第1条　为加强财务预算管理，保障公司各职能部门的工作正常运作，严格控制管理费用的支出，特制定本规定。

第2条　本规定适用于管理费用支出范围的支出审批。

第2章　预算内管理费用审批权限及程序

第3条　按费用标准执行的费用性支出及核销（报账）审批程序如下。

固定电话费用、手机费用、差旅费由费用申请部门提出申请，经费用申请部门经理审批后，到财务部主管会计处办理。

第4条　其他费用性支出审批程序

1. 金额发生5 000元以下（含5 000元）费用

由费用申请部门提出申请，经财务部预算主管、费用申请部门经理审批后，到财务部主管会计处办理。

2. 金额发生5 000～10 000元（含10 000元）的费用

由费用申请部门提出申请，经费用申请部门经理、财务部预算主管、费用申请部门主管副总审批后，到财务部主管会计处办理。

3. 金额发生10 000～20 000元（含20 000元）的费用

由费用申请部门提出申请，经费用申请部门经理、费用申请部门主管副总、财务部预算主管、财务部经理、财务总监审核后，到财务部主管会计处办理。

4. 金额发生20 000元以上的费用

由费用申请部门提出申请，经费用申请部门经理、费用申请部门主管副总、财务部预算主管、财务部经理、财务总监、公司总经理审批后，到财务部主管会计处办理。

第3章　预算外管理费用审批权限及程序

第5条　预算外管理费用是指各部门根据业务特点确需发生的，而预算内未考虑到的费用。

第6条　预算外管理费用的发生，不论金额大小，其报销审批程序如下：费用申请部门提出申请，经费用申请部门经理、费用申请部门主管副总、财务部预算主管、财务部经理、财务总监、公司总经理审批后，到财务部主管会计处办理。

第7条　各部门为正常开展业务而需要一次性购置电脑、打印机、复印机、传真机时，由信息技术部、财务部审核及总经理办公室审批后，向公司领导提出购置方案，经公司领导审批后，采购部按要求购置。

第8条　如果支付和报销、核账工作同时进行，则报销、核账工作按上述规定执行。

第9条　如果支付和报销、核账是分开进行的，则支付申请按上述流程。报销、核账时，只需按财务部主管会计的要求贴齐相关单据，附上支付审批的原件，由费用申请部门经理签字后，到财务部主管会计处报销即可。

第10条 有审批权限的人员发生相关管理费用时，应由上一级领导审批，总监及以上级别人员发生相关费用时，由董事会成员进行会签。

第4章 附则

第11条 本规定由财务部负责制定与解释工作。

第12条 本规定自＿＿＿年＿＿＿月＿＿＿日起执行。

1.9 财务费用

1.9.1 财务费用构成分析

财务费用是指企业为筹集生产经营所需资金而发生的费用，包括企业在生产经营期间发生的利息支出（减利息收入）、汇兑损失（减汇兑收益）、支付给金融机构的手续费、企业发生的现金折扣，以及其他财务费用等。

根据上述定义，财务费用的具体构成如表1-12所示。

表1-12 财务费用构成一览表

财务费用明细科目		说明
财务费用	利息支出	◆ 企业短期借款利息、长期借款利息、应付票据利息、票据贴现利息、应付债券利息、长期应付引进国外设备款利息等利息支出（除资本化的利息外）减去银行存款等利息收入后的净额
	汇兑损失	◆ 企业因向银行结售或购入外汇而产生的银行买入，卖出价与记账所采用的汇率之间的差额，以及月度（季度、年度）终了，各种外币账户的外币期末余额，按照期末规定汇率折合的记账人民币金额与原账面人民币金额之间的差额
	金融机构手续费	◆ 发行债券所需支付的手续费（需资本化的手续费除外），开出汇票的银行手续费，调剂外汇手续费以及企业得到其他金融服务需支付的手续费等，但不包括发行股票所支付的手续费等
	其他财务费用	◆ 企业发生的现金折扣，融资租入固定资产发生的融资租赁费用，为了筹集资金而负担的担保费等

说明：1. "利息支出"这项指标应填报企业利息的总支出，而不是企业会计报表上的利息净支出；

2. "其他财务费用"之"担保费"，若为企业给其他单位做担保所发生的费用，应计入"管理费用"，而不属于财务费用。

1.9.2 财务费用管理控制方案

有些企业会根据自己的经营现状和发展规划，因投资、扩展业务而选择负债经营，如向银行借款、发行债券等。由此而产生的利息支出，在企业各项费用支出中的比例越来越大。

同时，随着市场经济的不断发展，企业在融资、国际贸易结算、外币兑换、国际金融及投资发行债券的过程中，都需要金融机构的服务。因此，企业在接受这些服务时所支出的手续费正大幅增长。

财务费用管理控制方案

一、目的

为指导财务部工作人员有针对性地做好财务费用控制工作，确保企业资金产生的利润最大化，特制定本方案。

二、适用范围

本方案可用来指导开展财务费用日常登记、核算以及控制等工作事项。

三、做好财务费用的日常登记工作

按财务费用的实际发生情况进行如实登记是做好财务费用核算、加强财务费用控制工作的前提和基础。为了明确统计财务费用的具体支出项目，本公司将利息支出、汇兑损失进行进一步细分，尤其是利息支出。具体如下表所示。

财务费用登记与分析表

编号：   日期：____年____月

项目	行次	本月数	本月累计数	上年期间数
一、利息支出净额	1			
1. 利息支出	2			
（1）国内长期借款利息支出	3			
其中：本分子公司并表单位借款利息	4			
股份公司其他并表单位借款利息	5			
集团公司及所属单位借款利息	6			
其他关联单位借款利息	7			
银行借款利息	8			

项目	行次	本月数	本月累计数	上年期间数
其他借款利息	9			
(2) 外资长期借款利息支出	10			
(3) 应付债券利息	11			
其中: 应付本分子公司并表单位债券利息	12			
应付股份公司其他并表单位债券利息	13			
应付集团公司及所属单位债券利息	14			
应付其他关联单位债券利息	15			
应付其他债券利息	16			
(4) 短期借款利息支出	17			
其中: 本分子公司并表单位借款利息	18			
股份公司其他所属单位借款利息	19			
集团公司及所属单位借款利息	20			
其他关联单位借款利息	21			
银行借款利息	22			
其他借款利息	23			
2. 利息收入	24			
(1) 本分子公司并表单位利息收入	25			
(2) 股份公司其他并表单位利息收入	26			
(3) 集团财务公司利息收入	27			
(4) 其他集团公司及所属单位利息收入	28			
(5) 其他关联单位利息收入	29			
(6) 其他外部单位利息收入	30			
二、汇兑净损失	31			
1. 汇兑损失	32			

（续表）

项目	行次	本月数	本月累计数	上年期间数
2. 汇兑收益	33			
财务费用合计	34			
备注：资本化利息小计	35			
其中：本分子公司并表单位借款利息	36			
股份公司其他并表单位借款利息	37			
集团公司及所属单位借款利息	38			
其他关联单位借款利息	39			
银行借款利息	40			
其他借款利息	41			

说明：因本公司"其他财务费用"项目较少，在表中尚未体现出来。

四、财务费用的核算

公司在发生上述财务费用时，应在"财务费用"科目中进行核算，并可根据本公司的实际情况和核算要求，按费用项目设备明细科目，并对相关费用进行明细核算。具体步骤如下图所示。

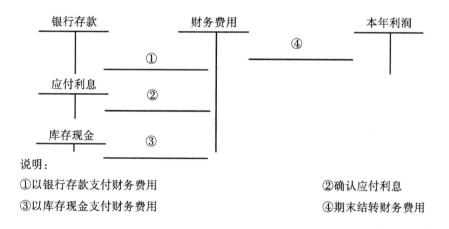

说明：
①以银行存款支付财务费用
③以库存现金支付财务费用
②确认应付利息
④期末结转财务费用

财务费用业务核算示意图

需要说明的是，公司为购建固定资产举借的专门借款所发生的利息支出，按规定应予资本化的部分，应计入"在建工程"、"制造费用"等科目中，不应再作为财务费用进行核算。

五、降低财务费用的对策与措施

根据财务费用统计、核算的结果，总会计师可针对各项支出分析财务费用产生的原因，据此制定出降低企业财务费用、处理好财务费用与经营效益之间关系的对策和办法。具体如下。

（一）利息支出控制措施

1. 做好资金计划管理与投资决策工作

（1）根据公司经营状况，分析资金流向、资金总量和需求总量，评估投资能力，选择能满足规模经济要求的投资项目。

（2）根据国家产业政策、现有产业结构特征，选择投资领域。

（3）加强投资效果的分析、研究，做好投资可行性分析工作。

2. 资金运用应侧重于重点产品和效益产品

运用 ABC 分类法将公司现有产品进行分类，并进行区别管理：A 类为利润丰厚的产品，资金供应重点倾斜；B 类为利润较低的产品，对资金供应加以控制，以防超储积压；C 类为滞销品，应对资金供应严格审核，以促销库存为主。

3. 量力举债，尽可能利用低成本负债方式

（1）科学、合理地确定资金的需求量，预估未来某一时间公司的还债能力。

（2）合理研究分析公司的资产负债率，将负债比例控制在一个合理的范围内。

（3）对超量的银行借款能还就还，做到勤借勤还。

4. 尽可能压缩产品库存量

（1）加强技术创新，不断创新、发展竞争力强和成功的产品。

（2）通过科学的市场预测和决策，制订较准确的销售计划，以销定产，结合期初、期末存货水平，合理确定产品生产计划，确保产销平衡。

（3）缩短产品生产周期，尽量减少在制品库存量，以使原材料的投入能尽快向产成品转化，以便快速投向市场、收回资金。

5. 加强应收账款催收管理

（1）设置信用部门，负责收集客户资信方面的资料，并进行动态评价。

（2）建立健全科学的信用政策，尽可能减少应收账款投资，减少坏账损失，加速资金周转。

（3）积极组织人员催收货款，改进结算方式。

（二）汇兑损失控制措施

1. 根据汇率走势及时调整进出口业务结构

（1）当预期人民币汇率会降低时，应减少原材料进口，增加国内采购量，增加产品出口。

（2）当预期人民币汇率会走高时，应多进口原材料，增加内销量，减少出口量。

2. 合理选择进出口业务结算使用的货币

（1）进口业务尽量使用可兑换货币中的弱势货币，也可采用即期外汇买入的办法。

（2）出口业务尽量使用强势货币，在信用证结算方式下可以通过银行押汇提前收回资金。

3. 提前或推迟结算，合理运用外汇理财产品，运用外汇品种组合策略

具体内容请参考本书第10章"汇兑损失控制方案"。

第 2 章

人力成本费用控制

2.1 取得成本

2.1.1 招聘成本控制方案

为加强企业对人力资源招聘成本的管理，在保障招聘工作正常开展的同时，严格控制招聘成本的发生或支出，企业应针对招聘成本的事前审批程序、过程中的各项费用支出等做出相应的规定，以便员工参照执行。

招聘成本控制方案

一、目的

为有效控制人力资源招聘成本，提高招聘效率，保证招聘效果，特制定本方案。

二、适用范围

本方案适用于本公司的招聘成本控制工作。

三、招聘成本构成

本公司招聘成本一般由广告费、中介机构服务费等构成，具体如下表所示。

招聘成本构成分析

类别	含义
广告费	用于在网络、专业杂志、报纸上发布招聘广告的媒体广告费用
中介机构服务费	用于支付猎头公司、普通人才服务机构的招聘服务费用
会务（场租）费	用于支付人才招聘会招聘展台的费用
资料费	用于支付招聘材料的印刷、制作、采购的费用
推荐费	用于支付人才推荐者的佣金的费用
公关费	用于支付招聘活动发生的公关费用
相关费用	用于支付招聘活动发生的差旅、餐饮、食宿的费用
其他	和招聘相关的其他费用

四、事先控制——人员招聘审核权限

（一）作用

1. 有效识别人员空缺

确保所招聘职位是必需的，且无法替代，其职责不能通过工作分配、现有人员加班、临时借调或外包的形式解决。

2. 严控编制

逐级审批，有利于从公司整体组织架构的角度合理配置人员，避免出现冗员，增加成本。

3. 责任承担

当招聘工作出现重大失误或招聘费用严重超支时，向审批人员问责。

（二）相关界定

1. 提出招聘需求。

2. 审核权

审核权是指相关人员对员工招聘工作进行审查，并做出决定的权力。该权力包括推荐给下一个审核者或者核准者进行决策并提供建议，还包括否决招聘员工，审核者行使否决权后，招聘程序自行中止。

3. 核准权

核准权是指相关人员根据审核者提供的建议，最终决定员工招聘是否执行，如果同意则立刻执行，如果否决则不执行。

4. 报备

报备是指员工招聘完成之后，相关人员定期得到招聘统计信息的权力。

（三）人员招聘审核权限

人员招聘的审核权限具体规定如下表所示。

招聘审核权限表

审核事项		审核分类	主管	部门经理	分管副总	人力资源部	总经理
需求确认	编制内	一般职员/操作人员	√	√△	○	□	
		一般管理/技术/业务人员	√	√△	△	□	
		部门经理以上			√	□	
	编制外	一般职员及辅助后勤人员		√	△	□	○
		一般管理/技术/业务人员、部门经理级以上		√	△	△	□

备注："√" 提出　　　"△" 审核　　　"□" 核准　　　"○" 报备

五、事中控制——招聘渠道优化选择

（一）招聘渠道类型

企业招聘人员可选择的招聘渠道如下表所示。

招聘渠道类型比较分析表

招聘渠道	收费情况	招聘特点	招聘效果
内部招聘	免费	◆ 对能力强的员工起到激励作用 ◆ 避免优秀员工被竞争对手挖走	◆ 随时发布信息，针对性强，质量有保证，但选择余地小
员工推荐	500～1 000 元 （用于奖励）	◆ 针对性强，效率较高	◆ 费用低，质量有保证，但是存在管理隐患
网上招聘	2 000～100 000 元	◆ 覆盖面广，无地域限制，形象宣传，针对性强，宣传沟通方便	◆ 费用低，不断使用，可选择余地大
校园招聘	免费或少许	◆ 形象宣传，直接面对	◆ 后期培训费用较高
报纸广告	$12 \times 8 cm^2$ 6 000 元/次	◆ 固定阅读，媒介覆盖影响力大，但不长久	◆ 需花费较大精力筛选，效果一般，不利于招聘较高职位人员
招聘会	1 000～4 500 元/摊位	◆ 直接面对，效率较高	◆ 时效性强，质量难以保证，持续时间短
猎头公司	15 000～100 000 元	◆ 针对性强，质量高，效率高	◆ 质量有保证，费用高

（二）选择渠道说明

1. 内部招聘——第一选择

通过内部招聘，一方面确保公司内部业务和文化的匹配，另一方面也是公司为员工的职业生涯发展提供了机会。此种方式费用低，质量有保证，大部分职位可先通过发布内部信息的方式进行招聘。

2. 员工推荐

这种方法在寻找很难招到的人才时，如招聘高科技或信息专业人才时特别有效，可节省大量费用。

3. 网上招聘

目前使用的是××网站，按年收费，费用较低，可以发布任何数量的广告，因此可以作为一般职位招聘需求的首选方式，但对高级职位的招聘效果不理想。

4. 报纸广告

招聘渠道中，目前公司所在地区××报纸效果较好，特别适用于各类中高级职位的招聘，但费用较高。

5. 校园招聘

校园招聘适用于有长期人才培养计划、相同需求较多的职位。

6. 猎头

仅限于招聘部门经理及以上级别职位使用。

7. 按职位不同选择最佳招聘渠道，如下表所示。

按职位选择招聘渠道指引表

部门	职位分类	招聘渠道："1"首选，"2"次选					
		内部	报纸广告	网上招聘	招聘会	人才服务	校园招聘
综合管理部	人力资源管理类	1	2	1			
	行政、司机类	1	2	1			
财务部	所有职位	1	2	1			
物业部	物业管理主管		1	2			
	工程类		1	2			
市场部	客服类	1	1	1			
	市场营销人员	1	1	1		2	
投资部	投资管理类、法律类		1	1			
运维部	IT技术支持类	1	2	1	2		2
技术部	软件开发、项目管理类	1	2	1	2		2
	售前支持	1	2	1	2		
呼叫中心	客户服务类（普通）		2	1			2
	客户服务类（外语）		2	1	2		2
	运营主管		1	1		2	
	项目主管		1	1		2	

六、招聘成本控制程序

（一）各部门制定预算

各部门招聘成本预算情况如下表所示。

部门招聘成本预算表

所需职位	空缺职位数	拟采取的招聘方式	预算费用
基层员工			
中层员工			
高层员工			
人力资源部意见	负责人签字：		___年___月___日
总经理意见	负责人签字：		___年___月___日

（二）借款

人力资源部依据招聘计划和费用预算，统一到财务部申请借款。

（三）费用登记

1. 登记"年度招聘成本登记表"

每次招聘时，各部门招聘负责人都应在"年度招聘成本登记表"（具体样式如下表所示）上签名，以此作为划分招聘成本的确认依据。在"年度招聘成本登记表"上，还应注明招聘负责人和实际花费的招聘费用，参加招聘的人员可对其进行监督。

年度招聘成本登记表

招聘项目	时间及地点	参加部门	各部门招聘负责人签名
备注		招聘负责人	
		招聘费用	

2. 分摊方法

招聘成本依据参加招聘会的人数由各单位分摊，但由事业部组织并以事业部的名义发布的招聘广告、网络招聘及由此发生的广告费、网络费、用车费由事业部承担，在招聘过程中发生的其他费用（如住宿费、业务招待费等）由各单位承担。

各单位费用支出 =（招聘费用总额÷参加总人数）×各单位参加人数

3. 分摊单位划分（如下表所示）

招聘成本分划报表

部门支出＼招聘项目	综合管理部	技术部	市场部	投资部	运维部	工程物业部	财务部	呼叫中心	合计
合计									
备注									

4. 划账流程

（1）人力资源部依据"招聘成本登记表"编制"招聘成本分划报表"。

（2）"招聘成本分划报表"由招聘主管编制，并报财务部审核。

（3）"招聘成本分划报表"于每月 30 日前报财务部。

（4）财务部依据"招聘成本登记表"和"招聘成本分划报表"对招聘成本进行划账。

5. 划账方式

采用每月一划的方式进行划账。

2.1.2 人才测评费用预算流程

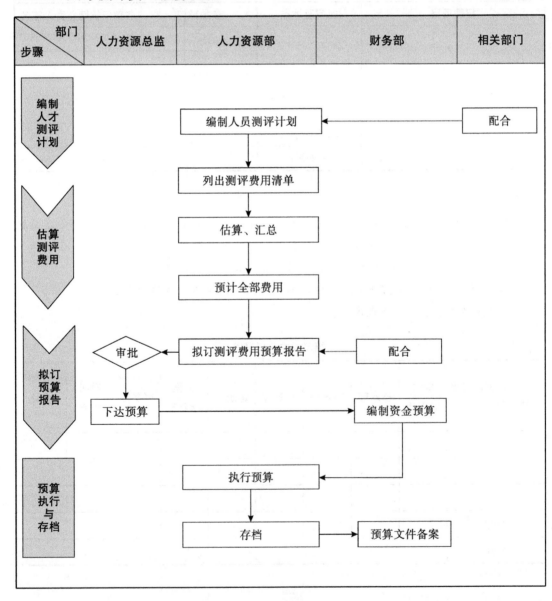

2.2 开发成本

2.2.1 培训费用管理控制办法

为保证员工培训费用的合理支出，企业人力资源部、财务部应对培训项目的确定、培训费用的支出等事宜做出相应的规定，以便员工参照执行。

培训费用管理控制办法

第 1 章　总则

第 1 条　目的

为完善培训费用管理，合理利用各类资源，有效控制培训费用，特制定本办法。

第 2 条　适用范围

本办法适用于集团总部及各分公司培训费用的管理。

第 3 条　管理职责

1. 培训发展部是集团培训费用的归口管理部门，负责确定培训费用的计提标准、使用范围和使用标准，负责指导和监督检查各子公司培训费用的使用情况。

2. 各分公司人力资源部负责本单位培训费用的具体管理。

3. 财务部负责培训费用的计提和报销审核工作。

第 4 条　培训费用的计提

1. 培训费用分为日常培训费用和专项培训费用。

2. 日常培训费用依据国家有关规定，按照员工工资总额的5%计提。其中，3%为集团总部及各分公司的培训经费，2%归集团总部支配。

3. 专项培训费用根据特定用途设立，要做到专款专用，由培训发展部提出，主管副总审核，总经理批准。下列项目可作为专项培训项目：教材开发、印刷、出版，出国学习深造，重大投资配套培训项目，非基建培训设备的购置等。

4. 培训教室、办公室和培训公寓建设、修缮费，培训基地建设费不列入培训经费，从其他相关经费中列支。

第 2 章　培训费用说明

第 5 条　培训费类别（如下表所示）

培训费用类别一览表

费用项目	费用类别	费用明细
授课费	内部费用	内部兼职讲师讲课津贴
	外训费用	外部培训机构合作费用、继续教育费用等
	外请费用	外聘培训师授课费
	外请费用	网络远程学习工具费用
食宿差旅费	外训费用	内部培训师外派食宿差旅费、外派员工培训食宿差旅费
	外请费用	外聘培训师差旅费、住宿费及餐费
	内部费用	内部培训实施期间食宿费用（包含煤气费）
培训材料费	内部费用	培训场地费，指集中培训时租赁场地的费用
	内部费用	培训资料费，如教材编印，培训资料制作，购买培训光碟、书籍、教材费
	内部费用	培训文具费，如麦克风电池、证书、学员牌等

第6条　各培训课程的管理职责

1. 各培训课程内容、对象及管理职责如下表所示。

各培训课程的管理职责一览表

课程	培训对象	统筹	预算	执行
新员工	所有新进生产线员工	人力资源部	各生产部门	各生产部门
	所有新进非店面线新员工	培训发展部		
岗位培训	主管级（不含）以下人员	培训发展部	各部门	各部门
领导力与人才发展类	主管级以上管理人员、梯队人员	培训发展部		
学历与技术进修奖励	符合要求的员工			
其他培训	普通员工			

2. 培训费用审批程序

（1）各部门主要负责日常培训工作，包括新员工培训、岗位培训，由其自行预算，使用时，预算内可直接使用，预算外需向管理部门申请。培训费用预算明细如下表所示。

月度培训费用预算明细表

序号	项目名称	参训人数	培训费用								备注
			人员费用	场地及设施设备费用			材料费用及其他费用				
			讲师津贴	场地费用	设备费用	设备折旧	资料印刷	教材购买	文具费用	食宿费	
合计											
审核		签名：　　　　日期：____年____月____日									
批准		签名：　　　　日期：____年____月____日									

（2）各部门应于每月 18 日前将本分部下月培训规划及预算报总部培训发展部审核，经审核无异议后再上填到预算表中，上报上级审批。

第 7 条　各培训课程产生费用明细（如下表所示）

各培训课程费用明细表

课程对象	允许发生费用						
	外训费用	外请费用	内部费用				
			讲师津贴	食宿费用	培训场地费	培训资料费	培训文具费
新员工			√	√	√	√	
岗位培训			√		√	√	√
领导力与人才发展类	√	√					
学历与技术进修	√						
其他培训	√	√	√	√	√	√	√

第 3 章　各项费用预算及使用标准

第 8 条　授课费

1. 内部兼职培训师津贴

（1）内部兼职培训师是指公司内部除负责原职位工作职责外，还承担部分培训课程教学的员工。

（2）内部兼职培训师分为四类，具体如下表所示。

公司内部兼职培训师分类表

兼职培训师类别	技术等级	备注
培训讲师	员级	
助理培训师	初级	经公司聘用后任职
培训师	中级	
高级培训师	高级	

（3）兼职讲师的课时费规定

①课时费是指兼职培训师承担由培训发展部安排的公司整体范围内集中教育培训项目教学工作时，给予的工作报酬，不包括其在本系统内承担的培训教学工作。

②各部门的新产品介绍、新业务推广等相关业务培训属其职责范围，此类培训无课时费待遇。

③各兼职培训师如担任本部门新员工的岗位培训引导人，则按其他有关规定执行奖励标准，不享受课时费待遇。

（4）课时费计算标准按照培训师的级别划分，如下表所示。

内部培训师课时费标准

单位：元/小时

培训师级别	基本课时费	正常工作时间课时费	非工作时间课时费
员级（P1）	20	20	30
初级（P2）	30	30	45
中级（P4）	50	50	75
高级（P5）	100	100	150

2. 外部培训师授课费用参照下表执行。

外部培训讲课费用的参考价格

培训师级别	授课费用参考（元/天）	培训师类别
资深专家	2.0万~3.0万元	著名商学院教授、知名企业家、高级咨询专家
专家	1.3万~1.5万元	高级咨询顾问，比较有名的学院教授、副教授
企业家/学者	1万~1.5万元	外企的副总裁、总监，一般学院的教授，咨询顾问
一般培训师	0.4万~0.8万元	某专业有丰富经验者、学院副教授、一般咨询顾问

第9条 食宿差旅费用

1. 内部外派人员：按公司出差管理办法标准预算与执行。

2. 外聘培训师：原则上，公司要为外聘培训师提供住宿，并按培训师的具体情况承担其往返交通费用，住宿条件及交通费用均以培训合同约定为准。

3. 参加培训人员住宿费标准

（1）分公司有宿舍的，根据当地租金标准执行。

（2）分公司无宿舍的，住宿费用标准如下表所示。

参加培训班人员住宿标准

培训项目	级别	费用标准		备注
		A类：省会城市或直辖市	B类：A类以外其他地区	
培训班	旅店	80元/人/天	60元/人/天	

第10条 培训材料费

1. 培训场地费，即集中培训时使用培训室的折旧、更新费用及租赁培训场地的费用等。

（1）培训时以公司培训场地优先

根据培训室设施设备管理办法，培训实施的前期、中期及后期阶段，培训组织人员每月对各类设施设备进行检查，确保培训工作正常开展。每月设施设备的折旧、维修费标准为300元/月。

（2）出现以下两种情况时可外租场地

①如两项培训同一时间进行，可外租培训场地。

②培训场地有限，实际参训人数大于培训室可容纳的人数。

培训场地外租费用标准如下表所示。

培训场地外租费用标准

培训项目	培训人数	费用标准		备注
		A类：省会城市或直辖市	B类：A类以外的其他地区	
新员工岗位培训	50人以上	1 200元以内	800元以内	全天，含投影仪

2. 材料费用

材料费用是指日常培训实施期间产生的培训资料费，以及内部教材编制、印刷、购买培训光盘、培训书籍、培训文具的费用。

（1）费用标准

①内部教材编制以及手册、资料印刷费用标准为 400 元/月。

②培训期间，培训文具标准制定公式为：文具费用标准＝参训人数×3 元/人/天。

（2）如公司仓库已有的办公物料，原则上不允许再采购。

（3）培训活动所需材料包括但不限于下列项目：培训用教材、培训用学员小礼品、学员胸牌、麦克风电池、摄像机电池与电源线、电源插板、电脑盘片（U 盘、光盘、移动硬盘）、学员证书等。

第4章　附则

第 11 条　本办法由集团公司人力资源部负责解释、补充及修订。

第 12 条　本办法自＿＿年＿＿月＿＿日起实施。

2.2.2　员工教育经费使用规定

为加强对员工教育经费的管理，企业人力资源部、财务部应对员工教育经费的计提、开支范围、使用与管理等事宜做出相应规定，以便员工参照执行。

员工教育经费使用规定

第1章　总则

第 1 条　为充分发挥员工教育经费的作用，确保员工教育经费得到安全、高效的使用，根据相关法律法规，结合本公司的实际情况，特制定本规定。

第 2 条　本规定适用于本公司及下属公司。

第 3 条　员工教育经费的计提：根据国家相关规定，结合本公司实际情况，员工教育经费按员工全年工资总额的 2.5% 提取使用，列入成本费用开支。

第2章　员工教育经费的开支范围

第 4 条　开支范围，具体如下表所示。

员工教育经费开支范围一览表

开支项目	项目说明
培训（养）费	◆ 公司统一组织的员工学历教育培养费；员工岗位培训、安全技术教育、职业资格培训等培训费；各类专业技术人员和管理人员的继续教育、业务短训和业务进修培训费等
课酬金	◆ 聘请兼职教师的授课酬金
班费用	◆ 由本司及下属子公司培训班开班所发生的簿本费、培训资料费、出卷费、阅卷费、监考费，学员在培训学习期间的住宿、交通费等
资格审定与鉴定费	◆ 在职员工晋升工人技师、工人高级技师所需的评审费，工人技能等级鉴定费等

（续表）

开支项目	项目说明
公务资料费	◆ 专职教职员工的办公费和资料费，教学器具的维修费，教学实验费，培训教材编印费等
设备购置费	◆ 购置员工教育用一般教学器具、实验仪器、图书等费用
学员生活补助费	◆ 各类学员在规定时间内的脱产培训或函授面授所享受的生活补助费

注：员工教育经费还可用于员工教育目标管理年度考核兑现奖，以及其他必须由本经费支付的零星开支

第5条 下列各项不包括在员工教育经费开支范围以内，应按有关规定据实列支。

1. 专职教职员工的工资和各项劳保、福利、奖金等，以及按规定发给脱产学习的学员工资。

2. 学员个人学习用参考资料、计算尺（器）、小件绘图仪器（如量角器、三角板、圆规等）和笔墨、纸张等其他学习用品，应由学员个人自理。

3. 开展员工教育所必须购置的设备，凡符合固定资产标准的，按规定列支。

4. 属于公司开发新技术、研究新产品的技术培训费用，按规定列支。

第3章 员工教育经费的使用与管理

第6条 教育经费必须专款专用，不得截留和挪用。

第7条 公司按员工工资总额的1%提取教育经费，用于公司统一举办各类短期培训以及培训基地的建设等工作；各分公司按员工工资总额的1.5%提取教育经费，用于本公司员工教育培训工作。

第8条 对于公司集中使用的教育经费，统一结算单位由公司财务部直接按工资总额的1%提取；独立核算单位按工资总额1.5%提取的教育经费汇入公司财务部指定的账号。

第9条 凡由公司统一组织的教育培训，公司本部各部门和相关单位要提出培训项目及经费预算，人力资源部收集汇总，经公司员工教育委员会审议，报公司领导批准列入公司培训计划与经费预算，计划外需增加的培训项目，有关部门和相关单位应提出书面申请，必须按公司审批程序办理。

第10条 公司统一组织的教育培训经费使用，以审核批准的经费预算为限额。如果实际参加人数和培训时间少于原计划等，其费用要在原预算中作相应扣减。

第11条 办班管理费按____元/人/天拨付给承办单位（含办班所开支的一切杂费）。

第12条 组织办班单位（部门）要根据培训班的实际情况，据实将需购置资料费列入培训班的预算，待预算批准后，凭发票报销。

第13条 组织办班的子公司（部门）要根据聘请教师的实际情况，将教师授课费列入培训班预算，待预算批准后，据实支付。

第14条 待培训班结束后，由承办单位填写办班管理费、资料费、教师授课费的有

关报表，并附上有关发放清单，经组织办班的负责人签字，报人力资源部审核后拨付。

第4章 考核与监督

第15条 公司将教育经费的提取和使用情况列入人力资源工作管理考核内容。

第16条 各子公司教育经费要建立使用计划和支出明细账，按计划掌握使用。

第17条 财务、审计、监察、人力资源等部门要严格履行职责，加强对员工教育经费提取和使用管理情况的检查监督。

第18条 加强对员工教育经费专项账目的管理，每年各子公司教育、财务部门应向本公司员工教育委员会、人力资源部、财务部汇报教育经费使用情况。

第19条 对克扣、侵占、挪用、贪污教育经费的行为，公司及下属子公司应对直接责任人和主要负责人视其情节轻重及人事管理权限进行严肃处理，如果构成犯罪，将其移交司法部门，依法追究刑事责任。

第5章 附则

第20条 各子公司可根据本规定，结合实际制定具体实施办法。

第21条 本规定自发布之日起实行，由公司人力资源部负责解释、补充及修订。

2.2.3 继续教育费用控制方案

继续教育费用是指企业为提升员工的工作技能或工作绩效，鼓励其参加学历教育、职称考评、职业技能鉴定等发生的费用，包括报销的学历教育费用、给予的相关补贴以及因参加考试造成的误工成本等。

企业为鼓励员工自觉学习，努力提升工作绩效，并于取得相关证书后继续为企业更好地服务，应对上述费用的报销或补贴的补给等事项做出相应的规定，以便员工参照执行。

继续教育费用控制方案

一、目的

为规范继续教育费用的报销程序，严格控制费用的支出情况，特制定本方案。

二、适用范围

本方案适用于公司员工学历学位教育及职称、评级费用报销手续的控制。

三、学历学位教育报销项目

（一）一次性报销金额

凡参加学历学位教育培训，且取得相应学历学位证书的员工，可根据所取得学历学位获得一次性继续教育培训奖励，具体报销金额如下表所示。

学历学位教育报销金额一览表

学历学位教育	一次性报销金额（元）	培训后最低服务年限
原高中学历取得大专学历	2 000	1 年
原大专学历取得本科学历	3 000	2 年
原本科学历取得硕士学位	5 000	3 年
原硕士学位取得博士学位	10 000	5 年

说明：1. 公司均给予一次性奖励，如员工先后获得上述资格，其奖金数额累计不超过10 000 元

2. 各类学历学位均需经过验证，否则不予办理奖励手续。学历验证费用由受训学员自行承担

（二）其他费用补给

1. 脱产学习

（1）发放学习补助费10 元/天，一学期发放一次，学期结束后统一发放。

（2）保留除岗位工资和月奖金外的所有福利待遇。

（3）每年可报销两次往返交通费（火车、轮船、长途汽车普通座票）。

（4）予以报销住宿费，住宿标准为学生公寓。

2. 在职学习

（1）发放全额工资，不享受学习补助。

（2）根据实际情况予以报销往返交通费。

四、职称考评、技能等级鉴定费用报销

（一）报销条件

1. 参加职称考评的员工，其学历、资历等须符合国家规定的职称评审条件，且参加国家有关部门组织的外语和专业考试、评审并获得通过。

2. 参加技能等级鉴定的员工，其文化程度、工作年限等须符合国家劳动部门规定的技能等级鉴定条件，且通过国家劳动部门规定的技能等级鉴定。

（二）报销项目及比例

1. 员工在获得职称证书和技能等级证书后，可向教育培训管理部门申请为其报销部分或全部考评鉴定费，包括考试费、评审费、鉴定费、证书费等。报销时需凭国家统一的标准票据。

2. 教育培训管理部门根据专业、工种对口情况，提出是否予以报销及报销比例的建议。

（1）专业、工种与岗位工作完全对口的，予以报销100%的经费。

（2）专业、工种与岗位工作相关性较大的，予以报销50%的经费。

（3）专业、工种与岗位工作有一定相关性的，予以报销25%的经费；专业、工种与岗位工作不相关或相关性较小的，费用由员工个人自负。

五、继续教育费用报销程序

1. 按要求完成学业或取得专业资格认证的员工，凭国家承认的毕业证、学位证或资格证书及培训（报名）费用的正规发票原件报销学费。

2. 受训者本人持"员工继续教育申请表"原件及正规发票，到会计核算部办理相关报销手续。具体报销流程按公司有关费用报销流程执行。

3. 继续教育培训费用须经过人力资源部经理审核确认后，方可报销。

4. 培训结束后，未按要求完成学业或未取得相应资格认证的员工，不予报销培训费用。

2.3　使用成本

2.3.1　员工薪资成本控制方案

员工薪资成本是人工成本的重要组成部分，直接影响到企业经营总成本的高低。为了有效控制薪资成本，使薪资总额与销售额、利润额保持合理的比例，企业人力资源部、财务部等应拟订相应的方案，以供相关部门参考使用。

员工薪资成本控制方案

一、定义

薪资成本是指公司支付给员工工资所产生的成本，具体包括工资、奖金与福利等。

二、合理确定薪资总额

薪资控制的关键在于根据公司的实际情况确定合理的薪资总额，然后以薪资总额为标准，实施薪资控制。

公司管理层决定公司整体的薪资总额与加薪幅度，然后分解到每一个部门，确定各部门的薪资总额，各部门根据部门薪资总额与员工特点再分解到每一位员工。

三、科学测算薪资支付能力

1. 人工费用率

人工费用率＝人工成本/销售额

2. 劳动分配率

劳动分配率＝人工费用/附加价值

其中：附加价值＝销售额－从外部购入价值

从外部购入价值＝物料＋外包加工费用

3. 损益平衡点

损益平衡点销售额＝固定费用/临界利益率

其中：临界利益率＝（销售额－流动费用）/销售额

四、调整工时及用工模式

1. 采用不定时工作制

（1）不定时工作制是指因公司生产特点、工作特殊需要或职责范围的关系，无法按标准工作时间安排工作或因工作时间不固定，需要机动作业的员工所采用的弹性工时制度。

（2）按照劳动部的有关规定，适合实行不定时工作制的岗位有以下三种。

①高级管理人员、外勤人员、推销人员、部分值班人员和其他因工作性质决定无法按标准工作时间衡量的员工。

②长途运输人员、出租汽车司机和部分装卸人员以及因工作性质特殊，需机动作业的员工。

③其他因生产特点、工作特殊需要或职责范围的关系，适合实行不定时工作制的员工。

（3）对公司以上岗位人员采用不定时工作制，可以有效控制加班费用及由此产生的纠纷。

2. 合理使用非全日制员工

（1）非全日制从业人员是指在某一行政区域内的企业、个体工商户、民办非企业单位、国家机关、事业单位及社会团体所雇用人员的每日工作时间不超过一定的小时数，以小时为单位计算工资的劳动者。

（2）根据岗位特点、季节性销售高峰、每日销售高峰时段，可安排非全日制员工从事销售、促销、清洁等工作。

（3）使用非全日制员工具有工作时间随意、非工资性成本低、人员配置灵活等特点，而且可以随时通知对方终止用工并不必支付经济补偿。

（4）使用非全日制员工时的注意事项

①在招用非全日制员工时，应当对其基本情况进行全面了解，要求求职者说明在其他兼职单位的工作内容和工作时间等情况。对工作时间有冲突的及在竞争对手、客户等有利益冲突的单位工作的求职者不予录用。

②注重商业秘密管理。对涉及商业秘密的工作岗位一般不宜使用非全日制员工，如确需使用的，应当与员工签订保密协议。

3. 采用劳动派遣

（1）劳务派遣亦称员工租赁，即用人单位根据实际工作需要，向劳务派遣公司提出所用人员的标准条件和工资福利待遇等，劳务派遣公司通过查询劳务库等手段搜索合格人员，经严格筛选，把人员名单送交到用人单位，用人单位进行最后确定。然后，用人单位和劳务派遣公司签订《劳务租赁（派遣）协议》，劳务派遣公司和被聘用人员签订《聘用合同》。

用人单位与劳务派遣公司的关系是劳务关系；被聘用人员与劳务派遣公司的关系是劳动关系，与用人单位的关系是有偿使用关系。

（2）劳动派遣的适用岗位需同时符合以下三个条件。

①临时性岗位，指公司非常设岗位，是由于特殊原因（如季节性要求较强的工作）而

在一个相对时间段内设立的岗位。

②辅助性岗位，指公司非核心的工作岗位，是作为补充性、助理性的工作。

③替代性岗位，指公司非必需的岗位，而且相对技术含量不高的岗位。

五、掌握薪资谈判技巧

在与拟录用的员工进行薪资谈判时，要注意以下技巧。

1. 要询问"目前薪资"

一定要了解其岗位的汇报关系，了解其职能范围及掌控资源的程度。

2. 要询问"期望薪资"

一般不高于目前薪资的10%。

3. 要洽谈"试用期标准"

一般情况试用期薪资为转正后标准的70%～90%，特殊情况可以按转正后标准执行，但需经过有审批权限的领导审批。

4. 要声明做背景调查

声明做背景调查，可以使候选人的回答及要求更理性，降低双方产生分歧的概率。

5. 注意谈判中"薪资"的真正含义

注意谈判中"薪资"的真正含义，以免产生理解偏差。薪资不仅仅指工资，还包括福利等其他待遇，如交通补助、住房补助、商业保险等。

六、建立合理的岗位薪资制度

1. 区分固定薪资与可变薪资

（1）任何货币薪资不转化为固定薪金部分，而是随业绩变化而变化。

（2）以预先确定的个人业绩衡量标准完成情况或以团队和组织的业绩来决定。

（3）凡是固定薪资之外的报酬部分，随着个人、团队、组织的业绩变化而变化。企业可采用利润分享、收益分享、目标分享、小组激励等多种形式。

2. 按岗位确定薪资构成比例

（1）一般员工：基本工资＋奖金＋福利。这三部分的比例按职级高低而不同，其中部门经理为6∶3∶1，主管为7∶2∶1，员工为8∶1∶1。

（2）高级管理人员：基本工资＋奖金＋年终奖金＋福利＋股权/股票期权/虚拟股权。

（3）销售人员：保底工资＋销售提成＋福利。

七、员工薪资增长控制

1. 增加员工薪资应掌握以下比例

（1）员工薪资总额的增长应与公司上年实现的利税、上缴利税或销售收入等经济效益指标增长一致，二者之间的比例应掌握在0.3～0.7∶1，也就是公司效益增长10%，员工工资应增长3%～7%。

（2）员工平均薪资增长应与公司劳动生产率的增长相适应。

（3）公司工资利税率的水平应与员工工资增长同比例，后者不能高于前者。

（4）居民消费价格指数是员工薪资增长的主要参考因素，应在公司经济效益逐步提高的基础上，使员工的实际工资水平每年都有所提高。

2. 增加员工薪资要考虑的内部因素

在增加员工薪资时，要考虑的内部因素主要包括劳动生产率、产品保值增值率、人工成本水平、经济效益情况、公司资产负债表和损益表的情况、薪资支付能力等。

2.3.2 员工薪资降低执行方案

当企业的整体经营效益不佳或员工个人绩效表现不良时，企业可适当考虑全员性降低员工薪资水平。为使这项工作有据可依，并适时、适度、有效地开展起来，企业人力资源部、财务部应对相关事宜给出具体的规定，以便员工参考。

员工薪资降低执行方案

一、目的

为有效控制员工薪资成本，缓解人均效益下降及运营成本增加的压力，公司可利用适当时机实施降薪措施。为保证降薪策略得到顺利有效的推行，特制定本方案。

二、适用范围

本方案适用于公司降薪政策的选择与实施。

三、降薪实施背景

当出现以下情况时，公司可实施全员性降薪措施。

1. 公司整体经营业绩不佳，人均效益下降及运营成本大幅增加。

2. 员工个人绩效不佳或违反公司的某些规定。

3. 人工成本达到预警指标。公司人力成本预警指标体系如下表所示。

公司人力成本预警指标体系

序号	指标	征兆	预警标准
1	销售额	连续下降	低于____万元
2	利润	连续下降	低于本行业平均水平
3	人事费用率	连续下降	低于____%
4	人工成本占总成本的比重	不断上升	超过____

四、降薪原则

1. 以公平为基础

降薪应保持外部（公司外部同岗位薪资水平）及内部（岗位与自身能力水平的匹配程度）的公平，以减弱员工因降薪产生的不满。

95

2. 有效沟通

降薪政策发布前，人力资源部相关人员及部门负责人应与员工进行充分沟通，以减少员工的误会与不满。

3. 区别对待

避免全员降薪，对绩效贡献大的员工可进行适当加薪，以避免核心员工流失。

4. 高层以身作则

如果遇到公司整体经营业绩不佳，高层领导应主动降薪承担责任，这样可减少实施降薪政策的阻力。

五、降薪方式

（一）直接降薪

直接降薪，即薪资收入总额下降。

1. 适用于全员时，表现为员工岗位不变，在现有岗位工资的基础上下调某个百分点或某个等级以达到降薪的目的。

2. 适用于个别或部分员工时，表现为员工的岗位调整、职级下降。

（二）间接降薪

间接降薪，即薪资总额不变，获得全额薪资的难度加大。

1. 适用于全员时，表现为通过加大绩效考核的力度和难度，将原来的考核标准提高，达到间接降薪的目的。

2. 适用于个别或部分员工时，表现为通过调整原来的薪酬结构，如调低固定工资的比例，增加绩效工资和奖金的比例实现降薪目的。

六、降薪实施步骤

（一）选择降薪对象

1. 选择标准：没有达到绩效标准要求，岗位贡献低的员工。

2. 被选择对象应是经负向激励或培训后仍为可用员工，否则直接作辞退处理。

3. 不应因个别员工绩效差，连带惩罚其他员工。

（二）选择降薪方式

结合公司降薪背景，选择合适的降薪方式。

（三）分层次进行双向沟通

1. 沟通最好分层次进行、分步骤沟通或当面沟通。首先由高层管理者和部门经理进行沟通，然后由部门经理进行部门内部沟通，为降薪做好舆论准备。

2. 希望员工理解公司的处境，引导员工和公司共患难。

3. 让高层管理者理解员工的难处和员工的思想。

（四）及时反馈和改进

人力资源部应结合降薪政策的推广，针对实施中出现的问题，及时将意见反馈给高层管理者，以便进一步改进。

（五）应对人员流失

人力资源部应对人员的流失情况，在关键岗位需有人才储备，及时做好补充。

2.3.3 员工加班费用管控办法

加班费是指企业在执行工作时间制度的基础上，因延长工作时间而支付的工资费用。企业人力资源部应对加班申请、加班费用的核算依据等事项，给出明确规定，以便员工参照执行。

员工加班费用管控办法

第1章　总则

第1条　为控制加班时间，杜绝虚假加班，减少因加班费而产生的纠纷，特制定本办法。

第2条　本办法适用于公司对员工加班费的管理与控制。

第2章　加班界定

第3条　工作中出现以下情况时，应按照申请及审批程序安排加班。

1. 原定工作计划由于客观原因（即设备故障、临时穿插了其他紧急工作等）而导致不能在原定时间内完成又必须在原定计划内完成的（如紧急插单，而原订单也必须按期完成）。

2. 临时增加的工作必须在某个既定时间内完成的（如参加展会）。

3. 某些必须在正常工作时间之外也要连续进行的工作（如抢修设备）。

4. 某些限定时间且期限较短的工作（如仓库盘点）。

5. 公司安排的其他加班（加点）工作。

第4条　严禁虚报、谎报加班及无工作任务加班。

第3章　加班申请与审批

第5条　任何计划加班的部门和员工必须事前履行申请和审批手续，填写"加班申请单"（样式如下表所示）；如有特殊情况事前来不及办理，也要事后补批，同时有证明人签字。

加班申请单

部门	姓名	预定加班时间			事由
		起	讫	时数	

总经理：　　　　主管副总：　　　　部门经理：　　　　填表人：

97

第6条　加班的申请和审批的权限及流程

1. 一线操作工的加班（含车间主任）由车间主任提出申请，送生产部经理审批，并交人力资源部备案。

2. 职能部门普通员工的加班由本人提出申请，交本部门经理审批后交人力资源部备案。

3. 部门经理加班由本人提出申请，送主管副总审批，并交人力资源部备案。

4. 副总经理加班由总经理审批并交人力资源部备案。

第7条　所有加班人员一律机打加班卡。

第4章　加班费的核算基础

第8条　加班费计算基础

公司员工的工资结构分为岗位技能工资及绩效工资两部分，计算加班费时以固定的岗位技能工资为基础，浮动的绩效工资不计入加班费的计算基础。

第9条　加班费计算办法

1. 工作日加班发放150%的加班工资。

2. 公休日加班发放200%的加班工资。

3. 法定节假日加班发放300%的加班工资。

4. 加班工资计算以小时为基础：小时工资基数 $=\dfrac{\text{岗位技能工资}}{21.75\times8}$。

5. 加班工资每月结算一次，并编制"加班费明细表"（如下表所示），报财务部审核后，由人力资源部随当月工资一起发放。

加班费明细表

部门：　　　　　　　　　　　　　　　　　　日期：____年____月____日

日期				工作内容及地点	实际加班时间（时数）	加班费	午餐费
起		讫					
月	日	月	日				

总经理：　　　　会计：　　　　出纳：　　　　审核：　　　　申请人：

第5章　加班的监督控制

第10条　人力资源部通过检查工作日报，核对考勤刷卡记录与门禁系统记录，组织人员定期与不定期地对加班情况进行检查和监督。

第11条　经检查发现有虚报加班，或没有明确工作任务而加班的现象，对当事人及当事部门负责人进行通报批评，并扣发当月绩效工资。

第6章　特殊岗位人员加班解决办法

第12条　特殊岗位的范畴

1. 高级管理人员、外勤人员、推销人员、部分值班人员及其他因工作无法按标准工时衡量工作量的岗位人员。

2. 长途运输人员、部分装卸工及因工作性质特殊，需机动作业的人员。

3. 其他因生产特点、工作特殊需要或职责范围需自行支配工作时间的人员。

第13条　对于以上人员，公司向劳动保障部门申请审核通过，安排实行不定时工作制。实行不定时工作制的岗位人员不适用于上述加班规定。

第7章　附则

第14条　本办法由人力资源部负责解释、补充及说明。

第15条　本办法自____年____月____日起生效实施。

2.3.4　员工福利费用控制办法

员工福利费是指企业为员工提供的除工资、奖金、津贴、纳入工资总额管理的补贴、员工教育经费、社会保险费和补充养老保险费（年金）、补充医疗保险费及住房公积金以外的福利待遇支出，具体包括医疗费、体检费、婚嫁金、抚恤金和丧葬费等。

为使员工福利项目的发放或实施有据可依，严格控制企业在员工福利费用方面的不合理支出，企业人力资源部、财务部应对相关事宜给出具体的规定，以便相关部门参照执行。

员工福利费用控制办法

第1章　总则

第1条　目的

为加强公司对员工福利费不合理支出和无效开销的管理，严格控制员工福利费用的增长，现依据国家相关规定和本公司的实际情况，特制定本办法。

第2条　适用范围

本办法适用于公司员工福利费用的管理与控制。

第3条　原则

1. 加强员工福利费的管理，严禁任意提高标准，扩大开支范围。

2. 加强福利费收支预算管理，遵循量入为出、略有节余的原则。

3. 严格按照财务制度进行会计核算，单独设置账册，进行准确核算。

第2章 员工福利费用控制职能

第4条 在分管副总的领导下，财务部是员工福利费的主管部门，对员工福利费实行归口计划管理，做到控制开支、正确使用。其职责包括以下内容。

1. 对员工福利费的使用，一旦发现有弄虚作假或违反财务纪律的行为，财务部有权拒绝报销，并向分管副总汇报。

2. 负责员工福利费报销凭证的审核、报销、记账、会计报表填制。

3. 制定员工福利费承包方案并组织实施。

4. 负责对用于购置福利性固定资产的增资核算。

5. 负责对福利费支出办理社会集团购买力批准手续。社会集团购买力，是指在一定时期内，公司使用的经营收入，通过市场购买供集体使用的公用消费品的货币支付能力，包括购买家具、办公用品、文娱用品、书报杂志、交通用具、炊事用具、劳动保护用品等支出。

第5条 人力资源部及采购部等有关部门是使用员工福利费的执行单位，其职责如下。

1. 人力资源部对员工福利成本进行预算，具体程序如下图所示。

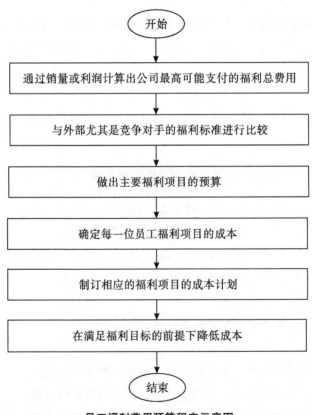

员工福利费用预算程序示意图

2. 人力资源部负责掌握员工福利性各项津贴的执行标准，并及时通知财务部组织发放。

3. 采购部负责福利用品的采购及发放工作。

第 3 章　员工福利费使用控制内容与要求

第 6 条　员工福利费开支范围

1. 过年过节费，包括发放的物品、节日补助（不包含加班补助）、员工节日聚餐等。

2. 员工活动费，包括旅游（春游、秋游）费、文体活动（含用品）费、员工联谊活动费（包括场地租用费、餐费、奖品等）等。

3. 员工生活用品购置费，包括购买家具、炊具、灶具、燃气等员工集体宿舍必需的各种用品所花费的各项费用。

4. 其他费用，员工困难补助费、抚恤金、丧葬费、工伤医疗费、工伤补助费、探视费、体检费等。

第 7 条　下列项目不应该从员工福利费用中支出。

1. 员工奖金、津贴和补助支出。

2. 商业保险属于个人投资行为，所需资金不得从应付福利费中列支。

3. 业务招待费支出。

4. 其他与福利费无关的各项支出。

第 4 章　员工福利费使用控制程序

第 8 条　人力资源部年末进行下年度员工福利成本预算。

第 9 条　财务部于年初编制"员工福利费计划"，下达到各部门执行。

第 10 条　根据批准的计划，由财务部按季度对物资汇总并办理审批手续。

第 11 条　员工福利费的收支账务程序比照一般会计制度办理，支出金额超过 2 000 元以上者需提交主管副总审批。

第 12 条　财务部每半年编制一次"福利费支出明细表"，交主管副总审批并公布。

第 5 章　附则

第 13 条　本办法的执行情况，由财务部负责人按月检查与考核。

第 14 条　考核内容为本办法规定的责任和工作内容与要求部分。

第 15 条　考核结果与公司经济责任制考核挂钩。

第 16 条　本办法自____年____月____日起实施。

2.3.5 福利品发放控制流程

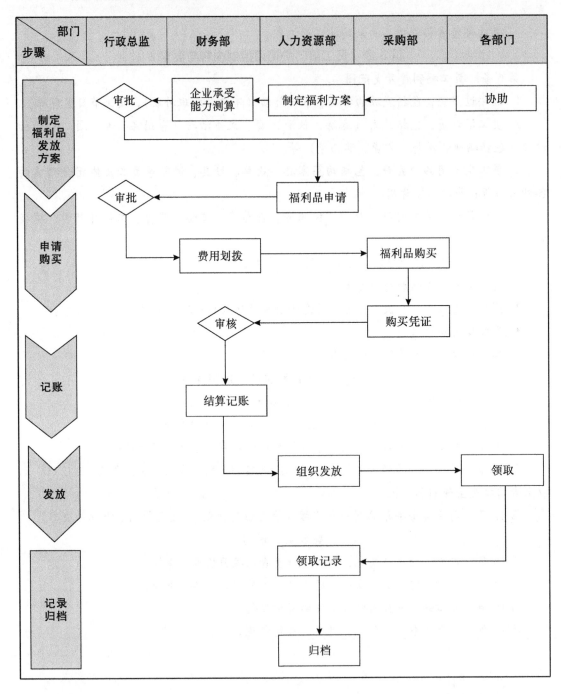

2.3.6 员工制服费控制方案

员工制服费是指企业在员工制服方面的费用支出。企业人力资源部、财务部、行政部应对员工制服的定制、发放和使用等事项给出具体的规定，以合理控制企业在员工制服费方面的支出。

员工制服费控制方案

一、目的

为了树立公司形象，展示员工的精神面貌，公司要求全体员工穿着统一的制服上班。为合理控制制服费的支出，明确员工使用及赔付责任，特制定本方案。

二、适用范围

本方案适用公司对员工制服及制服费用的管理和控制。

三、员工制服的制作与发放

1. 员工制服的制作由人力资源部统筹招商承制，按员工实有人数加制 10%～15% 以备新进人员使用，分支机构如有特殊原因可比照这一方案在当地招商承制，但必须将制作计划、费用预算等呈报公司行政部，获得批准后方可办理。

2. 以每一位员工每年制发夏冬服各一套为限列入年度预算。

3. 凡本公司所属员工在职期间均有权享受制服待遇。

4. 员工入职并填写保证资料后即可领取工作服（临时工及包工均不发制服）。

5. 发放制服时，各部门依据人数编制《领用名册》盖章领用。

四、服装分类与更换

1. 员工制服分夏冬两个季节制作发放，按岗位不同分为八种类型，如下表所示。

员工制服分类一览表

季节 人员	夏装	冬装
管理人员	衬衣西裤（裙）（两套，500 元/套）	西装制服（两套，600 元/套）
办公室	衬衣西裤（裙）（两套，300 元/套）	西装制服（两套，500 元/套）
文员	同上	同上
保安员	保安服（两套，250/元套）	保安服（两套，400 元/套）
清洁工	蓝领工装（两套，100/元套）	蓝领工装（两套，150/元套）
修理工	蓝领工装（两套，100/元套）	蓝领工装（两套，400 元/套）
司机	蓝领工装（两套，250/元套）	蓝领工装（两套，150/元套）
厨工	白工衣（两套，100/元套）	白工衣（两套，150/元套）

2. 使用期限。管理人员、办公室人员、文员、保安员制服的使用期限为两年，其他人员一年。

3. 换季时间。夏装的穿着时间为每年的 5 月 1 日至 10 月 31 日；冬装的穿着时间为每年的 11 月 1 日至次年的 4 月 30 日。

五、制服的使用控制

1. 在使用期限内制服如有损坏或遗失，由使用者个人按月折价从工资中扣回制服价款，并由行政部统一补做制服。

2. 员工辞职或辞退，需收取服装费用，按工作年限及服装的实际费用计算。

（1）自制服发放之日起，工作满两年以上者，辞职（辞退）时，不收取服装费用。

（2）自制服发放之日起，工作满一年不足两年者，辞职时，收取 70% 的服装费用；被辞退时，收取 50% 的服装费用。

（3）自制服发放之日起，工作不满一年者，辞职时，收取 100% 的服装费用；被辞退时，收取 70% 的服装费用。

3. 新员工入职，只有在试用期满后，公司方可为其配备制服，如有特殊情况需在试用期间着制服的，制服的使用期限从试用期满之日算起。

4. 员工上班时必须按规定统一着装。未按规定着装者，一经发现扣罚部门经理 100 元/人/次。

5. 对于未能及时领取制服和制服不合身者，各部门应在三个工作日内将名单及型号报行政部，否则以不按规定着装处理。行政部必须在 10 个工作日内给予解决，否则扣罚人力资源部经理 100 元/人/次。

2.4 离职成本

2.4.1 员工离职成本控制方案

离职成本是指放弃一位员工给企业带来的成本，人力资源部应在员工离职成本方面做好严格的控制工作。下面给出某企业的员工离职成本控制方案，供读者参考。

员工离职成本控制方案

一、目的

为有效控制员工离职产生的成本，特制定本方案。

二、适用范围

本方案适用于公司对员工离职成本的预防与控制。

三、离职成本的构成

员工离职主要有两种情形，一是员工主动辞职，二是公司辞退员工。这两种情形会给公司带来以下离职成本。

1. 离职前的成本

辞职前员工的工作效率会降低，表现为或者增加缺勤，或者减少工作量。

2. 离职的成本

对于辞退的员工，公司要支付离职的工资，失业的工资即补偿金。如果相关责任部门对离职处理不当而导致员工提起诉讼，还会导致相应的诉讼费用。

3. 空缺成本

职位的空缺会导致一系列的问题，如可能丧失销售的机会和潜在的客户，可能支付其他加班人员的工资，这些问题都需要公司支付空缺成本。

4. 再雇用的成本

公司重新招聘员工，填补空缺的职位，需要付出大量的成本。这些成本包括招聘广告的费用，聘用猎头公司的费用，新招聘员工的安置费用等。

四、离职成本控制策略

（一）员工辞职

1. 完善相关制度

为尽量减少由于员工辞职带来的空缺成本及避免事后纠纷，应制定《员工离职管理制度》，至少包含以下五点事项。

（1）提前30天通知相关部门。

（2）部门负责人安排工作交接。

（3）与财务部核对账目，结清财务借款、欠款、发票及各项对外账款。

（4）与行政部核对固定资产，办理清退手续。

（5）不符合或未完成以上事项，扣发当月工资并不予办理人事关系及保险的调转。

2. 掌握离职面谈技巧

为了解员工离职原因，针对这些原因制定改进措施，防止流失更多员工，降低成本，面谈人员应掌握以下技巧。

（1）面谈应该有目的、有提纲、有针对性。

（2）面谈地点应该具有私密性，避免被打断和干扰。应选择轻松、明亮的空间，好的访谈环境有利于离职员工无拘无束地谈论问题。

（3）足够的时间可以使离职员工畅所欲言。

（4）真诚交谈，以得到有价值的回馈。

（5）做好面谈记录。面谈结束之后，面谈人员应整理面谈记录，分析离职的真正原因，并且提出改善建议以防范类似情况再度发生。

3. 签订培训服务期协议

为减少因员工离职带来的损失，在为员工提供专业技术培训时，应当要求员工签订培训服务期协议。

（1）向员工提供专业技术培训时，应与员工签订培训（服务期）协议，并要求员工填写培训记录、提交培训报告、载明培训时间，以避免发生争议。

（2）在培训服务期协议上注明"由公司提供培训费用"，并保留培训费用的相关凭证或单据。在员工培训结束后，要求员工在该单据上签字确认，以此作为公司为员工进行专业技术培训，提供培训费用的证据。

（3）培训服务期协议的违约金金额不得超过公司提供的培训费用，且发生员工违约时，要求其支付的违约金不得超过服务期尚未履行部分所应分摊的培训费用。因此，应细化公司支出的培训费用，将培训中涉及的讲课费、教材费、交通费、住宿费等全部纳入培训费用中。

（4）公司应在员工通过试用期考核，成为正式员工后，再向其提供专业技术培训。

（二）辞退员工

1. 严格按照法律规定辞退

严格按照《劳动法》的规定辞退员工，以避免不必要的诉讼费用及赔偿费用。

（1）当员工不适合岗位或绩效在连续一定时期内不达标时，公司可采取协商解除合同的方式辞退对方。

这种方式比较灵活，双方当事人通过协商可以坚持也可以放弃自己的权利，自由度较大，往往可以收到不伤和气、圆满离职的效果。

（2）违纪辞退

①弄清违纪事实，掌握相关证据。

②准确适用法律。

③具体适用公司规章、劳动合同和集体合同。

④就事实和依据起草《解除劳动合同通知书》。

⑤可依约要求员工承担违约责任。

⑥重点掌握员工违纪的凭证和公司公示的凭证，以做好面对劳动争议的准备，避免损失。

（3）正常辞退程序

①依法确认员工是否符合被辞退的条件。

②具体适用企业规章、劳动合同及集体合同。

③着重认定是否履行了相关程序。

④就事实和依据起草《解除劳动合同通知书》。

⑤须依法、依约向员工承担违约责任。

（4）裁员程序

①依法确认公司是否符合经济性裁员的条件。

②提前30日向工会或者全体员工说明情况。

③听取工会或员工的意见。

④起草裁员文件，包括裁员理由、履行程序、裁员方案，一并报送有管辖权的劳动保障部门。

⑤妥善实施裁员方案。

⑥须依法、依约向员工承担违约责任。

2. 及时给予辞退福利

辞退福利是指公司在员工劳动合同到期之前解除与员工的劳动关系，或者为鼓励员工自愿接受裁减而给予的补偿。

2.4.2 辞退补偿金支付控制流程

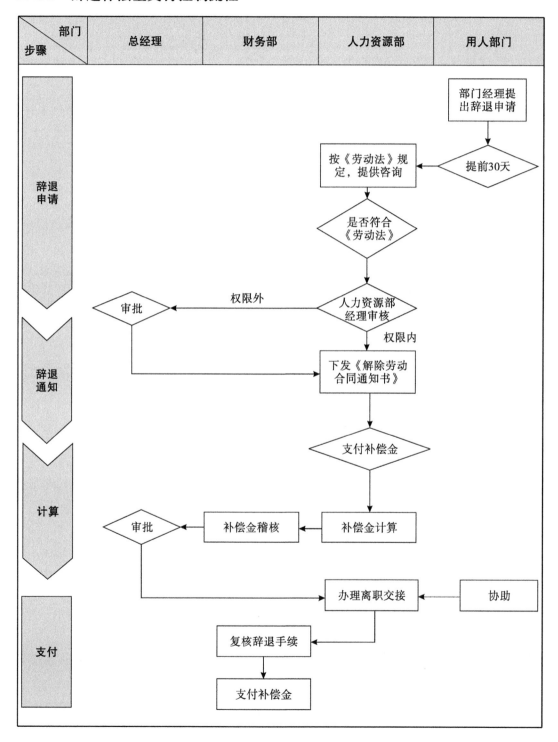

第 3 章

研发费用支出控制

3.1　研发设计费

3.1.1　研发项目筛选方案

加强研发项目的立项调研、筛选工作，对确保研发项目的成功、降低企业在研发设计方面的整体支出起着决定性作用。所以，制定研发项目筛选方案对企业研发费用支出有着间接的影响。

研发项目筛选方案

一、研发项目筛选的必要性

1. 企业启动研发项目前需要开展大量的准备活动，投入大量的资本，成本比较高。

2. 研发项目一旦失败，企业不仅损失了在此项目上所花费的费用，同时也损失了因投资此项研发项目而放弃投资其他研发项目所带来的收益。

二、研发项目的筛选办法

由于研发项目的成败关系到大量资本的使用，因此，选择研发项目时必须符合以下三个条件，缺一不可。

（一）新项目开展的必要性

新增的研发项目需要从以下几个方面考察其是否值得投资。

1. 项目名称、内容、用时、目的。

2. 项目成功预期给企业带来多少收益。

3. 是否符合未来市场需求。

4. 项目推迟或者取消会对企业有何影响。

5. 其他企业是否做过类似的研发项目，结果如何。

（二）研发项目的经济性

企业可以从下面几点出发，计算研发项目的成本与收益，以减少研发费用的不必要花费。

1. 如果项目取得成功，预期能给企业带来的难以用金钱衡量的收益。

2. 研发开始到新产品上市的时间。

3. 预测销售收入。

4. 预测投资回收期。

5. 投资收益率。

6. 风险和损失估计。

7. 企业为研发项目支出的费用总额。

企业对每个研发项目都有相应的投资期望，只有达到企业的投资期望才有可能进入开发阶段。

（三）企业现有技术能否满足新产品投产

某些研发项目的目的是为了新产品投产上市，这种情况需要考虑能否充分利用企业现有的技术、生产能力以减少研发费用的支出，具体可以从以下几个方面进行考虑。

1. 是否可以充分利用现有设备。

2. 能否与现有生产线配合。

3. 是否需要引进技术。

三、考察企业研发项目的开始和完成时间

企业研发项目的开始与完成时间越短，所支付的研发费用就越少。因此，企业要从以下方面考察研发项目的时间，以短时间、高效益为目标。

1. 所需人员、材料和设备在项目开始之前是否能到位。

2. 推迟完成时间对项目有何影响。

3. 预测项目结束时市场需求是否会发生变化。

3.1.2　设计制图费控制方案

设计制图费是指企业因产品研发或工艺技术提升而发生的费用支出，具体可分为内部设计制图费和委外设计制图费。

在实践中，企业为了分散技术及成本风险，或为解决内部的技术与资源不足等问题，会采取设计外包的策略来完成与产品有关的设计工作。因此，对于委外设计制图费的控制，是提高技术经济成果的重要举措之一。下面是某企业的设计制图费控制方案，供读者参考。

设计制图费控制方案

一、目的

为了最大限度地控制产品研发，以及技术开发过程中的设计制图费用，规范管理与本企业有研发合作关系的外部设计单位，确保设计制图的质量，特制定本方案。

二、相关定义

1. 设计制图费

设计制图费主要是指企业因产品研发或工艺技术提升而支付的费用，具体可以分为内部设计制图费和委外设计制图费。

2. 内部设计制图费

内部设计制图费具体包括设计制图所花费的人工费、工具材料费、资料费、专利许可费、软件费和办公费等。

3. 委外设计制图费

委外设计制图费具体包括在选择、评估委外设计单位过程中发生的调查、考察等费用，根据设计制图的质量支付给委外设计单位的设计制图费用，以及针对委外项目企业特设项目管理小组所发生的费用等。

三、内部设计制图费控制

（一）责任部门

技术研发部是控制内部设计制图费的职能部门。

（二）控制措施

为了实现对内部设计制图费的有效控制，必须做好以下三项工作。

1. 做好资源共享，减少因沟通不充分造成的机会成本

（1）借助企业内部的计算机信息平台做好技术资源和信息资料的共享工作，降低因资源不共享而对现有技术资源所造成的浪费。

（2）在有效提高设计人员的设计制图效率和制图质量的同时，降低因沟通不充分导致信息不均衡、设计时间延长等现象，增强设计团队的整体设计能力，减少不必要的人工成本，控制设计制图费的增加。

2. 完善对必需的专利许可费和软件费的审批流程

对于研发设计人员在工作过程中需要用到的外部专利许可或高级设计制图软件费用，企业应制定严格、规范的审批流程，以实现对购买专利许可和软件所产生的使用费进行监督和控制，提高资金的利用率，减少不必要的费用支出。

3. 制订工作计划，控制设计进度

（1）在研发设计项目开始之前，技术研发部或研发项目小组应制订周密的工作计划，并设立进度成果目标。

（2）在研发设计项目进行过程中，应随时跟踪项目进展情况和进度成果目标实现情况，以确保设计制图工作进度，及时发现和解决设计制图的困难，节省人工成本，减少项目占用的时间。

四、委外设计制图费控制

（一）委外设计单位的评估与选择

以简单计分、统一流程、审核公平为基础来评价各个委外设计单位，评估内容需包括技术能力、进度管理能力、品质管理能力、售后服务能力以及报价水平等。具体评分表如下表所示。

委外设计单位评分表

评分项目	内容	得分	备注
技术能力	依专业员工（具备相关专业认证）与全部员工的比例来计分		
进度管理能力	依以往项目进度计划的达成率或达成能力来计分		
品质管理能力	依以往品质计划的达成率或达成条件来计分		
售后服务能力	依以往解决客户问题的工作效率或服务能力来计分		
报价水平	依整体和关键项目的报价以及各个部分在报价中的比例来计分		
设计单位总评			

根据各个设计单位的评分结果，选择性价比较高的设计单位最终执行设计制图工作，以保证设计制图的质量，降低设计制图成本。

（二）加强对设计制图费变更的控制

1. 严格设计变更的前提

在外部单位进行设计的过程中，企业需求发生变化，对设计图纸等提出修改意见，设计单位本身的因素等都会导致设计变更，结果可能影响到设计的成本、进度、质量等因素。

2. 设立委外设计的管理组织

针对大型委外设计项目，企业应设立专门的项目管理小组，其成员包括技术人员及部门主管、设计的实施和使用人员等，对委外设计的供应商进行评估和选择，监督执行进度，审批变更和费用等。

3. 控制变更的具体措施

由于项目变更可能对设计制图的进度、成本、质量等要素产生较为显著的影响，因此，项目管理小组应通过以下三项措施对设计活动进行控制。

（1）编制"委外设计制图进度表"，对日程和事项进行合理安排，明确各个阶段要实现的进度目标、质量目标和要控制的成本预算。

（2）编写《设计任务书》，明确委托设计的具体内容，申明要求的进度和质量。

（3）提出变更时，需综合多方面信息，对变更后的成本效益进行研究和论证，确实应当执行变更时可提供《变更建议书》供决策者参考。

3.1.3 设计制图变更控制流程

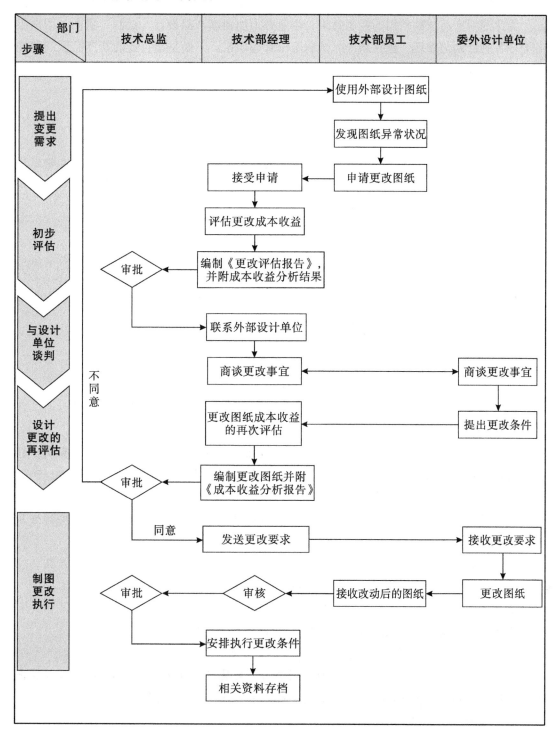

3.1.4 新产品试制费控制方案

为达到新产品试制费用的控制效果，企业必须加强新产品设计、试制、量产、用户服务等环节的计划与管理，建立新产品试制工作管理体系。下面是某企业的新产品试制费控制方案，供读者参考。

新产品试制费控制方案

一、方案背景

为促进工厂的新产品开发工作，加快工厂调整产品结构的步伐，实现对新产品研发试制工作的科学管理，从而对新产品试制费用的支出进行控制，特制定本方案。

本方案适用于本集团公司及所属工厂新产品试制费用的使用与控制工作。

二、新产品试制费用的来源

1. 属于集团公司下达的新产品研发项目，由上级单位按照有关规定拨给经费。

2. 属于工厂的新产品研发计划项目，由工厂自筹资金。

3. 工厂对外的技术引进费用也可作为新产品研发费用项目列支。

三、新产品试制费用控制措施

（一）加强新产品试制计划管理

1. 制订新产品试制计划

（1）新产品试制计划实行集团公司、工厂、研发部三级管理。

（2）各工厂应根据集团公司技术发展规划，结合国内外市场需要及企业发展方向，每年编制本工厂的新产品试制计划。

（3）各工厂的新产品开发应建立厂长领导下的总工程师（或技术副总）负责制。新产品的设计应采用国际标准或国外先进标准，积极采用现代设计方法，并加强试验研究，验证工艺和工艺装备，提高产品的可靠性。

（4）集团公司应严格完善新产品试制计划的管理和考核办法，并指导各工厂安排好新产品试制计划。

（5）集团公司在安排新产品试制计划时，应优先安排具备下列条件之一的新产品。

①属于国家重点建设项目、国家重点科技攻关和重大技术开发项目的有关产品。

②属于高新技术附加价值高的产品。

③属于出口创汇、替代进口或大量节约能源、材料的产品。

2. 规范新产品试制计划的审批流程

（1）集团公司总工程师办公室根据集团公司的发展规划与计划要求，结合各工厂提出的产品发展规划和年度新产品试制计划，审定并落实新产品试制计划。

（2）每年下达一次新产品试制计划。

（二）规范新产品试制成果鉴定工作

1. 新产品试制成果的认定条件

新产品的试制成果必须经鉴定合格后，方可视为完成试制计划，试制成果方可获得认定。

2. 新产品鉴定的过程控制

（1）新产品鉴定应按照国家相关部委科学技术成果鉴定办法进行。

（2）新产品在完成样机试制、检测试验、工业性运行实验合格的基础上，方可进行技术鉴定。

（3）样机鉴定合格，并且解决了鉴定过程中发现的必须改进的技术问题，得到负责组织样机鉴定的部门的审批后，方能转入小批试制或正式投产。

3. 新产品样机鉴定的条件

（1）已进行性能测试和试验，并具有必要的《工业运行报告》（含《现场试验报告》或《用户报告》）。

（2）具有完整的技术文件资料，包括计划任务书、技术总结、成套的设计图纸技术条件及有关说明、必要的工艺文件、标准化审查报告、产品技术经济分析报告、试制总结、鉴定大纲等。

4. 新产品批试鉴定（或生产定型）的条件

对于批量生产的新产品，在样机试制完成并通过鉴定后，应组织小批量试生产，并进行鉴定，以验证工艺规程、工艺装备、检测方法等是否符合批量生产的要求。这种批试鉴定（或生产定型）需具备三个条件。

（1）通过样机鉴定，且批量生产的产品，经测试、工业运行，达到原设计要求或合同要求，质量可靠。

（2）具有满足批量生产的工艺设备、装置和检测的设备。

（3）具备必要的技术文件，如技术总结报告、工艺文件、设计图纸及产品说明书、样机鉴定意见的修正报告、性能测试报告、标准化审查报告、质量分析报告、技术经济分析报告、用户试用报告等。

5. 样机鉴定与批试鉴定的取舍

（1）未经样机鉴定的新产品，不得直接进入批试鉴定（或生产定型）。

（2）对于专业性较强或市场需要量不大，且在工艺、工装等方面与原产品基本相似的产品，样机鉴定和批试鉴定可合并进行。

（三）加强新产品试制经费使用控制

1. 新产品试制经费的专款专用

（1）新产品试制经费按单项预算拨给，要做到单列账户、专款专用。

（2）费用经总工程师审查，厂长批准后，由研发部掌握，财务部监督，不准挪作他用。

2. 新产品试制经费的使用程序

新产品试制经费要严格按其发生情况履行经费申请、分配、下达、检查等程序，财务部负责经费的申请受理、拨付、使用监督与费用核算工作。

3.2 工艺技术费

3.2.1 技术改造费用控制方案

技术改造是指企业在现有条件的基础上，用先进的技术代替落后的技术，促进技术进步的一种举措。在技术改造过程中，企业发生的一切相关费用统称为技术改造费用。下面是某企业的技术改造费用控制方案，供读者参考。

技术改造费用控制方案

一、目的

为提升集团公司的整体技术水平，促进集团公司技术进步，规范生产管理，提高经营效益，特制定本方案。

二、适用范围

本方案适用于本集团公司实施的工程类技术改造、设备类技术改造（以下简称"技改"）等项目。

三、技改经费管理原则

1. 对集团公司拨入的技改资金，各下属公司应单独建立账户，技改项目与技改项目之间、技改项目与生产经营之间要严格区分，不准挪用、挤占。

2. 每个技改项目都要确立项目负责人，对项目实施的全过程，以及技术方面、经费使用方面、验收方面等负全部责任。技改项目管理办公室（公司主管副总任办公室主任，研发部、技术部、生产部、设备部抽调人员组成）负责全部技改项目的实施与管理。

3. 财务部负责对技改项目的合同、预算实行内部审计，并对其进行现场抽查，保证合同和预算的合理性、合法性，并负责对技改项目经费的使用情况进行审核、监督，保证专款专用、专门归集、专户核算。

4. 技改项目施工单位必须严格按实施方案和审计后的合同、预算施工，保证施工的进度和质量，未经内部审计的合同和预算，不准实施。

5. 技改项目的所有支出必须由主管副总、总会计师联合签字，必须具有规定的原始单据方可办理，否则财务人员有权不予支付。

6. 所有技改项目资金必须按项目概算中的项目合同和预算支付。如有特殊情况，必须报主管副总批准，并由总会计师、总经理联合签字方可支付。

四、工程类技改费用控制细则

（一）对内承包技改项目的拨款办法及程序

1. 施工部门依据施工图纸编制预算交财务部审计。

2. 审计通过后，编制"工程资金拨款计划"，将施工进度表、工程预算、工料分析单等上报技改项目管理办公室。

3. 工程款按工程进度拨付，拨至工程总造价的80%停拨，要求各施工部门编制决算，待决算通过审计后再拨至工程总造价的90%，并预留5%的工程质量保证金、5%的工程款以备调整，达不到"优良"或"合格"的不予结算。

4. 施工部门需借款时，应填写"借款单"一式三份，由技改项目管理办公室主任、技改项目经理、总会计师、财务部经理签字，然后到主管会计处办理借款。

5. 施工部门借款外购材料时要及时报账，发票上要有本部门负责人和经办人的签字。

（二）对外承包技改项目管理方法及程序

在对外承包技改项目中，本公司为"甲方"，项目的施工单位为"乙方"。

1. 要求乙方根据合同和施工图编制预算交财务部审计。

2. 审计通过后，将工程预算上报技改项目管理办公室。

3. 工程进度款的结算，每月____日前乙方应向甲方监理单位提交上个月的工程结算文件四份，由监理核定工程量及工程进度结算。监理单位应于____日内审核完毕，并附审核意见。

4. 经监理核定后的月份进度结算于每月____日前提交给甲方相关部门。甲方于当月____日内核定完月份进度结算，并转交给财务部审计，每月24日完成（如遇休息日，顺延至工作日）。

5. 经甲方核定后的月份进度结算于每月____日转交给乙方、技改项目管理办公室，财务部自存一份。

6. 乙方接到经甲方核定后的《月份进度结算书》后，按结算审定后的70%提取月份工程进度款，并由乙方办理工程支付申请，送交监理盖章。

7. 乙方将工程支付申请转交给甲方，并开具内部发票，交甲方审定盖章后生效。乙方在收到工程款后的____个工作日内，开具发票到乙方财务部办理结算。

8. 工程进入最后收尾阶段，甲方拨付工程进度款额度至工程总造价的80%停拨，待工程竣工验收达到按合同签订的"优良工程"后，甲乙双方进行决算，按财务部审定后的工程总造价的90%拨工程款。待总体工程全部验收后再拨5%的工程款，预留5%的工程质量保证金，待质保期后结算。

五、设备类技改费用控制细则

1. 设备类技改项目，若总估价在10万元（含10万元以上），或不足10万元但同类设备总量估算价在30万元以上的，公司统一组织招标。定标后，向中标单位发出《中标通知书》，依据招标文件、投标书签订《技改项目实施合同》。

2. 拟技改的设备估价在10万元以下的，经公司价格小组审核，设备部负责按技术指标要求组织技改，并组织相关部门对技改成果进行验收。

3. 在签订《技改项目实施合同》时，必须写清有关事项，如特别设备的安装调试费用和培训费用，以及三包期和预留质保金。否则，财务部有权不付款。

4. 按合同要求办理付款，付款的同时督促对方开具发票。

5. 设备类技改项目费用的各项支出，必须有预算，要严格控制，不允许超支。项目临时标准由技改项目管理办公室提出，经总经理、总会计师、主管副总联合审批，报财务部审核、备案后方可支付。

3.2.2 工装模具费用控制方案

工装模具费用是指企业在采购、使用、保管、修理工装模具的过程中发生的相关费用，包括但不限于工装模具的采购费用、维护与保管费用、使用费用、修理费用等。下面是某企业的工装模具费用控制方案，供读者参考。

工装模具费用控制方案

一、目的

为使工装模具的管理使用更加科学化、规范化，在保证工装模具正常使用的前提下，提高模具的上机成形率、套次产量和寿命，控制工装模具的管理费用，提升工厂的经济效益，特制定本方案。

二、工装模具费用控制措施

（一）货比三家，有选择地进行招标采购

要想降低工装模具的费用，首先必须在保证其质量的前提下，降低采购价格。

1. 工厂与工装模具供应商建立长期、稳定的合作关系。

2. 实行货比三家的招标采购方式，以便控制工装模具的采购价格，从而进一步降低采购成本。

3. 按照ISO质量体系要求，对供应商的资质、质量、价格、服务、交货期、信用情况等进行综合评定，从而确定合格的模具供应商。

（二）建立健全工装模具的科学管理制度

1. 建立工装模具过程管理制度。工装模具的验收、试模、入库、保管、发放、使用、修理、报废、补充是工装模具管理的全过程，实行分厂、车间两级管理，每一环节都由专人负责。

2. 建立工装模具档案，修订完善工装模具验收与试模管理办法，全面记录每一套工装模具的原始数据，以此为依据评价工装模具的状况，以提高工装模具的水平。

3. 根据生产需求，合理存放工装模具，在保证生产的前提下，尽可能减少采购数量。

4. 对工装模具实行分类存放和库存动态管理，综合考虑其使用状况和供应周期。

5. 建立健全工装模具报废补充制度，明确工装模具的报废标准。工装模具的报废补充应坚持动态管理、少量多次、合理库存的原则。

（三）优化工装模具使用条件，延长其使用寿命

提高工装模具的使用寿命，也就意味着减少工装模具的失效。

1. 应严格规范工艺条件，合理使用工装模具。

2. 严格制定模具加热条件，根据模具类型、尺寸合理地确定加热温度、时间，保护性使用模具。

3. 减少模具的冷热刺激，避免将冷水直接浇到模具上面。

（四）提高模具上机成型率

1. 建立工装模具使用随行卡制度，详细记录上机情况，为修模提供可靠依据。

2. 对修模工进行技术培训，提高修模水平。

3. 对工装模具修理中存在的共性问题，要及时总结规律、重点攻关解决。

3.2.3 技术引进费用控制方案

技术引进是指通过贸易或经济技术合作，从境内外团体或个人获得技术。企业在此过程中发生的一切相关费用支出统称为技术引进费用。下面是某企业的技术引进费用控制方案，供读者参考。

技术引进费用控制方案

一、方案规划

（一）目的

为进一步提高本企业的技术水平，在加强国际交流、借鉴和学习国内外先进经验的基础上，规范技术引进工作，控制技术引进费用，提高企业的经营效益，特制定本方案。

（二）适用范围

本方案适用于企业在引进技术过程中发生的一系列费用，包括但不限于下列费用项目。

1. 专利权、专有技术等的使用费。

2. 技术引进前期的调查、可行性分析与评审所发生的人员费用、差旅费、考察费用。

3. 签订技术引进合同期间发生的费用，如谈判人员费用、差旅费等。

4. 对于引进技术的培训所发生的费用，包括人员参加培训的费用、供应方专家来厂指导所发生的费用等。

二、相关术语定义

（一）技术引进

技术引进是指通过贸易或经济技术合作，从境内外团体或个人获得技术，主要包括以下四种类型。

1. 专利权或其他工业产权的引进。

2. 以图纸、技术资料、技术规范等形式提出的工艺流程、配方、产品设计、质量控

制及管理等方面的专有技术的引进。

3. 技术服务的引进。

4. 为了实现上述技术所匹配的手段，如生产线、成套设备、测试仪器、专用设备等的引进。

（二）影响技术引进费的因素

1. 引进技术的独占性。

2. 引进技术的使用权限的不同。

3. 使用引进技术销售产品范围的不同。

4. 技术引进费的支付方式不同。

5. 技术引进费的结算货币不同。

6. 使用技术引进时的预期生产量。

7. 违反技术引进合同后的索赔与罚款。

8. 是否存在可达到同一种结果的多种技术。

9. 引进技术的老化程度。

三、技术引进费用控制措施

（一）建立技术引进费用控制组织

1. 由总经理、技术副总及与技术相关的部门经理或技术专家组成的技术委员会，主要负责评估引进的技术及其费用。

2. 技术部应积极跟踪国内外的技术发展现状，提供技术引进的相关资料。

（二）加强技术资料收集的控制

1. 技术委员会应指定专人根据本企业的技术发展规划和市场现状，积极收集拟引进的技术方面的信息资料。

2. 尽量收集、选择与本企业的发展能无缝对接的技术。因为，如果企业已具备与该技术相配套的设备及人员，可提高技术引进的谈判筹码，间接减少技术引进过程中的服务事项，从而有利于降低技术引进费用。

3. 所收集的技术应处于中等偏上的水准。因为技术的发展日新月异，现阶段的高端技术引进费用高昂且淘汰时间不定，引进风险较高。对本企业而言，此时引进高端技术会导致技术引进费用的不合理支出。

4. 收集的技术信息应是成熟的技术信息，避免企业引进技术后支付额外的费用。

5. 收集能达到同一目的但不同类的技术信息，方便企业进行经济性选择。

6. 收集的技术信息应尽量保证所需原材料、零配件的通用性与普遍性，防止技术转让方利用所需原料的特殊性与稀缺性使本企业支付额外的费用。

（三）加强技术引进费的评审控制

1. 对于选定的技术，转让方提出报价后，负责技术引进工作的技术委员会应对支付费用通过分析可行性的方式进行审核，结合企业现状与技术本身的信息分析技术和本企业的相符程度，评价支付技术引进费是否值得。

2. 当评审涉及金额较大或对本企业有重要意义的技术时，应邀请专业的第三方评估机构对拟引进技术的价值进行公平、公正的评估，得出此项技术的真实价值后，再判断其经济性。

3. 在对技术的评审过程中，关键要确定使用技术时所需要的原材料、零配件是否属于垄断供应，以免增加引进该项技术后的额外支出。

（四）加强合同条款的拟订控制

1. 根据企业发展前景与自身情况，对技术的独占与否、使用权限及产品销售范围进行决策。

2. 控制技术引进费用的支付方式

（1）若企业一次性全额付款，应确定转让方所能提供的优惠额度，同时比较此项付款的资金用于其他投资的投资报酬率。

（2）企业选择分期付款，若选择在规定年限内分多次支付时，需调查、计算分期支付的银行利息、汇率等，确定分期支付所要付出的费用数额。

（3）企业选择分期付款，若选择按技术投产后的产量分批支付，需根据产品市场的前景，对产品的产量与销售量进行保守预期，并在此基础上提取分期付款的额度。

（4）根据企业的财务现状，对比三种支付方式会产生的成本，选择成本较低的支付方案。

3. 在合同中注明是否存在技术使用费的支付问题。

4. 谈判时，对于技术转让方提出的技术管理费，本企业应坚决拒绝。

5. 在技术引进合同中要明确规定转让方的转让范围，包括配套的设备、资料及设备维修、人员培训等。

6. 拟订好的合同条款应交给在技术引进方面经验丰富的法律专家进行审核，防止因合同条款的疏漏而增加技术引进费用或引起技术引进方面的诉讼问题。

（五）加强引进技术的使用控制

1. 取得转让的技术后，及时组织技术专家进行技术攻关，尽快消化、掌握技术，避免引进的技术受制于转让方，产生额外费用。

2. 本企业相关技术专家在掌握引进的技术后，要在此基础上积极进行研发、升级，减少企业在技术引进方面的额外支出。

（六）建立技术引进的评估机制

1. 引进技术一年后，企业应对技术引进后的成果、收益进行评估，并形成《评估报告》。

2. 在《评估报告》中，应指出本次技术引进过程中的优劣势，并制定具体的改善措施，减少企业在下次技术引进时的不合理支出。

第 4 章

生产成本费用控制

4.1 直接材料成本

4.1.1 材料消耗定额管理流程

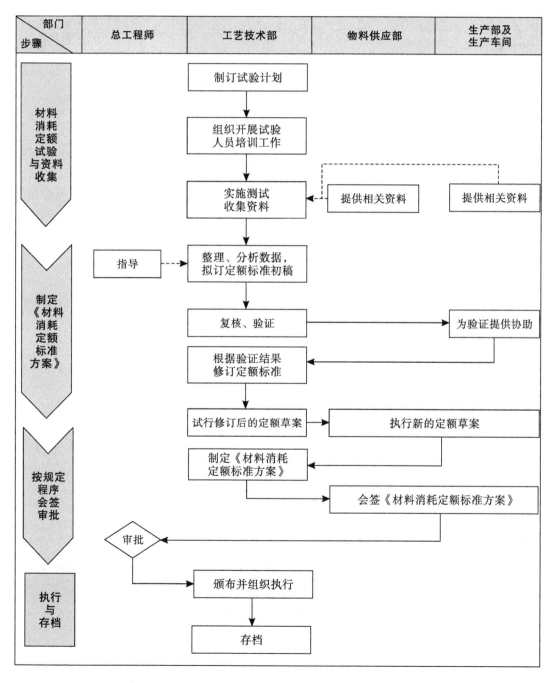

4.1.2　备品备件申领申购流程

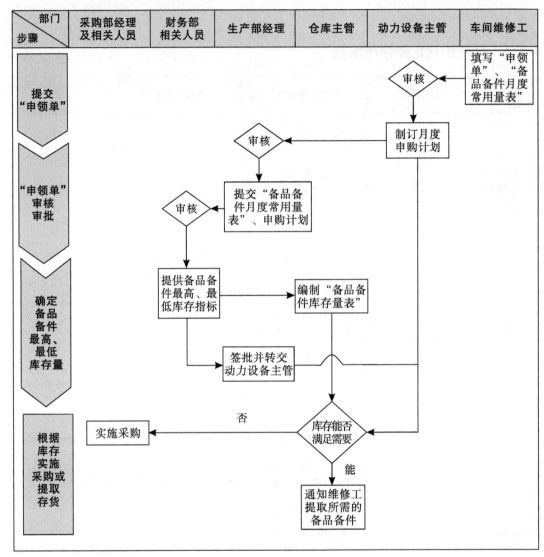

4.1.3　材料消耗定额管理制度

对材料实施消耗定额管理，是企业控制直接材料成本的重要措施之一，控制材料消耗定额利于做好材料需求量、储备量的确定以及供应计划的编制工作。

下面是某企业的材料消耗定额管理制度，供读者参考。

材料消耗定额管理制度

第 1 章　总则

第 1 条　目的

为了确定生产现场的材料需要量、储备量，编制材料供应计划，合理利用和节约用料，为产品成本核算、经济核算打下基础，特制定本制度。

第 2 条　适用范围

本公司所有涉及材料消耗定额的相关事项，均按本制度的相关规定执行。

第 3 条　材料消耗定额的相关定义

1. 材料消耗定额

材料消耗定额，是指在保证产品质量的前提下和一定的生产、技术组织条件下，结合产品和工艺要求，生产单位产品或完成单位生产任务所必须消耗的材料数量。具体来说，材料消耗定额主要包括原材料消耗定额和辅助材料消耗定额两大类。

2. 原材料消耗定额

依用途不同，原材料消耗定额分为原材料工艺性消耗定额和原材料非工艺性消耗定额两种。

（1）原材料工艺性消耗定额

原材料工艺性消耗定额，是指在一定条件下，生产单位产品或完成单位工作量所用材料的有效消耗量，它包括单位产品的净重消耗和合理的工艺性损耗两部分。

（2）原材料非工艺性消耗定额

原材料非工艺性消耗定额，也称"原材料供应定额"，是指在原材料工艺性消耗定额的基础上，还包括一部分因客观条件限制不可避免的非工艺性损耗，如在生产过程中不可避免产生的废品、现场搬运保管过程中的合理损耗和其他非工艺技术原因等引起的损耗，包括废品消耗、材料代用损耗、设备调整中的损耗等。

需要注意的是，原材料非工艺性消耗定额不包括运输途中的损耗、磅差、在仓库中的损耗（此部分作仓库的"盘盈盘亏"处理）。

第 2 章　材料消耗定额管理职责

第 4 条　总工程师的职责

负责指导各种材料消耗定额的编制工作，审核有关材料消耗定额的各种文件。

第 5 条　工艺技术部的职责

1. 统一组织制定公司生产所需原材料的工艺性消耗定额，报生产部、采购部会签。

2. 会签原材料的非工艺性消耗定额、辅助材料消耗定额，适时提出改进建议或意见。

第 6 条　采购部的职责

1. 配合工艺技术部编制原材料工艺性消耗定额。

2. 与生产部共同会签工艺技术部制定的原材料工艺性消耗定额。

3. 根据本公司制定的质量指标和实际情况，与生产部商议制定原材料非工艺性消耗定额。

4. 严格按原材料非工艺性消耗定额执行原材料采购供应工作。

第7条　财务部的职责

负责监督、检查材料消耗定额的执行情况，分析定额的准确程度和材料利用率等情况。

第8条　生产部的职责

1. 配合工艺技术部编制原材料工艺性消耗定额，并提供资料支持，对制定的原材料工艺性消耗定额进行确认会签。

2. 根据实际生产需要，编制或修订辅助材料消耗定额。

3. 组织生产车间贯彻执行材料消耗定额及相关定额文件，并进行指导和监督检查。

第9条　生产车间、班组的职责

在生产作业过程中，严格贯彻执行材料消耗定额及相关定额文件，接受生产部经理、工艺技术部工艺员对生产作业过程的指导与监督检查。

第3章　制定材料消耗定额

第10条　制定原则

本着保证产品质量、节约的原则制定各种材料的消耗定额。

第11条　原材料消耗定额的制定步骤

1. 收集制定原材料消耗定额所需的资料

（1）从生产部、材料仓库获取有关原材料领用、发放的记录单，以及按产品计算的原材料使用量统计表单等相关文件。

（2）从采购部获取原材料实际采购文件，如"订购单"及相关统计表单。

（3）从材料仓库获取"进料入库单"、"退货单"以及相关统计表单。

2. 计算单位产品原材料工艺性消耗定额

根据定义和下列的公式计算原材料工艺性消耗定额：

单位产品原材料工艺性消耗定额＝单位产品净重的材料消耗量＋各种工艺性消耗之和

原材料工艺性消耗定额是对生产车间、班组领发料和考核的依据，也是生产车间、班组计划原材料需用量的依据。

3. 确定原材料供应系数

原材料供应系数是根据本公司上年度原材料供应数据资料、原材料管理的实际水平及部分难以避免的非工艺性损耗，由工艺技术部统一确定，经生产部、采购部会签后，报总工程师审核。

4. 计算单位产品原材料非工艺性消耗定额

根据下面的公式计算单位产品原材料非工艺性消耗定额：

单位产品原材料非工艺性消耗定额＝单位产品原材料工艺性消耗定额×（1＋原材料

供应系统)

原材料非工艺性消耗定额是采购部计算原材料总体需用量,向供应商进行原材料采购的主要依据。

第 12 条 辅助材料消耗定额的制定方法

一般采用间接方法来确定辅助材料消耗定额,具体方法如下表所示。

辅助材料消耗定额确定方法一览表

方法	适用范围及示例
1. 按主要原材料消耗的比例来计算	◆ 适用于那些消耗量与主要原材料消耗量有一定比例关系的辅助材料,如型砂、填料、烙剂、炼钢熔剂等
2. 按产品产量来计算	◆ 适用于与产品产量有一定比例关系的辅助材料,如包装箱、包装纸、包装袋等产品包装材料
3. 按产品面积来计算	◆ 适用于油漆、涂料、电镀等辅助用材料
4. 按设备运转时间计算	◆ 适用于与设备开动时间或工作日有关的辅助材料,如润滑油、清洁用具、磨料、冷却液等
5. 按辅助材料本身的使用期限来计算	◆ 适用于备用零件、劳动保护用品等辅助材料,如劳动保护用品有其固定的使用期限,且不同的工种使用期限的长短也有所不同
6. 按定期统计实际耗用量来计算	◆ 适用于难以按上述方法确定消耗定额的辅助材料,如玻璃器皿、化学试剂、针、线等用品

第4章 材料消耗定额文件的编制与验证

第 13 条 材料消耗定额文件编制程序

1. 工艺技术部负责产品材料消耗定额文件的设计、校对、编制、审核和批准工作,交生产部、生产车间会签后,由试制车间进行验证。

2. 确定各种材料的消耗定额后,应由工艺技术部进行整理、汇总成册,作为车间作业及定额管理的依据之一。

3. 本公司的材料消耗定额文件包括"主要原材料消耗定额明细表"、"直接原材料使用卡片"、"辅助材料消耗定额明细表"、"单位产品直接材料消耗综合定额明细表"(如下表所示)。

单位产品直接材料消耗定额明细表

编号：　　　　　　　　　　　　　　　　　　　填写日期：＿＿年＿＿月＿＿日

产品名称						规格/型号		
序号	材料名称	计量单位	理论消耗量	损耗率（%）	实际消耗量	材料单价	消耗定额	单位产品消耗定额

审批：　　　　　　　　　　　　　　　　　　　　　　制表人：

4. 经过验证的定额文件应交总工程师进行审核审批后，颁发至生产部及生产车间。

第14条　材料消耗定额文件验证的内容

1. 验证各种原材料的工艺性消耗定额，包括于生产过程中产生的边角料数量、锯口、切口、切屑及切割的损耗、不可回收损耗等。

2. 验证所需用到的辅助材料的消耗定额。

3. 验证各种原材料的利用率。

4. 验证产成品率。

5. 其他相关的经济技术指标。

6. 验证上述指标的合理性、适用性。

第15条　材料消耗定额的验证依据

1. "单位产品零件明细表"、《产品零件设备图样》及有关技术资料。

2. 完整的产品生产制造的工艺规程。

3. 投料标准、边角料产生标准等技术标准。

4. "单位产品材料工艺性消耗定额明细表"及汇总表。

5. 国家规定或行业内公认的材料标准文件等。

第16条　验证材料消耗定额的方法

1. 常用的验证材料消耗定额的方法主要有技术分析法、实际测算法、统计分析法和经验估计法四种。

2. 由于本公司产品已基本定型、产量较大、技术资料比较齐全，所以适合使用技术分析法，其使用办法、步骤及优劣势、适用范围如下表所示。

技术分析法在材料消耗定额验证过程中的使用说明表

技术分析法	计算步骤	优势	劣势
以技术图纸和工艺卡片等主要技术文件为依据，通过科学、仔细地分析，计算材料的工艺性消耗定额，并与原制定的材料工艺性消耗定额进行比较	1. 工艺技术部研发人员按产品图纸标示的产品形状、尺寸、材质计算产品净重 2. 工艺技术部定额员按工艺文件计算材料的工艺性损耗量 3. 根据公式，计算材料工艺性消耗定额 4. 与原定额值进行比较	准确、科学、可靠	计算工作量大，要求具备完整的技术文件和资料

第5章　材料消耗定额文件的执行

第17条　加强材料消耗定额的原始记录和统计工作

生产部应建立健全材料消耗的原始记录，并做好各项统计工作，即从领取材料开始，到材料被消耗完的各个环节，都应有准确、可靠的原始记录。

第18条　按材料消耗定额限额领发料

限额领发料是执行材料消耗定额、验证消耗定额和测定非工艺性消耗量的重要工具之一，是分析材料消耗定额差异和提出改进措施的依据之一。

1. 限额领发料的实施范围

限额领发料的实施范围包括但不限于下列两种情形。

（1）产品用料，包括自制件和外协加工件。

（2）大宗的辅助材料。

2. 限额领发料的依据

（1）工艺技术部编制的"产品配料表"、"材料配比表"、"材料消耗定额明细表"及相关工艺文件。

（2）生产部计划人员提供的《生产任务书》、"制造命令单"等生产计划文件。

（3）公司编制的技术节约措施等技术资料。

3. 限额领料的签发规定

材料员根据生产计划部门编制的"制造命令单"到仓库领料，并按"限额领料单"（如下表所示）规定的限额发料，记录好每次发料的名称、规格、数量及领用日期，注明用料的"制造命令单"单号和班组名称，双方需签字认证。

限额领料单

领料部门：   第____号

用　　途：　　　　　　　　　　____年____月____日　　　　发料仓库：

制造命令单单号：　　　　　　　　　　　　　　　　　　　　　　　生产班组：

材料编号	材料名称规格	计量单位	计划投产量	单位消耗定额	领用限额	实发		
						数量	单价	金额

日期	领用			退料			限额结余数量
	数量	领料人	发料人	数量	退料人	收料人	

4. 材料领出后的保管规定

领出材料后，由班组负责保管和使用，材料员必须按保管和使用要求对班组进行监督。

5. 因超耗造成的限额领料规定

各种原因造成的超耗，必须由班组长说明超耗原因，经车间主任核实后，由材料员计算数量，补签"限额领料单"。对非正常因素造成的超耗，需在补签的"限额领料单"上注明。

第19条　严格退料缴库手续

1. 班组生产任务完成后，车间主任配合有关部门对产品产量、质量及用料情况进行检查，并签署检查意见。检验合格后，班组方可办理余料、边角料、废料的退库手续。

2. 材料员根据检查合格的产品产量和结清领料手续的"限额领料单"，按照实际完成量计算实际使用材料量，与班组实际消耗量对比，计算节、超数量，并将结果上报车间主任。

第6章　材料消耗定额的修订

第20条　材料消耗定额，一般一年修订一次，由原制定部门负责修改。凡属下列情况之一者，应及时修订材料消耗定额。

1. 产品设计变更时。

2. 加工工艺变更，影响到消耗定额时。

3. 消耗定额统计有误或消耗定额文件编写有误或有遗漏时。

第21条　因生产管理不善或材料管理不善而超耗者，不得提高消耗定额。

第7章　附则

第22条　对材料消耗定额执行情况的考核，具体实施办法如下。

1. 车间核算员要正确计算完工产品成本，不得随意将费用分摊到产品上。

2. 完工产品以当月入库为准，各车间班组按规定的结算调节、超领材料的比例执行奖罚。

3. 材料费用以财务部分配给各车间的数额为准。

第23条 本制度由工艺技术部制定，报总工程师办公室审定后执行。修订、废止时亦同。

第24条 本制度自颁布之日起实施。

4.1.4 原材料消耗控制方案

根据材料消耗定额实施原材料的非有效消耗控制工作，同时，根据原材料消耗控制工作的效果实施奖惩，是加强直接材料成本控制工作的有效措施。下面给出某企业的原材料消耗控制方案，供读者参考。

原材料消耗控制方案

一、目的

为了认真贯彻实施公司的"技术先进、成本领先"战略，精确核算产品的单位成本，控制原材料消耗，提高公司的经济效益，特制定本方案。

二、原材料消耗控制相关职责

（一）工艺技术部经理的主要职责

根据生产加工图纸确定原材料工艺消耗定额，负责工艺消耗定额的培训工作。

（二）生产部经理的主要职责

1. 组织生产车间贯彻执行工艺消耗定额文件。

2. 每月在对"＿＿月份车间原材料进出清单"数据进行总结分析的基础上，及时填报"＿＿月份车间原材料利用率统计表"，并将结论及时汇报给生产总监。

（三）车间主任的主要职责

1. 在产品生产加工过程中对原材料消耗进行有效控制。

2. 每月组织做好现场原材料的盘点工作，及时填报"＿＿月份车间原材料进出清单"。

（四）采购部经理的主要职责

在保证原材料采购质量的前提下，慎选原材料供应商，报总经理决策，从而有效控制采购价格。

三、原材料消耗控制措施

（一）原材料消耗控制依据

1. 原材料工艺消耗定额文件。

2.《生产任务书》或"制造命令单"。

3. 公司颁发的《节能降耗技术措施管理办法》等相关文件。

（二）原材料消耗数据的统计与反馈

1. 定期盘点原材料，填报"＿＿月份车间原材料进出清单"

车间主任每月须认真对车间的原材料进行盘点，及时记录当月原材料领用数量和剩余数量，填报"＿＿月份车间原材料进出清单"给生产部经理。

2. 计算实际原材料利用率

生产部经理依据车间主任当月填报的"＿＿月份车间原材料进出清单"，填写"＿＿月份车间原材料利用率统计表"中"实际"用量一栏，并计算出当月原材料的利用率。

3. 比较、总结分析

（1）生产部经理根据当月销售部开出的"制造通知单"，按产品型号、数量计算出原材料的计划用量。

（2）在每月"＿＿月份车间原材料进出清单"和"＿＿月份车间原材料利用率统计表"的基础上，积累数据进行总结分析，并将结论及时汇报给生产总监。

（三）生产加工过程中的节约措施

1. 限额领料

根据生产计划和原材料消耗定额计算出原材料消耗总量，按总量限额领发材料。

2. 合理加工

原材料须按照"科学排料、量体裁衣、正确划线"的原则，尽量避免出现边角料。

3. 边角料的回用

对在原材料加工过程中产生的边角料：若能拼接的，在确保产品质量的前提下，尽量与原材料拼接使用；若不能拼接的，须对这些边角料进行整理再加工，留作他用，努力做到材尽其用。

4. 废料的回收与核算

对于可回收的废料，应与完工产品同时入库，并根据下列公式进行核算。

$$领料总量 = 工艺消耗量 + 下料消耗量 + 料头量$$

（四）其他

若公司员工要求用边角料制作成非指定产品，须报生产总监同意后，方可制作。否则，所产生的一切费用由车间承担。

四、考核和奖励

1. 考核依据。以工艺文件中原材料计划用量为标准，按月通过对实际消耗用量的统计，与原材料计划用量进行对比，测算出当月的原材料利用率。

2. 公司将严惩在生产过程中因制造失误造成原材料无谓损失的行为和责任人。

3. 根据"＿＿月份车间原材料利用率统计表"反映出的原材料利用率数据，公司将核定原材料利用率的基准线。

（1）若原材料利用率高于公司核定的基准线，公司进行数据核实后，将视利用率差额的大小，以相应的权重比例给予车间和班组负责人以及相关人员一定的物质奖励。

（2）若原材料利用率低于公司核定的基准线，公司将要求车间及班组责任人说明原因，对于情节严重者，公司将处以重罚。

4. 产品生产加工流程中各环节所产生的无谓损失由生产主管承担相应的责任。

5. 该方案试行后，生产部经理应收集该方案的贯彻执行情况，提出建设性意见，为修订该方案提供参考。

4.1.5 辅助材料使用管控方案

辅助材料，是对产品的生产、形成过程起辅助作用的材料，它们是产品形成或构成中不可缺少的一部分。因其耗用量没有原材料那么大，在生产过程中尤其是在生产现场，生产管理人员或成本控制人员往往会造成辅助材料的过度耗用或浪费。

下面是某企业的辅助材料使用管控方案，供读者参考。

辅助材料使用管控方案

一、背景说明

生产现场如不重视对辅助材料的管控，至少会产生下列三个问题。

1. 不能确保交货期和成本。

2. 特殊辅助材料容易出错。

3. 任意挥霍、浪费、丢失辅助材料。

二、目的

为有效避免出现上述问题，加强对生产现场辅助材料的管理工作，在确保产品生产质量的前提下，降低辅助材料的使用成本，经现场改善小组研究，特制定本方案。

三、辅助材料的定义

辅助材料是指在产品生产过程中起辅助作用，但不构成产品主要实体的消耗性材料，包括焊接类、油漆类、油脂类、溶剂类、胶水类、防护类材料等，简称"辅料"。

四、辅助材料使用控制措施

（一）推行辅助材料专人管理的制度

1. 指定专管辅助材料的人员

指定专职人员负责辅助材料的保管、派发、统计等工作。

2. 辅助材料的派发控制

辅助材料管理人员应根据公司"派发辅助材料至车间、工段、班组"的规定，将当日所需的辅助材料预先放在小推车上，定时、定点推过，使有需要的车间、班组或人员立刻得到辅助材料。

3. 实施"派发辅助材料至车间、工段、班组"这项规定的优势

实施"派发辅助材料至车间、工段、班组"这项规定的优势体现在以下四个方面。

（1）可直接供给生产工序，避免各个生产现场或生产线持有在线辅助材料库存。

（2）节省一线生产人员的工时，避免现场为领取辅助材料而离岗浪费生产时间。

（3）节省辅助材料在生产现场的摆放空间。

（4）可增进辅助材料管理人员对辅料用途、使用工序的了解，同时起到监督检查的作用。

（二）推行辅助材料定额使用制度

1. 定期统计产品实际耗用辅助材料的数量

辅助材料管理人员定期（如每星期、每月）到生产现场收集每件产品实际耗用每种辅助材料的数量文件，并进行统计，然后将统计结果报告给生产部经理。

2. 制订辅助材料需求数量计划

生产部根据生产计划，事先确定相应的辅助材料需求数量，报采购人员实施采购。

3. 实施辅助材料采购

采购人员应根据需求数量、库存数量及其他实际情况，进行材料采购。

4. 安全库存预警

为了避免因辅助材料短缺而对生产作业造成影响，辅助材料管理人员可设定辅助材料安全库存警戒线、提醒牌或报警装置等库存警示方法。

5. 按定额标准使用辅助材料

生产现场操作人员应按颁布的定额标准使用辅助材料，现场管理人员予以监督、指导。

（三）分门别类保管辅助材料

对于辅助材料的存储保管，需按用途或温湿度、通风与密闭、防火防爆等要求的不同，进行分门别类管理，如危险品需要隔离管理、胶水需要在阴暗处存放、易燃易爆品要在无烟火处存放，有效防止辅助材料发霉、变质，避免产生呆废料或减少呆废料的数量。

（四）设置辅助材料管理台账，每次入库、派发都要有记录

每种辅助材料都设置台账进行管理，每次辅助材料的入库、派发都要详加登记，既可以随时掌握辅助材料的进出情况，又便于每周或每个月的辅助材料统计分析工作，以便从中发现一些规律。

在辅助材料管理台账上分新领和更换（以旧换新）两种，新领要由班组长批准，更换则需退还用剩残壳，如外包装盒、袋、套等物，无须班组长批准即予更换。以旧换新的操作方法如下表所示。

现场辅助材料以旧换新操作方法说明

项目	更换方法	备注
胶水类	1. 用完后，保留原罐 2. 用小容器细分，按实际用量，发够一天所需的数量	

（续表）

项目	更换方法	备注
油脂类	1. 用完后，保留原罐 2. 辅料小车定时推过，不足时及时添加	
烙铁头	以坏换新	
手套	每次发给两对，以旧换新	每周一副
电池	质检人员每人两对，其他人一对，用尽后在底部打上"×"记号	每对约使用17小时
说明	1. 以上辅助材料增加使用量时，也要重新申请 2. 严禁人为破坏 3. 更换时无须签字或盖章，由辅助材料管理人员记录消耗数量 4. 车间主任定时巡查，如发现多余，一律上交	

（五）辅助材料报废的控制

1. 基本要求

报废辅助材料时，手续要齐全。

2. 部门辅助材料更换规定

用完的残渣、壳体，不能随便扔进垃圾堆里，要凭用剩的残物（如残渣、壳体、包装盒、包装袋等）进行更换。这项规定的作用主要体现在以下五个方面。

（1）可防止再次冒领。

（2）可按同一标准确认损坏程度，防止误判。

（3）对于有些残物要特殊对待，不能当作一般生产垃圾处理，有的要交专业公司处理。

（4）有的残物可变卖，化废为宝。

（5）可核对辅助材料进出数量有无差异。

3. 在按（3）、（4）项处理时，辅助材料管理人员要认真填写"辅助材料废弃申请表"（如下表所示），填写辅助材料的名称、型号、数量、废弃理由、日期、经办人、批准人等栏目，报主管人员审批后方可实施。

辅助材料废弃申请单

申请日期：____年____月____日　　　　　　希望处理日期：____年____月____日

使用部门			管理部门	
拟废弃辅助 材料的特征	辅助材料名称			
	废弃原因			
	废弃数量			
	备注			
	主管人员		经办人	

（续表）

会签单位	主办：
检验单位	主办：
核准	负责人：

本单流转流程：申请部门→会签单位→检验单位→核准。

4.1.6　材料浪费分析控制方案

对现场的所有材料进行浪费分析，并分门别类地进行有目的的控制工作，是有效控制材料浪费、提升现场管理绩效水平的有效措施。下面给出某企业的材料浪费分析控制方案，供读者参考。

材料浪费分析控制方案

一、目的

本着以下三大目的，经公司生产现场改善小组研究，特制定本方案。

1. 发现班组在生产现场存在的材料无效耗用现象，并消除导致材料浪费的因素。

2. 降低因生产过剩、库存增加等造成的浪费，减少资金的积压。

3. 及时发现生产现场劳动力、设备以及管理等方面存在的问题，并进行改善。

二、相关定义

在生产现场，"浪费"包含以下两个方面的含义。

1. 所用多于所当用，即生产某种产品所使用的材料超过了应该使用的量。

2. 所得少于所可得，即一定的材料投入没有达到应有的效果。

三、控制材料浪费的指导思想

本着使生产现场的人、财、物、设备、信息、时间毫无浪费地进行生产加工而发挥应有作用的思想，应不定时地对生产现场进行检查，以便及时发现物料的无效耗用现象。

四、明晰材料浪费存在的原因，采取相应的对策

在公司中，常见的材料浪费现象有着不同的表现形式，根据其显隐性特征进行归类、分析，明确各种浪费存在的原因，并采取相应的对策。具体内容如下表所示。

材料浪费存在的原因及相应对策表

类别	原因或现象	可采取的对策
直接的材料浪费	1. 工人加大用量	◆ 针对材料投入量、消耗量等编制明确的工艺文件，并检查工人的执行情况
	2. 可使用次一级质量的材料时却用了高一级质量的材料	◆ 产品试制时，做好产品材料试验工作，并对可用的材料质量、规格、型号做出明确的规定
	3. 加工错误而改制或报废	◆ 对工人进行作业标准、技能方面的培训，直至其操作熟练无误，方可允许其上生产线工作
	4. 人为损坏	◆ 加强仓库及生产现场的材料存储保管工作，专人专职专责
	5. 材料丢失	
	6. 材料变质、过期	◆ 对策一：加强材料在仓库及现场的存储保管工作 ◆ 对策二：采取"先进先出"的领发料原则
间接的材料浪费	1. 因焊接点增加带来的相关材料浪费	◆ 在保证和提高产品质量的前提下，改进产品结构设计，减轻产品自重，减少多余功能，降低边角料的损耗
	2. 连接过多造成的材料浪费	
	3. 多余功能造成的材料浪费	
	4. 设计不合理使边角料损耗增大	
	5. 操作不合理使边角料损耗增大	◆ 对工人进行作业标准、技能方面的培训，直至其操作熟练无误，方可允许其上生产线工作
	6. 工序问题造成的材料浪费	◆ 推行技术改造，采用先进的设备、工艺代替落后陈旧的设备、工艺，以降低材料的工艺性损耗
	7. 设备问题造成的材料浪费	
	8. 因材料规格不合格而使材料综合利用率难以实现	◆ 加大材料入库检验、投入生产前的检验力度，确保投入生产的材料符合要求
	9. 因产品自身特点而使得材料综合利用率难以实现	◆ 推进产品更新换代工作，把笨、大、粗的产品改进为精、小、巧的高效能新型产品
	10. 原定材料供应不足，采用替代性材料而造成的浪费	◆ 针对原定材料设置安全库存量，建立健全材料安全库存预警制度，以便及时采购

（续表）

类别	原因或现象	可采取的对策
隐藏的材料浪费	1. 囤积暂时不用的材料，积压资金	◆ 加强生产计划均衡和材料需求分析工作，合理制订材料需求计划
	2. 在制品过剩造成的浪费	◆ 对策一：加强生产计划管控 ◆ 对策二：将在制品的零部件尽量设计制作通用件，以便过剩在制品的合理运用
	3. 半成品周转过慢，材料不能很快变成产成品，不能很快成为有价商品	◆ 优化半成品与成品的转化流程
	4. 统计不准确而造成超量生产	◆ 对策一：改进工艺，如增加计数器 ◆ 对策二：加强车间核算员的培训与考核工作

五、加强材料浪费控制相关人员的责任考核

车间和车间内有关的材料管理责任人员，凡是能考核其投入产出比或节约率的，都应定期考核实际达成与目标值的差异。

1. 对于车间主任、班组长、工艺管理员等人员，可根据材料消耗定额达成率、在制品周转率等指标进行考核。

2. 对于生产一线的操作工人，可根据产品一次性合格率、因操作失误造成材料损失的金额等指标进行考核。

3. 针对现场领发料员，可根据错料次数、领料延误造成停工待料造成的损失、材料因保管不善造成损失的金额、现场应退库材料超期未退仓库的次数等指标进行考核。

4.1.7 材料使用成本控制方案

对材料使用成本的控制主要包括事前做好定额或计划管理工作、事中做好领取或分发控制及记录工作、事后做好纠偏改进与考核工作。下面给出某企业的材料使用成本控制方案，供读者参考。

材料使用成本控制方案

一、目的

为了对生产现场的材料使用成本进行有计划、合理的控制，为现场管理人员及作业人员的成本控制工作提供指导，特制定本方案。

二、相关定义

1. 材料成本控制，是指针对车间、工段、班组生产活动所需的材料，进行有计划地准备和合理地使用，并进行协调和控制，以达到合理生产、迅速生产的目的。

2. 生产材料，主要包括主要原材料与辅助用材料。

（1）主要原材料，是指直接构成基本产品实体的材料，其使用量与产品的产量成正比，通常记入物料清单（BOM）内。

（2）辅助用材料，是指在产品的生产过程中起辅助作用但不构成产品主要实体的消耗性材料，包括焊接类、油漆类、油脂类、溶剂类、胶水类、防护类材料等。

三、材料使用成本控制职责与分工

1. 车间材料使用成本的日常控制，一般由车间材料核算员负责。车间材料核算员主要负责收集材料，分析对比，追踪原因，并会同有关部门和人员提出改进措施。

2. 车间工艺员和质量检查员要监督按图纸、工艺、工装要求进行操作，实行首件检查，防止成批报废。

3. 车间设备员要按工艺规程规定的要求监督设备维修和使用情况，只要不符合要求就不能开工生产。

4. 仓储管理部材料员要按规定的品种、规格、材质实行限额发料，监督领料、补料、退料等规章制度的执行情况。

5. 生产调度人员要控制生产批量，保证作业人员合理下料、合理用料，监督定额标准的执行情况。

四、材料使用成本的事前控制

（一）改进产品设计，采用先进生产工艺

1. 产品研发人员应以市场为导向做好产品的定位、市场份额、市场占有区域、远近期销售情况做出详细的调研和分析，并在此基础上开展产品设计工作。

2. 在产品设计阶段即对产品成本进行有效的估算、预测，通过对新旧产品所耗用的材料进行对比，确定改进空间。

3. 引进目标成本（可允许成本）的概念，加强新产品开发成本分析工作。在设计或改进产品的过程中，研发人员应以目标成本为控制上限，选用最适当的原材料而非最昂贵的原材料来实现产品的开发与生产。

4. 产品研发部应建立材料价格、劳动定额等动态成本信息库，这是产品使用成本在设计阶段即得以控制的信息基础。

5. 产品研发人员应制定合理的工艺方案，不断改进生产工艺，这是材料使用成本得以控制的关键。

（二）制定材料消耗标准

1. 材料消耗标准的制定，是材料使用成本控制工作所依据的标准之一。材料消耗标准的制定工作，主要由工程技术部负责。

2. 技术人员根据"工艺路线表"，计算出产品零部件、原材料消耗定额，并编制成标准的技术文件，然后交工艺室下发给各车间及物资供应部等部门。

3. 物资供应部根据定额数量组织零部件、原材料的采购工作。

（三）加强材料使用计划的管理

1. 根据材料消耗定额及其采购规定，计算出一个生产计划期内的材料需用量，从而制订出合理、有适当弹性的物料使用计划。

2. 根据每一个具体产品品种的生产作业任务、每一类材料的消耗定额（主要原材料为工艺消耗定额）来计算材料需用量，计算方法包括直接计算法和间接计算法两种。

（1）直接计算法

直接计算法，即根据生产计划任务和材料消耗定额直接确定材料需用量的方法，计算公式如下。

某种材料需用量 =（计划产量 + 技术上不可避免的废品数量）×单位产品该材料消耗定额 - 计划回用的该种材料的废品数量

某种辅助材料需用量 =（计划产量 + 技术上不可避免的废品数量）×单位产品该材料消耗定额

（2）间接计算法

间接计算法，即按一定的比例或系数，估算材料需用量的方法。主要适用于某些不便制定消耗定额或消耗量不大的辅助材料。计算公式如下。

$$某种辅助材料需用量 = \frac{上期实际消耗量}{上期实际产量} \times 本期计划产量 \times （1 - 可能降低消耗的百分比）$$

五、材料使用成本的事中控制

（一）加强班组领料的控制

1. 以材料消耗定额和生产作业计划为依据，确定月度领用的材料限额。

2. 班组领料时，须经领料员按规定的规格和标准核实比对后，方可到仓库提取。

3. 如班组因发生废品、零部件丢失等原因，需要超过限额领用材料时，需先查明原因，经审查过后，才能超额补领材料，尤其是那些耗用量较大、单位价值较高的材料。

4. 领料时，还应执行"交旧领新"的规定，以便及时回收散落在现场的材料，做好旧品翻新、废品再利用工作。

（二）正确选材

1. 所选材料的品种、规格和材质，必须符合产品技术标准，并具有良好的工艺性。

2. 在不影响产品质量的前提下，可采用合适的材料或质优价廉的新型材料。

（三）合理下料，节约用料

1. 生产线上耗用原材料、辅助材料时，必须坚持"生产与节约并重"、"按定额用料"等原则，减少料头、料尾损耗，注意节约和合理利用材料，从而提高材料的利用率。

2. 下料时，要尽可能采用集中下料、精密排料、大小搭配、长短交叉、先大后小等方法，尽量减少边角料，直至无法利用为止。

3. 对生产线上产生的边角料、废料，应分类堆放，做好"变一用为多用、变小用为大用、变无用为有用"工作。

（四）加强作业品质的控制，减少因作业品质造成的损失

1. 提高作业品质，降低废次品率、不良品率，增加优质品，尽量延长产品的使用寿命。

2. 采用先进工艺和设备，进行技术革新，提高工效，节约工时，降低材料消耗定额、工时定额。

六、材料使用成本的事后控制

（一）及时纠正偏差

对材料使用成本的实际发生额与材料目标成本进行比较，寻找差异，并分析差异产生的原因，查明责任者，根据轻重缓急，提出改进措施。对于重大差异专案的纠正，一般采用下列程序。

1. 提出课题

（1）逐项分析各种材料的使用成本，并与目标成本进行比较，填写"材料目标成本执行情况检查表"（如下表所示），以便从使用成本超支的材料中提出材料成本改善课题。

（2）提出改善课题时，要说明提出课题的目的、内容、理由、依据和预期达到的经济效益。

材料目标成本执行情况检查表

产品名称：　　　　　　　　　　　　　　　　　填写日期：＿＿＿年＿＿＿月＿＿＿日

材料名称	单位	消耗定额	实际消耗			增减金额	差异原因分析
原材料	吨		单耗	单价	实际成本		
其中：A材料							
B材料							
C材料							
辅助材料	元						
其中：甲材料							
乙材料							
丙材料							

2. 讨论和决策

在选定改善课题后，改善小组应发动有关部门和人员进行广泛的研究和讨论。对于一些重大的课题，可能要提出多种解决方案，开展各种方案的对比分析后，从中选出最优方案。

3. 确定改善方案推行的方法、步骤及负责执行的部门与人员。

4. 贯彻执行确定的改善方案

在改善进行过程中，改善小组要及时进行监督检查，并于改善方案推行后，检查该方案的经济效益，衡量是否达到了预期的目标。

（二）加强相关人员的责任考核

车间和车间内有关的成本控制责任单位（责任点），凡是能考核其投入产出比的，都应定期考核实际投料量与应投料量的差异。

4.1.8　呆滞料处置控制方案

呆滞料是指质量（或形式、规格、材质、效能）不合标准，存储超过规定时间已无使用机会，或虽有使用机会但用料极少、存量过多且有变质可能，或因陈腐劣化、技术革新等现状已不符合使用标准而待处理的物料。

从上述定义来看，提升材料管理水平，防止呆滞料的产生，并于呆滞料产生时做好善后处理工作，对企业控制材料成本异常重要。下面给出某企业的呆滞料处置控制方案，供读者参考。

呆滞料处置控制方案

一、方案规划

（一）目的

为有效推动公司生产现场、仓库产生的呆滞料的处理工作，实现料尽其用，提高仓库储存能力和利用率，减少资金积压，特制定本方案。

（二）呆滞料产生的原因

呆滞料产生的原因包括但不限于以下八个方面。

1. 产品物料清单（BOM）偏高导致储存的物料过剩。

2. 订单取消剩余的物料。

3. 工艺变更剩余的物料。

4. 质量（形式、规格、材料、性能）不合标准的物料。

5. 仓储管理不善导致物料本身陈腐、劣化、变质。

6. 用料预算大于实际耗用量造成的多余物料。

7. 因申购不当造成的剩余物料。

8. 试验材料。

（三）适用范围

本方案适用于原材料、包装物、低值品、半成品、在制品及成品呆滞料的处理工作。

二、相关呆滞料管控部门的职责

（一）生产部的职责

负责定期对车间的物料进行盘点、清理、退库工作，同时配合呆滞料的返工返修工作。

（二）质量管理部的职责

负责呆滞料质量的判定工作，判定结果可分为合格和不合格等。

（三）技术部的职责

1. 及时进行技术变更通知与指导，以防产生呆滞料。

因产品变更、产品停产、产品优化而引起的技术变更（包括更改原材料、改模、改版本、改外构件、品质变更、成本优化等引起的变更），技术部应在变更发生后一天内通知生产部并给予相关指导，以防止呆滞料的产生。

2. 对已产生的呆滞料提出处理意见

对已造成呆滞料情况发生的，应提出相应的处理意见。

3. 判定呆滞料处置方式

负责呆滞料处置方式的判定工作，判定的结果可分为返工返修、报废和回收利用等。

（四）物控部的职责

1. 负责生产经营过程中呆滞料产生的预防控制工作。

2. 负责提出呆滞料处理申请，询证、判定呆滞料产生的原因。

3. 对呆滞料的产生，负责组织相关部门进行评审工作，将评审结果提交到相关部门进行处理，并对评审工作做出文字报告上报公司领导。

4. 对需返修返工的呆滞料，下达返修工单指令。

（五）物料仓库的职责

1. 负责呆滞料的接收、储存管理工作。

2. 负责提供"呆滞料清单"。

3. 负责配合相关部门做好呆滞料处置工作，包括可回收利用的呆滞料的更换以及委外加工的物料产生的呆滞料返工返修、退换等联系工作。

（六）行政管理部的职责

1. 负责呆滞料的变卖、遗弃等处理工作。

2. 负责建立可变卖和不可变卖的废品池，并在接到报废通知起两周内按环保体系的要求处理废品。

三、呆滞料处置控制程序

1. 公司每月组织一次呆滞料处置的清理、评审工作。

2. 在规定的清理日期，物料仓库及时向物控部提供生产现场及仓库产生的"呆滞料清单"（如下表所示）。

呆滞料清单

编号：　　　　　　　　　　　　　　　　　　　　日期：___年___月___日

项次	物料名称	编号	料别	数量	原单价	原价值	处置方式	备注

审核：　　　　　　　　　　　　　　　制表：

3. 物控部接到清单后提出处理申请，填写"呆滞料处置申请表"（如下表所示），并组织相关部门进行呆滞料处置评审工作，相关部门提出处理意见。

呆滞料处置申请表

编号：　　　　　　　　申请部门：　　　　　　　　日期：＿＿＿年＿＿＿月＿＿＿日

项次	品名	料号/规格	单位	数量	存放地点	原因	账面价值		鉴定意见
							单价	总价	
1									
2									
3									
...									
合计									

批准：　　　　　　　　主管：　　　　　　　　申请：

4. 质量管理部及技术部对提报的"呆滞料清单"及"呆滞料处置申请表"在两个工作日内进行判定，给出评审意见，并提供《呆滞料处理报告》。

5. 评审意见完成后，物料仓库将《呆滞料处理报告》提交到财务部，财务部提出审核意见并报送总经理审批。

6. 物控部在收到审批意见后对呆滞料进行处理。对报废的呆滞料，通知行政部处理；对可回收利用的呆滞料，通知物料仓库办理入库手续；对需返工、返修的呆滞料，则向生产部下达返工返修单指令。

7. 物料仓库配合呆滞料现场处理工作。

8. 行政部、物料仓库、生产部在接到物控部通知或相应指令后，按照规定的职责执行。

9. 物控部对该月的呆滞料处理工作进行小结，并上报公司领导。

4.1.9　低值易耗品控制方案

低值易耗品是产品材料成本的一个组成部分，因其单件产品的价值低廉，往往容易被人忽略，但低值易耗品积累到一定阶段，所产生的成本也十分惊人，尤其对于利润率本来就比较低的产品。所以，控制低值易耗品的成本也是控制产品生产成本的一项重要任务。下面给出某企业的低值易耗品控制方案，供读者参考。

低值易耗品控制方案

一、低值易耗品的定义

本方案中的低值易耗品主要是指在生产中单项价值不超过 500 元人民币、使用年限在一年以下、无法记入固定资产的劳动用具，如生产工具、生产用具等。

二、低值易耗品管理职责与分工

（一）技术部的职责

1. 确定低值易耗品的使用期限。

2. 确定低值易耗品的使用数量。

3. 制定相关低值易耗品的使用规范并编制成文件下发给相关部门。

（二）生产部的职责

1. 确定低值易耗品的相关负责人。

2. 汇总、分析低值易耗品的消耗资料，制定相关的改善措施。

3. 编制低值易耗品的需求计划。

（三）生产车间的职责

1. 管理好属于车间的低值易耗品。

2. 定期检查各生产班组或人员的低值易耗品的完整度。

3. 定期向生产部汇总车间低值易耗品的消耗状况。

（四）仓储部的职责

1. 确定低值易耗品合理的仓储水平，避免挤占仓储资金。

2. 编制低值易耗品的相关仓储账簿，做到账物相符。

3. 定期编制低值易耗品的仓储状况，送交相关部门。

4. 严格按低值易耗品的相关程序进行收货、发放。

（五）采购部的职责

1. 编制合理的低值易耗品的采购计划。

2. 控制低值易耗品的采购价格与采购数量。

三、低值易耗品控制措施

（一）推行负责人制

公司在管理低值易耗品时可推行负责人制，即将每一件低值易耗品承包给相应的责任人，由其进行使用、维护与管理，防止出现因无人负责造成低值易耗品"有人用、没人管"的现象，增加成本支出。具体措施如下。

1. 制定低值易耗品的负责人时要本着"谁使用、谁负责"的原则。

2. 低值易耗品相关责任人的具体指派要求如下。

（1）生产人员使用的低值易耗品的责任人为该项低值易耗品的使用人。

（2）生产班组使用的低值易耗品的责任人为班组长。

（3）生产车间共用的低值易耗品的责任人为车间主任或由车间主任指定专人负责。

（4）各个车间之间共用低值易耗品的责任人由生产部进行指派。

3. 各相关指定负责人负责低值易耗品的使用、管理、保养等相关事项，若损坏由责任人承担主要责任。

（二）确定低值易耗品的使用期限及数量

公司应确定低值易耗品的使用期限和使用数量，控制低值易耗品的使用情况，防止无限制的领用和发放，增加其采购成本。具体办法如下。

1. 技术部应收集相关资料确定低值易耗品的使用期限和数量，具体资料包括以下三个方面。

（1）产品的工艺流程。

（2）产品的质量、生产等方面的操作规范与工作标准。

（3）低值易耗品消耗的历史记录。

2. 技术部应根据相关流程确定相关低值易耗品的使用规范及使用中的注意事项，尽量延长低值易耗品的使用寿命。

3. 技术部应制定合格低值易耗品的性能、外观尺寸、功能等要求。

4. 技术部将上述1、2、3条措施中的具体内容编制成文件资料下发给相关部门。

（三）建立低值易耗品的相关记录

公司应建立低值易耗品的相关记录，在低值易耗品成本过高时可依据详尽的记录分析原因，并制定改善的措施，具体内容如下。

1. 生产部根据车间、班组、个人的归属关系将其各自保管的低值易耗品进行归属造册，其内容应详细记录每件低值易耗品的名称、规格、数量、单价、领用时间、保管负责人等内容。

2. 车间建立低值易耗品的消耗报表，定期进行统计，记录低值易耗品消耗的详细状况，上报生产部。

3. 各低值易耗品的负责人领取新的低值易耗品时，生产部的低值易耗品记录应及时添加、更新。

4. 仓库管理人员应详细记录低值易耗品的到货、发放情况，并定期盘点，确保低值易耗品的账物相符。

（四）控制低值易耗品的领取、发放

生产车间应严格控制低值易耗品的领取、发放工作，禁止低值易耗品的随意领取与滥发，造成低值易耗品的成本上升。具体措施如下。

1. 生产车间应由专人负责低值易耗品的统一、管理等工作。

（1）各生产车间需要指定专人负责低值易耗品的领取、发放工作，并将指定人员的名字上报给生产部，由生产部进行备案后转交仓库进行备案。

（2）除指定的专人外，其他人员禁止到仓库领取，同时仓库也不得给指定专人以外的人员发放低值易耗品。

2. 低值易耗品的非正常领取

（1）相关人员应核定低值易耗品的使用寿命，在其核定的使用期限前，低值易耗品的责任人不得领取这些低值易耗品。

（2）确因实际情况需要领取低值易耗品时，其责任人需要填制"申领单"，详细说明申领缘由，经车间主任签字后，交指定的领料人员去领取。

（3）在低值易耗品的使用期限到期前领取低值易耗品时，其责任人应根据申领缘由支付低值易耗品价值的30%~100%，款项从低值易耗品负责人的月工资中扣除。

3. 低值易耗品的领取执行"以旧换新"的规定。

相关人员在领取低值易耗品时，必须拿旧的低值易耗品换取新的低值易耗品，若无旧的低值易耗品，需要详细说明理由，并由所在车间的车间主任签字证明，否则一律不发送新的低值易耗品。

（五）控制低值易耗品的使用情况

公司需要控制低值易耗品的使用情况，防止因使用不当造成低值易耗品的损坏，增加其费用支出。具体措施如下。

1. 低值易耗品的使用注意事项应制作成管理看板，置于相关责任人的附近。

2. 生产车间的管理人员应经常进行巡视，监督、指导相关低值易耗品的使用情况，及时纠正不正确的低值易耗品使用行为。

3. 生产车间的管理人员应定期检查各相关负责人对低值易耗品的管理情况，发现损坏后要求各负责人及时申领，必要时可要求质量管理部协助鉴定低值易耗品的损耗程度。

（六）控制低值易耗品的采购价格及数量

1. 采购部应根据低值易耗品的需求及数量确定合理的采购数量与采购批次，节省低值易耗品的采购费用，降低其成本。

2. 采购部在采购低值易耗品时应货比三家，有详细的询价记录，经总经理审批后方可进行采购。

4.2　直接人工成本

4.2.1　工时定额管理流程

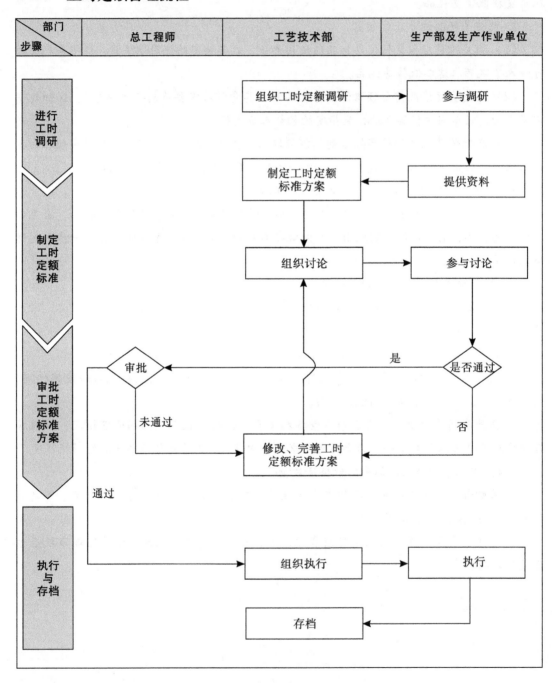

4.2.2 劳动定员定额管理办法

加强企业的劳动定员管理与工时定额管理，有利于充分利用现有的劳动生产力，提升生产效率，是企业节约直接人工成本的间接措施之一。下面给出某企业的劳动定员定额管理办法，供读者参考。

劳动定员定额管理办法

第1章 总则

第1条 目的

为加强本公司的劳动定员管理与工时定额管理，充分发挥劳动定员与工时定额对生产车间管理的重要作用，提高劳动生产率和经济效益，特制定本办法。

第2条 劳动定员与工时定额的相关定义

1. 劳动定员是指承担生产任务的某一岗位所需要的人数。

2. 工时定额是指组织生产过程中用来衡量人员工时消耗量的具体标准和尺度。

第3条 劳动定员与工时定额的管理职责

1. 公司对劳动定员定额工作实行统一领导，人力资源部及生产管理部负责定员定额的综合管理工作。

2. 生产管理部的主要职责是贯彻执行人力资源部有关定员定额的工作政策，制定生产车间的定员定额，并负责监督定员定额政策在生产车间的应用与执行情况。

3. 为更好地执行定员定额政策，生产管理部特设工时定额员，主要负责统计工时的消耗情况，处理各类工时问题。

第2章 劳动定员与工时定额的一般规定

第4条 要运用先进科学的工作方法和手段，提高劳动定员定额的科学性和准确性。凡是能计算和考核工作量的班组或人员都要有先进合理的劳动定额，实行定额管理。

第5条 凡是属于正常生产经营活动所需要的各类人员，都属于劳动定员的范围，包括工人、学徒、管理人员、工程技术人员、服务人员及其他人员。

第6条 公司生产部及各生产车间要按照定员定额标准配备人员，做到按定员定额的标准组织生产，力求达到高效、满负荷的生产目的。

第7条 根据生产或工作任务发生变化的情况，生产部及各生产车间每年对本部门的定员人数进行一次核定，并将核定结果报人力资源部。

第8条 劳动定员与工时定额工作要同劳动制度的改革、劳动组织的调整、员工工作的调配相结合。

第9条 人力资源部及生产管理部要对各车间定员定额工作的落实情况进行监督检查，了解情况，解决问题，总结经验，深入推进。

第10条 生产部及各生产车间要加强领导、精心组织，密切配合定员定额工作，把公司的定员定额工作持久地开展下去。

第3章　工时定额在车间的应用与执行

第11条　生产部及各生产车间要建立健全相应的定员定额管理细则，做好定员定额的原始记录和统计分析工作，不断改进和加强定员定额管理工作。

第12条　每周一、三、五下午下班后，工时定额员利用半小时的时间，处理发生的各类工时问题，做到日事日清，当天的工时问题必须当天处理完毕。

第13条　处理各类工时问题时，各类工艺图纸（草图）须由工艺人员签字。任何人不得阻碍工时定额员执行公司制定的工时定额标准。

第14条　对于工艺卡上的原始工时定额，任何人不得更改。若需增加工时定额，需由工时定额员开出"工时追加单"，追加单上必须有生产部经理、技术部经理的签字，检验盖章方为有效。

1. 材料过大需粗加工而增加工时，内部材料的粗加工由粗加工班的班组长出具证明，外进材料的粗加工以质检部门的"进料验收单"为准，定额员方可追加工时。

2. 对于模具装配过程中发生的零件配合加工，装配人员应提供较精确的数据，并交由生产调度员、班组长开出工票，配画简图或标注基本尺寸，定额员制定工时。

第15条　若一道工序由两个岗位来完成，工时拆分由两个岗位的当事人自己商定，定额员不参与分工时。

第16条　上道工序必须为下道工序负责

上道工序如未达到图纸加工要求或工序产成品不符合工艺要求，也未进行返修，即转下道工序，使下道工序增加工作难度，增加工作量，或需其他工序加工挽救，因此而增加的工时（增加的工时＝下道工序加工实际工时－下工序原工时）由上道工序负责，开工票人员记录在工票上，月底由车间核算员直接将工时划拨至上道工序。定额员不参与工时的处理。

第17条　报废零件再制，必须有质检部门的"处理意见单"，并做到图纸、工艺齐全，方可制定工时定额。有经理、技术人员确定为技术攻关零件的除外。

第18条　定额员对要求增加工时的人员进行登记，月底复核增加工时人员的出勤、加班、停机时间等情况，如有总工时超出总劳动量部分，定额员将超出部分减去，且不再通知本人。

第19条　定额员照章执行工时定额标准时，对于个别人员提出的无理要求，应呈报相关主管人员。对情节严重者，视情况下浮1～3个月的岗位津贴。

第20条　所有人员都应支持、监督定额员的工作，如发现定额员违规，可直接向定额员本人指出或向主管领导汇报。

第21条　每月25日为实际耗用工时上报时间，车间核算员负责收取每个人的工票。

1. 每张工票必须填写齐全，且有检验合格章（非零件加工工票除外），当月工时当月报，隔月作废。

2. 工票不得随意涂改、转借，否则视为废票。

第22条　若规定的手续不齐全，定额员有权不定定额，若定了为失职；若手续齐全，定额员仍不定定额的，为严重失职，并将追究其责任。

第4章　附则

第23条　本办法原则上一年修订一次，但下列两种情况除外。

1. 因生产条件的变化对定员定额标准影响较大时，应适时地给予修订。

2. 对于采用新技术、新设备，在生产基本正常以后，应及时制定新的定员定额标准。

第24条　本办法解释权归人力资源部，报公司总经理审批后执行。其修订、废止时亦同。

第25条　本办法自发布之日起实行。

4.2.3　直接人工成本控制方案

下面给出某企业的直接人工成本控制方案，供读者参考。

直接人工成本控制方案

一、目的

为加强直接人工成本的控制与管理，严格执行公司制定的工时定额管理规定，特制定本方案。

二、直接人工成本的定义

直接人工成本，是指能归属于成本对象（已完工的或在制造中的）并且能通过经济、简便的方法追溯到成本对象的全部制造人工的补偿，主要包括员工工资总额、社会保险费用、住房公积金、员工福利费用、员工教育经费、劳动保护费用、工会经费等。

三、制定直接人工标准成本

制定直接人工标准成本的步骤如下。

1. 区分各种直接作业的种类。

2. 确定生产单位产品需要的工时定额和单位工时的工资（标准工资率）。

3. 将二者相乘即得到直接人工标准成本，其计算公式如下。

$$直接人工标准成本 = 工时定额 \times 标准工资率$$

（1）工时定额

工时定额，即直接人工的"用量"标准，又称为人工工时标准，是指在现有生产技术条件下，生产单位产品所需的工时，包括产品加工时间、必要的间歇时间和不可避免废品的工时。

工时定额主要由生产技术部门和人力资源部主持制定，一般按照产品的生产工序，以时间、动作研究为基础计算确定，并按产品汇总。以百件产品为计算单位，所耗的工时定额可依"每百件产品工时定额表"的样式（具体如下表所示）编制定额文件。

每百件产品工时定额表

产品名称			型号/规格	
工序（岗位）名称	定员人数	工价	每件产品工时定额	每百件产品工时定额

审批人： 　　　　　　　　　　　　　　　　制表人：

（2）标准工资率

标准工资率，指的是直接人工的"价格"标准，即每小时支付的工资额。本公司主要采用月工资制和周工资制两种制度，可按照标准工资和用工总量，计算出标准工资率。

四、直接人工标准成本的执行

直接人工标准成本的执行就是根据该标准，从人员数量、产品工时消耗和工资水平三个方面控制人工成本的支出，保证成本计划的实现。

1. 人员数量的控制措施是正确制定和执行编制定员。

2. 产品工时消耗的控制措施是采取技术组织措施，提高劳动生产率，降低单位产品的工时消耗。

3. 工资水平的控制措施是严格执行人力资源和社会保障部关于员工工资、劳保福利费用的规定，认真控制本公司员工工资水平，正确计算员工工资，合理控制加班加点津贴的发放情况。

上述三项措施相辅相成，其实施效果相互影响。

五、检查直接人工标准成本的执行情况

对直接人工标准成本执行情况的检查，也就是检查直接人工费用是否仍存在改善的空间，具体检查内容如下表所示。

直接人工费用检查表

检查人员： 　　　　　　　　　　　　　　检查日期：＿＿＿年＿＿＿月＿＿＿日

检查项目	检查要点	选项		备注	检查项目	检查要点	选项		备注
		是	否				是	否	
生产计划与管理	对经营方针是否彻底了解				成本意识和态度	是否严格检查无故缺勤、迟到、早退的情况			
	是否拟订月生产目标								
	人性化的预测和计划，是否确实拟订					提高生产力的成果是否告诉全体人员			

（续表）

检查项目	检查要点	选项 是	否	备注	检查项目	检查要点	选项 是	否	备注
生产计划与管理	是否拟订将无效时间降至最少的工程计划				教育和能力开发	各单位的负责人选用是否合适			
	每天的作业计划是否明确					是否进行能力开发训练			
	用 ABC 法进行人工成本管理					是否经常做技术开发			
	是否设定标准时间					有关动作经济，有无对从业人员做充分的教育			
改善	作业工程是否很适当								
	是否做好工厂配置，将人工搬运减至最少					有没有人做了寄生虫式作业，或是浮报式作业			
	是否进行节省人力的机械化与自动化					作业人员对于技能测试等，有无自我启发			
	是否提高活性指数，将装卸货搬运的时间减至最小				工资薪酬	与同业其他公司比较，薪资水平是否偏高			
	是否以工作的过滤器来排定重要性的顺位					工资是否与工作相适合			
	是否按照动作经济的原则设定作业区域					是否有能力差、意愿低的员工在贪图高薪			
	是否做动作分析，从而确定标准作业					是否存在工人因为工资低而失去干劲的情况			
	是否用其他器具等方法将单手作业改成双手作业					从业人员是否充分了解自己的日薪、时薪			
	是否尽量采用钻具					对于目标的达成情况，是否设置了奖惩制度			
	工具的配置是否适当				人工成本制度执行情况	有无降低成本的负责人			
	是否用心找出不必要的工程					是否设有成本降低目标			
	是否利用作业抽样来调查实际作业率					工人的安排是否符合"适才适用"的原则			
	是否充分利用时间和空间					职务分配是否做得合理			
	是否有改善作业的提案制度					劳动力的用法有无错误			

（续表）

检查项目	检查要点	选项是	选项否	备注	检查项目	检查要点	选项是	选项否	备注
成本意识和态度	是否重视计数值				组织管理情况	质量检查是否有制度化			
	是否比较外包和内制的成本					对于生产结果，班组长是否有正确的把握			
	是否用心去发觉多余的能力					是否成为士气高昂、精神状态良好的团队			
	是否对从业人员做过工作意识的调查								

六、直接人工成本差异的分析

通过核算直接人工成本总额与直接人工标准成本的差额，分析差异的程度和性质，找出差异的原因和责任，据此提出改进措施以消除差异，考核各车间人工成本指标执行的情况。

实际达成的直接人工成本与直接人工标准成本之间的差额形成工资成本差异。与直接人工标准成本的构成相似，工资成本差异也由"量差"和"价差"两部分构成。

1. 工资成本的"量差"是指由于实际使用的工时脱离标准而形成的差异，称"工资效率差异"。其计算公式为：工资效率差异 =（实际工时 – 标准工时）×标准工资率。

2. 工资成本的"价差"是指由于实际小时工资率脱离标准成本而形成的差异，称"工资率差异"。其计算公式为：工资率差异 = 实际工时 ×（实际工资率 – 标准工资率）。

七、降低直接人工成本的管理措施

1. 经过系统性分析，从产品设计阶段直至生产作业过程，每一环节都应考虑降低直接人工成本的可能性和办法，具体指引如下表所示。

降低直接人工成本各环节指引

着眼点	管理办法
1. 在设计阶段达成加工方法的标准化与通用化	（1）尽量设计标准化与通用化的产品 （2）价值工程（VE）管理
2. 在生产计划阶段，谋求加工方法的不断改善	（1）生产设计 （2）设定目标基准、作业标准等
3. 在生产计划阶段，研究如何缩短生产所需要的时间与每一生产过程的期间	（1）生产计划与产品组合计划 （2）拟订生产日程或预计进度 （3）分批数量的计算与负荷的调整
4. 通过作业分配及作业过程的控制来提高作业效率	工业工程（IE）管理

（续表）

着眼点	管理办法
5. 透过作业方法与厂房布置等作业改善来减少工时与生产停滞状态	（1）作业改善 （2）程序改进 （3）搬运管理 （4）尽量实现机械化
6. 防止出现作业等待与操作停止等情况	设备管理（预防维护）
7. 通过产量的提高、不良品的减少来降低单位成本	（1）加强质量检查与控制 （2）实验计划法
8. 通过提升员工的工作意愿来提高生产效率，通过提高员工的正确操作率来降低成本	（1）教育训练 （2）适性配置（适才适岗）

2. 科学、合理地开展生产作业分配，力求使操作人员没有空闲时间，将员工的全部潜能发挥出来。

3. 购进机械设备，提高车间机械化作业程度，以降低直接人工成本。需要注意的是，机械设备虽可节省大量的人工费用，但因设备投资所增加的折旧费、占用资金的成本以及大量生产引起的价格下降等因素，在引进机械设备时，需要做投资分析，衡量设备的投资效率。

4. 建立机器预防保养制度，不断推进技术改造，提高现有设备的工艺状态。

4.2.4 生产人员绩效工资考核方案

生产人员的工资是直接人工成本的重要组成部分，既有利于提升生产人员的工作积极性，也有利于控制企业直接人工成本的水平。下面给出某企业的生产人员绩效工资考核方案，以固定工资（包括岗位工资、津贴、补助等）、浮动工资相结合的方式说明生产人员绩效工资的控制办法，供读者参考。

生产人员绩效工资考核方案

一、目的

为进一步提高公司生产效率，调动生产人员积极性，有效控制公司生产人员的绩效工资水平，从而控制直接人工成本乃至生产成本，提高公司的利润水平和经营效益，特制定本方案。

二、相关说明

（一）公司生产人员绩效工资结构

本公司生产人员绩效工资的构成如下表所示。

公司生产人员绩效工资结构表

生产人员绩效工资构成		所占比例
固定工资	岗位工资	60%
	补助、津贴	
浮动工资	浮动工资＝定额浮动工资×工时完成率×品质系数×调整系数	40%

（二）固定工资的定义

固定工资是指为了保证员工生活必需的支出，根据员工的学历、技能等因素确定的、相对固定的工作报酬。固定工资一般包括岗位工资、补助、津贴等。

（三）浮动工资的定义

浮动工资是指生产人员的工资报酬中不是固定不变的那一部分。浮动工资的直接依据是公司的定额工资水平、生产人员的工作绩效以及公司的经济效益状况。

三、适用范围

本方案适用于对公司生产人员（生产一线作业人员、车间生产管理人员）的绩效工资控制。

四、职责分工

绩效工资的核算由人力资源部负责，经总经理核准后呈送财务部。

五、岗位工资控制

岗位工资是指以岗位责任、劳动强度、工作技能、工作环境等评价要素确定的岗位系数支付报酬的工资形式。为控制岗位工资，公司须明确规定各岗位的工资标准，并根据实际情况制定合理的生产人员晋升、转岗机制。

（一）岗位工资分类标准

1. 定期进行工作分析（包括对责任、劳动强度、技能、工作环境等的分析），编制并更新《岗位说明书》，为岗位定级和制定不同的岗位工资标准提供依据。

2. 公司按照各岗位的等级制定不同的岗位工资，具体请参照下表。

公司生产人员岗位工资标准表

岗位 ＼ 固定工资	岗位工资	午餐补助	交通补助
初级工	800 元	8 元/工作日	无
中级工	1 000 元	8 元/工作日	无
高级工（含班组长等技术骨干）	1 200 元	8 元/工作日	无
生产后勤人员	800 元	8 元/工作日	无
车间主任	1 500 元	10 元/工作日	50 元/月
备注	试用期员工享有与所在岗位正式员工同等的固定工资待遇		

（二）生产人员岗位晋升流程控制

1. 车间一线生产人员晋升申请须由车间主任提报生产部经理审批签字后交人力资源部备案。

2. 车间生产管理人员的晋升申请须由生产部经理提报人力资源部备案。

3. 人力资源部协同生产部进行内部晋升培训。

4. 人力资源部组织对晋升人员进行考核。

5. 生产部经理、人力资源部经理对考核结果进行审核，并填写晋升意见。

6. 人力资源部负责人报公司总经理审批签字后发布"人事调动通知单"并张贴公告。

六、津贴控制

津贴是指企业补偿员工在特殊条件下的劳动消耗及生活费额外支出的工资补充形式。根据实际情况，本公司规定的生产人员津贴主要有住房津贴、夜班津贴、高温津贴等。

（一）住房津贴控制

1. 住房津贴适用于在公司住宅、宿舍及公司提供的其他设施以外居住的公司正式员工。

2. 住房津贴连同员工工资一同按月发放，其发放标准如下表所示。

住房津贴发放标准表

员工类别		津贴给付标准		
本人是户主	有抚养家属	租借房屋	每月津贴_____元	
		自有房屋	每月津贴_____元	
	无抚养家属（单身）	租借房屋	每月津贴_____元	
		自有房屋	每月津贴_____元	
本人不是户主	所抚养家属是户主时	自有房屋	每月津贴_____元	
	所抚养家属不是户主时	租借房屋	每月津贴_____元	
		自有房屋	每月津贴_____元	
	无抚养家属	租借房屋	每月津贴_____元	
		自有房屋	每月津贴_____元	
购建私房津贴	本人是户主	有抚养家属者	以_____元为限	
		无抚养家属者	以_____元为限	
	本人不是户主	有抚养家属者	以_____元为限	
		无抚养家属者	以_____元为限	

（二）夜班津贴控制

1. 夜班津贴适用于公司夜勤值班的正式生产人员。

2. 车间核算员填写"生产人员夜班津贴申请单"（如下表所示），经车间主任确认后交生产部经理审批签字。

生产人员夜班津贴申请单

申请时间：____年____月____日

车间	作业类别	员工编号	员工姓名	工作时数（小时）	夜班津贴（元）
一车间					
二车间					
总计					

生产部经理：　　　　　　　　　　　　　　　　　　　　申请人：

3. 经生产部经理审批通过后，车间核算员报人力资源部备案。

4. 人力资源部核对"夜班值勤表"和"夜勤津贴申请单"无误后，按月同员工工资发放夜班津贴。

5. "夜班值勤表"和"夜勤津贴申请单"核对有误时，人力资源部需及时确认，找出原因并解决。

（三）高温津贴控制

针对公司需高温作业的生产人员，公司提供高温津贴。

1. 高温津贴适用于高温作业的生产人员（具体岗位名称略）。

2. 发放标准。高温作业时间越长，其津贴越多，具体津贴标准请参照下表。

生产人员高温津贴标准表

工作环境	高温津贴标准
每天在高温环境下工作0~2小时（不包括2小时）	每人每月____元
每天在高温环境下工作2~4小时（不包括4小时）	每人每月____元
每天在高温环境下工作超过4小时	每人每月____元

3. 发放形式。高温津贴随员工工资按月发放。

七、补助控制

公司对生产人员的工资补助包括午餐补助和交通补助两种形式。补助按月随其工资发放。

1. 午餐补助

公司除车间主任以外的其他生产人员的餐补是每个工作日8元，车间主任餐补为每个工作日 10 元。人力资源部按考勤周期计算考勤周期内工作日数，从而得出每月各生产人员的餐补总额。

2. 交通补助

车间主任每月享有固定交通补助 50 元，随工资发放。

八、生产人员浮动工资控制

（一）定额浮动工资的确定

定额浮动工资是由人力资源部按工种、岗位等因素而确定的一个常数，相同岗位、相同工种、相同技能的人员，其定额浮动工资是相同的。定额浮动工资的限额根据公司的经营销售状况进行调整，调整幅度由公司高层决策人员集体讨论决定。

（二）工时完成率的计算

1. 工时完成率以各生产部门"生产工时月报表"上记载的数据为基准，工时完成率的计算公式如下：工时完成率 ＝ 实际完成工时 ÷ 制度工时 ×100%。

2. 车间核算员每天公布生产车间前一日每位生产人员的工时数，由车间主任签批后于当天公示张贴。

（三）品质系数的确定

生产人员品质系数为质检部根据送检产品检验结果而评定的系数，其范围为 0～1.2，具体情况如下表所示。

生产人员品质系数评定标准表

序号	评定要点		品质系数
1	能出色地按时完成工作任务，并具有一定的创造性		1.2
2	能按时完成工作任务而又无过失		1.0
3	不能按时完成工作任务	影响个人计划进度	0.8～0.9
		影响本部门工作进度	0.7
		严重影响本部门工作进度	0.6
		影响公司生产计划进度	0.5
		严重影响公司计划进度	0～0.4
4	在完成工作任务的过程中有过失	有轻微过失	0.9
		有较大过失	0.7～0.8
		有重大过失	0.4～0.6
5	不能按时完成任务而又有过失		0～0.6

（四）调整系数

1. 一般情况下直接生产人员调整系数为 1，但当生产量或销售量发生特别变动或出现其他特殊情况时，由生产部经理确定一个适当系数，并报送公司总经理批准。

2. 间接生产人员的调整系数为本部门的工时完成率。

4.2.5 生产工人计件工资考核方案

大多数生产制造型企业在确定生产人员薪酬体系时，一般会把计件工资作为薪酬不可或缺的一部分，以利于促进生产人员的工作积极性。但与此同时，企业还应考虑计件工资如何发放、发放条件等问题，以便在一定程度上控制计件工资的不合理支出。

下面给出某企业的生产工人计件工资考核方案，供读者参考。

生产工人计件工资考核方案

一、目的

为把员工收入与劳动付出紧密联系起来，体现"多劳多得、少劳少得"的分配原则，严格控制计件工资的不合理支出，特制定本方案。

二、适用范围

本方案适用于对所有执行计件工资的生产人员进行考核。

三、计件工资实施与考核原则

1. 业绩导向原则

企业鼓励员工积极提高劳动生产率，并享受与之相符的薪资待遇。

2. 质量第一原则

质量就是企业的生命，企业在鼓励员工提高生产率的同时，将其工资与质量挂钩，使员工待遇与产品质量紧密相联。

3. 成本至上原则

通过计件工资的考核，节约使用各种材料，减少因不合格而造成的废品损失和浪费，将其落实并体现在员工个人的薪资待遇上。

四、生产工人计件工资的构成及考核

（一）薪资指标构成

影响差额计件工资的主要指标包括计件标准定额量、差额单价、质量等级系数，具体计算公式如下：差额计件工资＝计件标准定额量×差额单价×质量等级指数。

（二）计件工资的考核

1. 计件标准定额量

计件标准定额量是指员工在一个计件周期内（通常是一个月），所有产成品的数量。

2. 计件标准定额量达成情况的考核

（1）计件标准定额量的达成情况采用"差额单价"这项指标体现在员工的计件工资中。

（2）差额单价是指员工在一个计件周期内因完成产成品数量与标准产量的差异，而产

164

生的差额单价。具体规定如下表所示。

差额单价对照表

完成定额量的百分比	150% 以上（含）	120%（含）~150%	100%（含）~120%	100% 以下
差额单价（元）	1.3	1.2	1	0.9

3. 质量达成情况的考核

（1）质量达成情况采用"质量等级系数"这一指标体现在工资总额中。

（2）质量等级系数是指员工在一个计件周期内完成所有产量的总体质量等级所对应的参数。本企业产品的质量等级系数需要根据该产品的合格率定额标准来确定。

（3）质量管理部确立该产品的合格率定额标准为 85%。实际的合格率计算公式如下。

$$产品合格率 = \frac{合格产品量}{主要直接原材料消耗总量} \times 100\%$$

（4）对于员工实际达成的合格率，每增加或减少 1 个百分点，工资标准相应增减 5%，具体如下表所示。

质量等级系数对照表

产品合格率定额标准	89%	88%	87%	86%	85%	84%	83%	82%	81%
质量等级系数	1.2	1.15	1.1	1.05	1	0.95	0.9	0.85	0.8

（三）材料消耗目标达成情况的考核

1. 考核指标

材料消耗目标达成情况采用整个车间各类材料的节约率或浪费率来考核，计算公式如下。

$$材料节约率 = \frac{某材料消耗定额 - 该材料实际消耗量}{该材料消耗定额} \times 100\%$$

$$材料浪费率 = \frac{某材料实际消耗量 - 该材料消耗定额}{该材料消耗定额} \times 100\%$$

2. 考核及奖惩办法

（1）对于整个车间来说，材料节约率每增加一个百分点，将给予_____ 元的奖励；材料浪费率每增加一个百分点，将予以_____ 元的罚款。

（2）所奖或所罚的款项，由车间主任根据各级人员的责任大小进行比例分摊，并于生产工人的计件工资中进行增加或扣除。

（四）日计件工资考核结果公示

车间核算员每天公布生产车间前一日每位员工的计件工资总数，由车间主任签批后于当天公示张贴。

考核结果每日报生产副总一份，人力资源部劳资员一份，车间主任一份，车间张贴一份。

4.2.6　生产人员医疗费用控制方案

下面给出的生产人员医疗费用控制方案，分别从基本医疗保险的缴纳、医疗补贴的补给、商业保险的享受、病假的享受、工伤事故的处理等方面加以控制，从而达到控制医疗费用支出的目的，供读者参考。

生产人员医疗费用控制方案

一、目的

为适应医疗制度改革，为公司生产人员提供合理的医疗福利条件，控制医疗费用的合理支出，特制定本方案。

二、基本医疗保险缴纳

公司按国家相关法律法规的规定，统一为生产人员办理基本医疗保险。

基本医疗保险费由公司和员工共同缴纳。公司统一按在职员工工资总额的9%缴纳，在职员工按本人工资额的2%缴纳并附加3元大额医疗互助，由公司按月从员工工资中代扣代缴。

三、公司医疗补贴控制

为保障员工的身体健康，控制医疗保险的合理支出，公司可制定相关医疗补贴。

（一）每月补贴方式

公司正式员工每人每月补贴医药费40元，员工子女补贴一位，即每月40元，员工父母实行半费补贴，即每月20元。补贴医药费每月随员工工资发放。

（二）住院费报销

员工住院的医疗费凭区级以上医院出具的住院病历及收费收据，经公司有关领导批准后方可报销。报销时应扣除当年应发医药补贴费，超支部分按90%予以报销。住院报销批准权限如下。

1. 收据金额在2 000元以内的，由财务部经理审核，主管副总经理审批。

2. 收据金额在2 000~10 000元的，由财务部经理审核，总经理审批。

3. 收据金额在10 000元以上的，由主管副总经理审核，总经理审批。

（三）试用期人员或临时工医疗补贴

1. 试用期员工不享有每月补贴。

2. 因病住院医疗费用的报销程序与正式员工相同。

3. 扣除当年医疗补贴后，超支部分按50%报销。

（四）员工家属生病住院补助

员工父母因病住院，可向公司申请补助，由财务部经理核定、总经理批准后，在员工福利或工会互助金中实行一次性补贴。

四、商业保险控制

公司可采取为员工办理商业保险的方式，提供员工医疗福利，降低公司的医疗费用支出。

（一）选择保险公司和险种

人力资源部根据生产人员的岗位特征和公司的实际情况，选择合适的保险公司和险种，报总经理审批后交财务部核准保费，合理控制保费。

（二）受保人员

公司的正式员工享有商业保险福利。

（三）费用报销方式

1. 员工住院的医疗费凭区级以上医院出具的住院病历及收费收据，向人力资源部备案。

2. 人力资源部审核相关凭证，交保险公司报销。

3. 保险公司审核并报销医疗费用。

五、病假控制

1. 公司正式员工享有带薪病假。

2. 员工请病假时必须出具公司认可医院的医疗证明。

3. 员工病假期间应与其主管保持联系，使公司了解其健康状况。

六、工伤事故处理控制

1. 公司按国家规定为在职员工办理工伤保险。

2. 员工发生工伤事故时，首先积极入院治疗，公司认为有必要时，应调派人员给予照顾。

3. 员工发生工伤事故时，公司应及时组建医疗鉴定小组，根据国家规定对员工的伤残状况进行鉴定，鉴定范围包括三个方面，即员工病伤残的状况及程度、员工是否能继续工作、员工是否享受劳动保险，并于鉴定后向公司写出书面报告及建议。

4. 医疗鉴定小组如对员工就诊医院的诊断证明持有异议，可另指定医院复查。

5. 人力资源部代表公司和员工就其因病伤疗养、提前退休、长假后复工、劳动保险待遇等进行磋商，达成协议，经公司总经理的审批签字后，由财务部核准并按协议处理。

4.2.7　生产人员体检费用控制方案

为使企业员工保持健康的身体为企业服务，大多数企业尤其是生产制造企业一般都会安排年度体检工作。那么，因此发生的费用、因员工参加体检误工的费用、员工体检途中发生的交通费等，都是企业在控制体检费时需要考虑的费用项目。下面给出某企业的生产人员体检费用控制方案，供读者参考。

生产人员体检费用控制方案

一、背景与目的

为确保公司生产人员的身心健康，提高工作效率，公司每年须为生产人员提供一次健康体检。员工根据其所在的岗位和员工工龄享受不同的体检项目。为规范员工体检工作，控制公司体检费的合理支出，特制定本方案。

二、相关界定与说明

1. 体检费是指公司组织在职员工进行健康体检所支付的费用，包括选择体检公司和体检项目过程发生的费用、体检费、体检交通费、体检时间消耗所带来的损失等方面的费用。

2. 本方案适用于公司在职的生产人员体检相关费用的控制。

三、体检公司与体检项目选择控制

为控制生产人员体检费用，公司须选择符合公司生产特征和实际情况的体检公司和项目进行体检，体检公司与项目套餐的选择由人力资源部负责，选择时须注意以下相关内容。

1. 人力资源部在选择体检公司时，需考虑公司生产人员的年龄结构和体检人数。

2. 向体检机构进行询价，在选择专业体检中心进行体检的同时执行公司的相关福利预算。

3. 选择体检项目时，须充分考虑不同工种、不同性别、不同年龄的员工体检需求。

4. 可与一家体检中心保持长期合作关系，以便获得更多的优惠和服务。

四、体检人员及项目安排控制

1. 在公司工作满一年的正式员工，可享受公司每年提供的免费体检。

2. 根据工种、岗位级别和员工工龄的不同，生产人员享受不同的体检待遇，具体标准如下表所示。

生产人员体检项目标准表

生产工种	岗位级别	公司工龄	体检项目标准
××	初级工、中级工、辅助工	满5年及以上	
		5年以下	
	高级工、班组长、车间主任	1年以上	
××	初级工、中级工	满5年及以上	
		5年以下	
	高级工、班组长、车间主任	1年以上	

五、合理安排体检时间

人力资源部必须合理安排体检时间，张贴"体检时间安排表"，在保证顺利体检的同时，避免影响生产任务的完成。

1. 生产人员的体检时间应充分考虑公司生产销售的淡旺季，避免在旺季进行体检而延误生产，公司可根据历年的生产销售情况，结合本年度销售、生产计划，安排生产人员在淡季进行体检。

2. 安排车间生产人员的具体体检时间时，必须分析车间生产情况，合理进行操作岗位的值班调度，保证各个工序顺利进行，不影响生产任务的完成。

六、体检交通费控制

1. 原则上，公司生产人员统一在公司集合，公司提供免费班车接送员工体检，提高体检工作效率。

2. 公司按照各车间"体检时间安排表"调度公司后勤车辆和司机，规范体检的安排，避免造成延误与混乱。

4.3　能源及动力费用

4.3.1　燃料动力改善管理流程

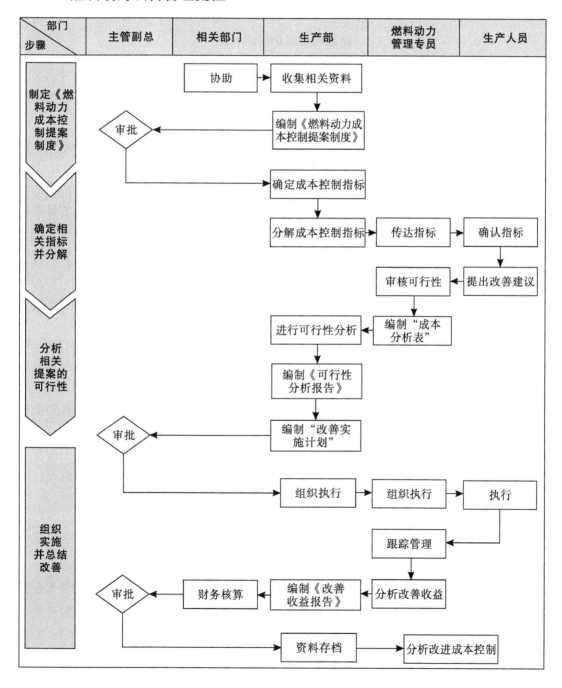

4.3.2 能源消耗定额管理制度

能源消耗定额是判定企业生产部、生产车间及班组完成生产作业所消耗的能源数量是否合理的标准，也是能源利用效率的考核依据之一。下面给出某企业的能源消耗定额管理制度，供读者参考。

能源消耗定额管理制度

第1章　总则

第1条　为了加强能源消耗定额的管理，降低能源消耗，节约能源，提高公司整体经济效益，特制定本制度。

第2条　能源消耗定额是指在一定的条件下，为生产单位产品或完成单位工作量，合理消耗能源的数量标准。能源消耗定额是能源利用率考核的依据之一。

第2章　能源消耗定额的制定、审查与审批

第3条　本公司的能源消耗定额由动力设备部组织，并会同生产管理部、工艺技术部等共同制定。

第4条　制定能源消耗定额时，应遵循从实际情况出发，深入生产一线，进行调查研究，掌握一手资料，通过实际测算、适当的科学分析和精确的核算，力求达到"快、准、全、好"的标准。

1. "快"，即制定的定额迅速及时，对生产起指导和促进作用。

2. "准"，依靠长期的定额资料积累，经常了解分析生产情况，使能源消耗定额准确。

3. "全"，即完整齐全，各生产环节、生产车间各生产工序、各类产品均应制定完整的能源消耗定额。

4. "好"，即定额指标既积极又可靠，既具有先进性又切实可行，对能源单耗尚未达到行业平均水平的部门，要从严核定定额，以利于调动一切积极因素。

第5条　能源消耗定额的主要内容及其制定

本公司生产区主要消耗的能源主要包括煤、油、水、电、气等燃料及动力性能源。

1. 制定燃料消耗定额

燃料消耗定额，即根据煤、油的使用情况，分两类制定。

（1）工艺用燃料消耗定额，一般按产品（或零部件、毛坯）的重量来计算燃料的消耗定额，如以生产一吨的钢材、铸件会耗多少油、煤为标准来制定。

（2）动力用燃料消耗定额，一般以发一度电或生产一吨蒸汽、一立方米压缩空气等会耗多少水、煤为标准来制定，常以标准燃料使用量来计算。在每千克标准燃料发热量为7 000卡的情况下，则可将燃料使用量折合成标准燃料使用量，具体的计算公式如下。

$$某种燃料使用量 = 标准燃料使用量 \div \frac{某种燃料每千克发热量（卡）}{7000（卡）}$$

2. 制定动力消耗定额

通常按其用途分别制定动力消耗定额，举例如下。

（1）对于带动机器设备运转的动力，一般先按实际性能、开动马力计算动力消耗量（如下表所示），再核算加工每种产品所耗用的机器台时数，两者相乘后，将得到生产单位产品时该机器所耗的动力。

（2）对于用在生产工艺过程的动力，如冶炼所消耗的电力、蒸汽等动力，则可直接按单位产品来确定。

机器设备性能及动力消耗计算表

机器名称	（中文）		
	（英文）		
制造厂商		原厂编号	
机器规格与性能	1. 最大机速		
	2. 使用机速		
	3. 材料规范		
	4. 最高产量		
	5. 正常产量		
	6. 机器尺寸		
动力消耗量	1. 电力		
	2. 压缩空气		
图纸			

审核人：　　　　　　　　　　　　　填表人：

第 6 条　能源消耗定额草案制定后，经员工讨论和有关部门审核、主管领导审批后方可执行。

第 7 条　动力设备部制定的能源消耗定额，应逐项逐级进行审查，审查内容包括但不限于下表所列的九个方面；经审查后，能源消耗定额须报主管领导审批，其审批标准如下表所示。

能源消耗定额审查内容与审批标准列表

能源消耗定额审查内容	能源消耗定额审批标准
1. 审查制定能源消耗定额工作报告的说明 2. 审查是否符合国家当前有关能源的方针、政策和法规 3. 审查能源消耗定额的生产作业项目 4. 审查重点项目的变化情况和原因 5. 与历年能源消耗的资料对比，分析是否符合能源消耗的规律性 6. 审查制定过程中的计算依据，并验算能源消耗定额是否正确 7. 审查是否积极采用了节能新技术 8. 审查是否已采纳了员工讨论及各级审批过程中提出的正确意见 9. 审查制定过程中拟订实现能源消耗定额措施的情况	1. 定额必须先进、合理、准确 2. 定额须达到本公司的历史水平或低于上年度的实际消耗水平 3. 必须建立健全定额管理制度及岗位责任制，并切实执行 4. 必须实行按定额供能和按实际消耗严格考核 5. 计量表具必须准确和齐备

第8条 经动力设备部制定的能源消耗定额，经公司相关部门及领导审查、审批后，应上报有关行业主管部门和政府有关主管部门，经审批后在公司范围内执行。

第3章 能源消耗定额的贯彻执行

第9条 经上述程序审查、批准颁发的能源消耗定额，企业各部门都要贯彻执行，能源供应、成本核算等事项都应按能源消耗定额办理。

第10条 动力设备部按照核定的能源消耗定额和生产任务核实供应，各生产车间均要建立能源消耗定额的管理档案。

第11条 动力设备部应与生产部密切配合，建立健全能源定额供应制度、消耗定额分级管理和奖惩制度，做到以能源定额管理生产、指导生产、监督生产，以便实现最小的能源消耗。

第12条 生产部及各生产车间应配合动力设备部做好能源消耗的原始记录和统计分析工作，从能源进厂、转换、分配到最终消耗为止，各个环节都应有健全的原始记录，记载各种能源在不同阶段、不同环节的使用情况和消耗情况。

第4章 能源消耗定额的检查分析

第13条 能源消耗定额在贯彻执行过程中，必须经常检查分析，目的如下。

1. 了解能源消耗定额在实际生产过程中的执行情况及取得的效果。

2. 及时发现定额在执行过程中的缺点和不足，找出问题，及时采取措施，改进能源消耗定额，使其更加符合生产环节的实际情况。

第14条 检查方法采取统计分析和实际查定相结合的办法，力求使能源消耗定额更符合实际、更全面。

第15条 在检查定额执行情况的基础上进行定额分析，以便找出能源浪费的原因，从而采取有效措施，推动设计或工艺方面的改进，积极采用节能新技术、新材料，不断提高生产水平，降低能源消耗。

第5章　能源消耗定额的修订

第16条　在一定时期内，影响产品消耗能源的主要因素一般均具有相对稳定性，因此能源消耗定额也具有一定的稳定性，所以能源消耗定额一经审查批准生效后，不宜经常改动，只做定期（如一年）修订，以便贯彻执行。

第17条　从长期来看，因影响能源消耗定额的各种因素在不断变化，因此，能源定额必须定期修订或临时修改。遇到下列三种情况时，能源消耗定额可进行必要的临时性修改。

1. 在能源消耗定额的执行过程中，发现定额脱离实际或计算有误时。

2. 产品结构、用能设备和生产工艺有重大改变时。

3. 能源品种、规格、质量等发生重大变动时。

第6章　能源消耗定额的考核

第18条　能源消耗定额考核是能源消耗定额管理的重要环节之一。定额考核，一般采用对比分析的方法进行，即将制定的能源消耗定额与执行消耗定额的实际结果进行比较，从而找出差额，并分析研究产生差额的原因，以便及时采取必要的措施。

第19条　通过能源消耗定额考核，要实现以下四个目的。

1. 通过生产实践的检验，考察制定的能源消耗定额是否合理。

2. 通过考核，与公司历史最好水平、行业内先进水平进行比较，找出差距。

3. 通过考核，积累完整的历史资料，为指导生产和有效进行能源管理提供科学的依据。

4. 通过考核，进一步加强能源消耗定额管理工作。

第20条　能源消耗定额的考核指标一般包括能源消耗定额达成率、单位产值能源消耗量等指标。

1. $能源消耗定额达成率 = \dfrac{实际消耗的能源总量}{能源消耗定额} \times 100\%$

2. $单位产值能源消耗量 = \dfrac{能源消耗总量}{总产值}$

第7章　能源消耗定额的奖惩

第21条　为进一步调动生产部及生产车间各级人员节能降耗的积极性，达到节能降耗、提高经济效益、促进生产发展的目的，能源消耗定额考核必须与奖惩制度相结合，方可起到相应的作用。

第22条　节能奖惩可按节能承包经济责任制的形式进行，具体形式包括以下五种。

1. 按生产任务、耗能量和节能量承包。

2. 按能耗定额承包，实行分等计奖。

3. 按节能技术改造项目工程工期、资金和工程质量承包计奖。

4. 按用能总量承包计奖。

5. 按节能目标承包计奖。

第8章　附则

第23条　本制度由动力设备部负责制定，报总经理办公室审定后执行。修订、废止时亦同。

第24条　本制度自颁发之日起生效，之前的相关规定及与本制度相抵触的规定均应废止。

4.3.3　燃料及动力节约使用方案

下面给出某企业的燃料及动力节约使用方案，供读者参考。

燃料及动力节约使用方案

一、目的

为在公司全面开展节能降耗活动，加强对燃料及动力的使用控制，最大程度上降低燃料及动力费在生产成本中所占的比例，提高公司整体经济效益，根据本公司生产作业的实际情况，特制定本方案。

二、适用范围

本方案适用于生产部、各分厂生产区所需的油、煤、水、电、汽、气等燃料及动力能源。

三、燃料及动力使用控制的相关职责

为更有效地开展燃料及动力使用的控制工作，推进节能降耗管理工作，公司特成立节能降耗工作小组，小组的成员构成及其主要职责如下表所示。

节能降耗工作小组的成员构成及其职责一览表

职能	组成成员	角色	各成员履行的职责
落实、检查节能降耗工作开展情况，并进行指导和监督	总工程师（或主管副总）	组长	1. 负责制订节能降耗工作小组的年度工作计划，并组织实施 2. 审批确认生产车间、各分厂的燃料及动力消耗定额文件、节能降耗目标计划，并对执行情况进行监督、检查 3. 代表公司与生产部、各分厂负责节能降耗工作的各级人员签订经济责任书，并根据工作成果提出奖惩建议
	能源设备部经理	副组长	1. 根据本公司实际生产作业和设备运行情况，制定燃料、动力的消耗定额文件，并予以验证，保证定额的精准性 2. 负责编制生产部、各分厂节能降耗目标计划，并报总工程师进行审批确认 3. 负责组织消耗定额在生产作业中的应用情况，并对节能降耗工作予以指导 4. 负责编制生产环节、设备等方面的《节能降耗作业指导书》

（续表）

职能	组成成员	角色	各成员履行的职责
落实、检查节能降耗工作开展情况，并进行指导和监督	行政部经理	副组长	1. 负责公司节能降耗的日常教育与培训工作 2. 协助生产部、能源设备部修订《节能降耗工作制度》 3. 负责制作或外联制作生产部、各分厂在生产现场悬挂的节能降耗宣传标语、横幅 4. 负责对节能降耗工作成果的考核、奖惩兑现
	生产部经理（或各分厂厂长）	副组长	1. 组织执行《节能降耗作业指导书》，组织各车间严格执行燃料、动力的消耗定额文件 2. 配合行政部做好生产人员的教育培训工作 3. 对所辖单位的节能降耗工作负责
	车间主任	成员	1. 在生产部经理（分厂厂长）的领导下，对所辖单位的节能降耗工作负责 2. 根据本车间、本班组在节能降耗方面的潜力或存在的问题，提出节能降耗提案
	班组长		
	工艺员	成员	1. 负责指导生产作业人员严格按作业规范、规程操作 2. 对生产工艺、工艺线路方面的改进潜力或存在的问题，提出改进提案，以不断优化生产工艺，降低能源消耗
	设备管理员	成员	1. 按设备点检、维护保养计划做好生产设备的日常维护工作，最大程度上降低设备运行能耗 2. 监督、检查生产设备的运转情况，发现设备空转或低负荷运转的情况，及时予以纠正 3. 定期对所辖范围内的设备性能进行评估，对那些低效率、高耗能的设备，提出更换或改进的建议

四、燃料及动力使用控制的要点

燃料及动力消耗定额的执行工作重点在于贯彻执行公司节能降耗工作方针、制度，将各种节能措施落实到生产过程的各个细节中。

（一）建立健全节能降耗管理制度

根据本公司的生产经营现状，进一步完善生产节能降耗管理办法，使各项节能降耗措施更符合本公司的生产实际，将节能降耗工作真正落到实处。

（二）规划好节能降耗工作

1. 对于生产区水、电、汽、气、油、煤等能源的管理，必须按生活、生产分开计量的原则，合理布局。

2. 做好能耗统计的准备工作

（1）节能降耗工作小组应根据生产需要，绘制生产区的能源计量网络图，安装具备远程传送功能的计量仪表，以便准确地对能源消耗情况进行计量，为建立生产用燃料及动力的消耗账目提供准确的数字。

（2）制定生产区能耗统计作业指导书，以规范能耗统计作业，提高能耗统计的准确性。

3. 总工程师每半年要对生产区的燃料及动力消耗进行一次综合性分析，并针对节能降耗的潜力制定改进措施。

4. 能源设备部负责根据生产部、各分厂的实际情况，编制节能降耗目标计划。

5. 行政部负责建立节能降耗目标和评价考核制度，将节能降耗的目标任务细化分解到班、组、个人以及重点能耗岗位，签订经济责任书，严格进行考核。

（三）做好能源及能量的均衡、持续不间断供应工作

1. 为节省柴油，每次点燃前用成本较低的木材预热，促使燃烧容器快速升温，节省柴油的消耗量。

2. 在每次停止操作进行设备检修时，动力设备部都要组织维修工人按照工作程序，加班加点进行抢修，以保证燃烧容器的温度不被降到太低，起到节省柴油的目的。

（四）抓好工艺技术选择及设备选型工作

1. 在进行工艺和设备选型时，须考虑资源节省和污染预防，优先采用节能技术成熟、能耗低的工艺技术和设备。

2. 耗能较大的工艺及设备将逐步被替代。

3. 生产车间及班组应优化工艺线路，尽量减少本车间、本班组所辖设备的低负荷运转时间。

（五）培养操作人员的节约意识

在各生产区搞好节能降耗的宣传和教育工作，培养操作人员的节约意识。具体措施如下。

1. 积极开展形式多样的宣传活动，广泛宣传国家关于节能降耗的法律政策，宣传节约能源的好经验、好做法，普及节能知识。

2. 推广节能技术，制作节能降耗的宣传标语、横幅，并在生产区域张贴、悬挂，带动生产人员加入到节能降耗活动中来，努力营造浓厚的节能降耗氛围。

3. 对平时在节能降耗方面有突出贡献的员工、项目以及节能降耗工作较突出的事迹进行发掘，在公司内进行宣传。

4. 班组长应组织本班组员工经常学习节能降耗知识，鼓励操作工人利用自己的聪明才智，结合本岗位的特点，对节能降耗工作提出合理化建议。

五、加强燃料及动力节约使用的考核与奖惩

（一）对燃料及动力节约情况的考核

1. 节能降耗工作小组每半年组织对各级能耗单位消耗燃料、动力的情况进行统计、分析，并将燃料、动力的消耗定额与实际消耗量进行比较，当发现实际消耗量高于或低于考核指标____%时，判定为"能源使用异常"。此时，应组织调查原因，对异常情况进行分析，并采取相应的预防与纠正措施。

2. 行政部根据节能降耗工作小组提交的《能源使用异常分析报告》，结合经济责任书制定的能耗控制目标和考核办法，实施考核。考核指标及评价办法如下表所示。

燃料及动力使用控制结果考核表

考核指标	计算公式或说明	评价办法
单位产品能耗定额达成率	单位产品能耗定额达成率（A）＝ $\frac{单位产品实际耗能量}{单位产品能耗定额} \times 100\%$	1. A位于［100%－____%，100%＋____%］时 （1）说明单位产品的能耗控制在定额范围内 （2）能耗单位和个人均得单项指标的满分 2. A＞100%＋____%时 （1）说明单位产品的能耗未得到合理的控制 （2）每比____%高1个百分点，能耗单位和个人的考核均扣5分 3. A＜100%－____%时 （1）说明单位产品能耗定额标准制定得偏高，需要进行修订 （2）每比____%低1个百分点，能耗单位和个人的考核均加10分
节能降耗提案成果	能耗单位和个人提出节能降耗合理化建议的条数及实施效果	1. 考核期内，能耗单位和个人无节能降耗提案，需于考核总分中扣5分 2. 考核期内，能耗单位和个人每提1条节能降耗提案，且经推行后获得成效的，会视成效大小给予经济奖励

备注：这两个指标一般都与岗位任职人员的其他工作指标结合在一起使用。

（二）对燃料及动力节约情况的奖惩

行政部根据考核结果和经济责任书中明确的奖惩措施，对各级能耗单位实施奖惩。

1. 对严格贯彻节能降耗措施并取得一定经济成果的单位和个人，给予表彰奖励。

2. 对现场管理不善、不按节能降耗规范操作的人员，给予惩罚。

3. 根据本车间、本班组、本操作岗位的实际情况，提出节能降耗合理化提案的单位和个人，经推行后确实生效的，将于"先进车间"、"先进班组"、"先进员工"的评选中给予加分奖励。

4.4 水电费与取暖费

4.4.1 生产用水节约管理办法

水、电都是企业生产经营过程中耗用量非常大的能源，为有效指导各部门及所有员工贯彻执行节约用水的精神，企业有必要对节约用水的施行办法、奖惩等做出明确的规定。下面给出某企业的生产用水节约管理办法，供读者参考。

生产用水节约管理办法

第 1 章 总则

第 1 条 为了进一步消除生产区的用水浪费现象，严格控制生产区的水资源消耗，提高公司的整体经济效益，根据本市相关文件精神，结合本公司的实际情况，特制定本办法。

第 2 条 本办法适用于公司各分厂厂区、车间等生产场所的用水管理。

第 3 条 为更好地指导各分厂做好节水工作，加强对生产用水的监管，特设节水办公室。

第 2 章 生产区节约用水管理措施

第 4 条 节水办公室每年根据本市节水办公室下达的用水指标，制订本公司用水计划，并明确生产用水计划和生活用水计划。

第 5 条 各分厂根据公司节水办公室制订的生产用水计划，按车间（或产品）分解用水计划，并组织各车间、班组研究节水措施。

第 6 条 节水办公室需要完善节水管理办法，建立节水激励机制。

1. 明确专人负责节水工作，根据生产用水计划，制定分厂内部各车间、各班组的耗水指标。

2. 组织开展节水先进个人、先进班组评比活动，对节水标兵及先进班组予以表彰、奖励。

第 7 条 普及节约用水意识和先进的经验、做法，具体措施如下。

1. 节水办公室在生产区、车间等场所张贴节约用水宣传挂图、条幅和彩旗等，宣传节约用水的生产方式和生产活动。

2. 根据本公司的实际生产情况，结合同类企业节约用水的经验和有效做法，印制生产节约用水手册或宣传单，并做到人手一册，介绍在生产过程中节水的好方法和基本知识。

3. 介绍与公司相关的节水型设备和产品，采用先进的节水技术和生产工艺的经验。

4. 各厂可根据本厂区自身节约用水的需要，加强员工节水技术及政策的培训，组织节约用水法律、法规讲座。

5. 组织开展公司员工节约用水知识竞赛。

6. 在生产车间及班组中开展"我为节约用水献计献策"活动，征集员工对节水工作的建议，并对合理化建议给予奖励。

第3章　生产区节约用水技术措施

第8条　节水办公室或生产车间定期派人检查自来水管道、水龙头，消除跑、冒、漏、滴、长流水等各种浪费现象。

第9条　改善供水管道、水龙头及配套设施

1. 调整供水水压，在保证生产需求的前提下，尽量降低水压。

2. 改造自来水管道

根据各班组的用水情况，选择重点部位安装水表、阀门，既方便统计用水量，也有利于控制出水量。

3. 更换或改造较费水的水龙头

（1）拆除多余的水龙头。

（2）从专业厂商处采购节水型水龙头。

（3）在水龙头外接一根水管，防止水四处喷溅。

第10条　在经济效益较为可观的前提下，在生产区推广经济适用的节水技术，如生产用水重复利用技术、高效冷却水技术、干洗清洗、喷淋清洗等节水技术，并对重点工艺采取节水措施。

第4章　生产用水的计量和监督检查

第11条　节水办公室设立浪费用水、污染环境的举报电话和投诉箱，积极发挥基层员工的监督作用。

第12条　在生产区普及水表计量，对各作业单位的用水量进行定量考核。

第13条　经节水办公室指定的专人定期统计生产区各作业单位的用水量，并如实上报节水办公室。

第14条　节水办公室定期或不定期地巡视生产区各用水点，从跑、冒、漏、滴、长流水等各个方面进行检查，确保各单位严格贯彻公司的节水措施。具体检查内容如下表所示。

生产用水节约情况检查表

项目	检查要点	检查结果		备注
		是	否	
生产用水节约	自来水有没有漏水			
	水龙头的垫衬有没有做定期检查			
	水龙头夜间有没有关好			
	多余的水龙头有没有废除			
	用过的水有没有重新利用			
	有没有利用工业用水			
	有没有定期检查水表			
	自来水栓是不是旋塞栓			

第15条　节水办公室检查人员若于检查过程中发现不合理用水、浪费水的现象，有权对当事人及其主管人员进行指正。

第16条　上述检查结果作为各作业单位或人员的日常考核项目之一，由节水办公室上报行政部。

第5章　附则

第17条　本办法由节水办公室负责制定，报公司主管副总审批确认后，自颁发之日起生效。修订、废止时亦同。

4.4.2　生产车间电费控制方案

下面给出某企业的生产车间电费控制方案，供读者参考。

生产车间电费控制方案

一、目的

为加强生产车间用电管理，控制不合理费用开支，降低产品单耗，减少产品生产成本，提升产品价格优势的作用，特制定本方案。

二、执行分时电价政策

1. 及时掌握国家电力主管部门、各级物价部门、各级电力部门关于电价优惠的相关政策。

2. 对符合公司自身情况的优惠政策要进行了解、分析，并将其作为依据，合理制定优惠时间、优惠项目内产品的生产数量和生产指标。

3. 加强生产部各车间、各班组分时电价宣传，把分段电费价格、时间段宣传到班组，与班组生产指标、考核挂钩，以提高广大员工的分时电价意识。

4. 生产调度员根据分时电价合理安排生产任务，尽量将生产任务安排到平段、谷段进行。

5. 加强生产过程中的监督、检查，各员工要严格执行生产任务的安排，积极配合生产车间开展生产活动。

三、设备节省电耗应对措施

1. 对新增的、不满负荷生产的设备要调整作息时间，实行一班制生产，控制在谷段上班。

2. 对生产车间的一些可控设备实施重点管理，管理办法如下表所示。

生产车间相关设备重点管理办法表

设备名称	设备运作特点及重点管理办法
熔炼设备 （如保温炉）	1. 熔炼炉（保温炉）必须24小时运行，难以错峰用电 2. 根据此特点，通过加强设备维护、人员配备等措施，将熔炼车间产能最大化，以降低单位电耗
后加工设备 （如粗精轧机）	该类设备的用电消耗量非常大，为充分利用分时电价政策，可执行下列办法 1. 改三班制生产为两班制生产，实行早、夜班生产的计划，从而避开中班用电峰值 2. 将换轧辊时间尽量安排在峰值时段
大型拉丝设备	1. 大型拉丝设备的功率大，但可以间断生产 2. 根据上述生产特性，应合理编排生产计划，在平、谷时段最大限度地发挥设备的产能，以减少峰值时段的开、停机时间
退火设备 （如罩式炉）	1. 罩式炉是多个炉座连续作业生产，单炉座加热时用电负荷为500kW，各炉座加热时间的安排将直接影响生产成本 2. 为充分利用分时电价政策，根据罩式炉的生产特点，对各种材料的规格和加热时间进行细分，并给出明确的规定，以充分将加热时间段控制在用电谷值和平值期间
机修设备	机修车间应将设备保养或检修尽量安排在峰段，而生产不急需的配件及自制设备焊接、车铣加工安排在平段或谷段进行
辅助设备	1. 原料打包、成品检验等辅助生产人员安排在峰段就餐，以节省峰段用电时间 2. 仓库原料不充足时，安排早班、夜班制，避开峰值时段；原料充足时，打包时间尽量避开峰值时段 3. 强化对泵站等辅助设施的管理，以确保正常生产，从而降低产品单位电耗
生产办公设备	1. 生产车间照明按分时电价原则，根据作业性质，逐步采用或更换节能型灯具 2. 生产办公室的空调在9：00～12：00峰值时段禁止运行，空调温度最低不超过26℃ 3. 复印、打印设备要求避开峰段在谷段时间集中使用

3. 对车间的照明线路进行改造，逐步淘汰原来的照明灯具，采用新型高效节能灯，并且分段进行控制，从而降低了部分能源消耗。

四、监督、检查电费控制情况

1. 各车间、各班组之间进行节能考核，将考核结果纳入到各车间主任、各班组长的月度考核中，并与相关人员的绩效工资挂钩。

2. 各车间、各班组相关人员均应认真填写统计表，计算每月节电效果，分析原因，总结经验，为下阶段节电工作打下坚实的基础。

3. 生产部对生产车间的节电工作进行检查和监督，定期统计各工段用电量，并结合产量、产品结构做详细对比，以便精确掌握数据，宏观调控电能损耗。具体检查内容如下表所示。

电费控制情况检查表

项目	检查要点	结果		备注
		是	否	
电费	1. 烧水有没有安装温度调节器			
	2. 有没有利用太阳能			
	3. 有没有严格执行分时政策			
	4. 有没有减去多余的灯泡			
	5. 有没有使高热电球			
	6. 有没有设置变电装置			
	7. 有没有仔细调节电器具			
	8. 有没有废除电气暖房			
	9. 休息时间有没有关灯			
	10. 每个电灯是否都装有脉动开关			

五、生产用电设备改进措施

根据检查的结果和本公司的生产能力、设备能力状况，及时改造和淘汰国家限制、禁止的生产用电设备，加速生产技术的进步和产业结构的升级，积极争取国家的产业优惠政策，避免因生产技术、设备的落后而被电力部门执行高能耗的差别电价。

4.4.3 生产车间取暖费控制方案

企业由于所处地理纬度的不同，冬季取暖的需求程度也不一样。针对有一定取暖需求的企业，应对使用到的一些取暖方式进行比较，为企业根据自身的具体情况选择取暖方式、节约取暖费用提供借鉴。

生产车间取暖费控制方案

一、目的

为保证生产人员取暖工作的有效开展，同时有效控制生产车间取暖费的支出，依据企业实际情况和相关文件精神，特制定本方案。

二、车间取暖费控制主管部门

企业行政部负责全面、及时地掌握企业生产部及所属车间取暖费的使用和增长情况，对生产区的取暖设备进行维护，检查和保持取暖效果等。

三、选择合适的取暖方式有利于控制取暖费

下表对常见的四种工业用取暖方式进行了对比，企业可依实际情况选择适当的取暖方式。

取暖方式分类及费用比较表

方式	描述	优势	劣势	费用
锅炉房	用煤炭取暖		不环保不卫生，且增加锅炉房的建设费用	费用低
锅炉	用天然气或者液化气取暖	环保卫生		费用较高
空调	工业用恒温恒湿冷暖空调机，取暖费用归结为电费	1. 冬夏两用，环保卫生 2. 可以达到恒温恒湿的效果	耗电量大，不适合电负荷不足、容易被拉闸限电的区域	费用适中
集中供热	使用地方热电企业提供的集体供暖	1. 取暖费的增值税发票可抵扣一部分进项税 2. 可以减少用热企业的生产用地，省去购建锅炉的投资支出 3. 有利于环境保护	不能主动掌握供热的时间	费用适中

随着科技的进步，将会有更多节能、环保的取暖方式供企业选择，所以企业可以随时观察市场动向，比对上年的取暖费用和市场上的新型产品的使用成本，及时转换取暖方式，既顺应了国家节能环保的方针政策，又节省了取暖费用，一举两得。

四、生产区取暖费的日常控制

企业对生产区消耗的取暖费进行控制时，可从以下四个方面着手。

1. 对车间的开工情况、取暖设备的运行情况以及产生的取暖费（不包括固定资产投资成本）进行定期比较，及时掌握取暖费波动的相关资讯。

2. 记录和统计取暖期内动力、燃料的使用情况，关注动力、燃料市场价格的变化，为取暖费控制的决策管理层提供依据。

3. 定期检查所有取暖设备的使用状况，对设备进行维护保养，防止漏暖产生的浪费，延长固定资产的使用年限。

4. 倡导节约观念。每天检查室内温度，在满足生产、仓储要求的同时合理降低设定的最高温度，取暖季节随手关闭门窗等，减少资源浪费。

4.5 修理费

4.5.1 大修理费用控制方案

大修理费用是指企业为恢复生产用设备的性能，对其进行大部分或全部修理而发生的费用。大修理费用占生产车间修理费的比重较大，所以，其控制效果是否良好，直接影响到企业生产成本的高低。下面给出某企业的大修理费用控制方案，供读者参考。

大修理费用控制方案

一、方案规划

（一）目的

为加强控制生产用设备的大修理费用，控制费用开支，最大程度上降低产品生产成本，提升产品价格优势，根据国家规定和本公司的相关制度，特制定本方案。

（二）设备管理部的控制职责

设备管理部在控制生产用设备的大修理费用时，要严格履行下列六项控制职责。

1. 严格划分大、中修理范围。

2. 制订大修理费用计划，控制大修理费用的开支。

3. 消灭无功负荷和减少能源的放散率。

4. 在保证各项设备良好运行的状态下，积极开展修配改、修旧利废和能源的综合利用工作。

5. 提高备件自给率和设备检修质量，缩短检修工期。

6. 控制备件外购和外委加工修理，降低检修成本。

二、编制大修理费用计划

（一）编制大修理费用计划的步骤

大修理费用计划是年度内公司设备大修计划的组成部分，由设备管理部负责编制。具体步骤如下。

1. 采用技术测算法测算单台设备的大修理费用，然后将每一大修项目的计划费用汇总起来，形成年度大修理费用计划。

技术测算法，又称为预算法，即根据《设备大修理技术任务书》规定的修理内容、修理工艺、质量标准、修前编制的换件明细表和材料表等修理技术文件及修理工期要求，通过技术测算来确定单台设备的大修理计划费用。

2. 与财务部协商平衡后，报主管副总审批并下达执行。

3. 在每年的六月份，设备管理部负责修改、调整年度设备大修理计划时，应按测算的单台设备大修理计划费用，调整整个年度的大修理费用计划。

（二）编制大修理费用计划的注意事项

具备下列情况之一的设备，不得列入大修理计划费用。

1. 经检测，大修理后仍不能满足工艺要求和保证产品质量的。

2. 设备老化、技术性能落后、能耗高、效率低、经济效益差的。

3. 大修理虽能恢复性能，但与设备更新比较仍不经济的。

4. 严重污染环境，危害人身安全与健康，进行改造不经济的。

5. 国家规定应淘汰的设备。

三、执行大修理费用计划，控制大修理费用

在大修理费用计划中，公司确定了整个年度的大修理计划费用，为大修理费用规定了一个目标值。

（一）采取目标责任责任制

人力资源部应把降低设备修理费用与设备管理部及设备维护保养人员的经济利益挂钩，建立健全设备大修理质量、进度、费用目标的考核与奖励办法。

例如，对于设备管理部经理，在年初即与其签订《设备管理目标责任书》（具体内容参考本方案的附件），在责任书中明确规定其在设备大修理费用控制方面的责任与工作目标。

（二）设备大修理的监督、控制

设备管理部应在各生产车间、班组的配合下，加强在生产过程中对设备运行的监督、控制，并做好以下八个方面的工作。

1. 严格执行修理工程定额，修理费用总额原则上不准超出年计划。

2. 设备经过解体检查后，及时修订修理技术任务书及备件、材料明细表。

3. 严格按备件、材料表限额领料，如有计划外用料须经主修技术人员签字同意后方可发放。

4. 合理组织设备检修或修理作业，减少待工、窝工损失。

5. 尽量采用修复技术，节省备件费用。

6. 加强质量管理，避免返工及废品损失。

7. 修理工程竣工后，剩余的备品、备件或拆下的尚有价值的零部件，应作价退库，冲减大修理费用，不得形成账外物资。

8. 修理工程竣工后，对于拆下来的无使用价值的机电产品，应回收残值，冲减大修理费用的支出。

四、核算大修理费用

设备大修理工程竣工后，公司必须按实际发生的费用，进行单台设备大修理费用核算，核算依据主要包括以下五个方面的资料文件。

1. "设备修理施工命令单"及"完工通知单"。
2. "设备大修理工时统计表"。
3. "备件、材料领用单"。
4. "材料计划价格与实际价格差异账单"。
5. "劳务转账单"。

五、大修理费用控制情况的考核

（一）考核对象

对大修理费用控制情况的考核对象，主要是设备管理主管及以上级别的管理人员。

（二）考核应遵循的原则

1. 原则上，单台设备实际发生的大修理费用不得超过单台设备的大修理计划费用。

2. 对于设备管理部在全年完成的大修理项目中，对单台设备的实际大修理费用允许"以盈补缺"，但必须控制总实际成本不超过年度大修理费用计划。

（三）考核内容

以设备管理部经理为例，即按照年初签订的《设备管理目标责任书》，结合本年度设备管理各项工作目标的兑现情况实施考核。

六、附件：设备管理目标责任书

设备管理目标责任书

总经理：_____　　　　　　　　　　　　　　　　　设备管理部经理：_____

一、目的

1. 为了规范公司生产设备管理工作，落实工作责任，提高工作效率，在促进公司生产任务顺利完成的同时，严格控制大修理费用，特制定本目标责任书。

2. 设备管理部经理的考核结果为其职位晋升、薪资调整、培训等提供参考依据。

二、责任期限

____年____月____日~____年____月____日。

三、责任年薪

设备管理部经理年薪＝固定工资×60%＋浮动工资×30%＋绩效奖励×10%。

四、工作目标与考核

（一）组织制定生产设备管理制度

1. 因生产设备管理制度不完善或有漏洞而造成的生产设备事故每发生1次，扣减浮动工资的____%。

2. 生产设备事故造成损失在____万元以上的，扣减浮动工资的____%。

（二）制订生产设备点检、保养等作业计划，并组织执行

1. 设备点检、保养计划完成率低于100%的，分别扣减浮动工资的____%。

（续表）

设备点检作业计划完成率 $= \dfrac{\text{设备点检作业按时完成项数}}{\text{设备点检作业计划项目}} \times 100\%$

设备保养作业计划完成率 $= \dfrac{\text{规定时间内组织完成的保养次数}}{\text{设备保养计划完成数}} \times 100\%$

2. 设备经更新改造后仍不产生预期经济效益的，扣减浮动工资的____%。

（三）组织编制公司生产设备购置计划，配合采购部购买生产设备

1. 大宗设备采购成本节约率在____%以下的，扣减浮动工资的____%。

大宗设备采购成本节约率 $= \dfrac{\text{采购大宗设备节约资金的总金额}}{\text{大宗设备采购总金额}} \times 100\%$。

2. 生产设备供应每延误公司生产 1 次的，扣减浮动工资的____%。

（四）合理控制生产设备管理、维修费用

1. 万元产值维修费用率超出____%的，扣减浮动工资的____%。

万元产值维修费用率 $= \dfrac{\text{设备维修费用总额}}{\text{总产值（以万元计）}} \times 100\%$

2. 大修理计划费用超出预算范围的，扣减浮动工资的____%。

（五）负责设备全寿命过程管理的组织、监督、检查和推进工作

1. 主设备完好率在____%以下的，扣减浮动工资的____%。

主设备完好率 $= \dfrac{\text{主设备完好台数}}{\text{主设备总台数}} \times 100\%$

2. 设备故障停机率在____%以上的，扣减浮动工资的____%。

设备故障停机率 $= \dfrac{\text{设备因故障停机的总台时}}{\text{实际开动台时 + 停机台时}} \times 100\%$

（六）组织建立公司生产设备管理台账

生产设备档案资料每缺失 1 份的或每有 1 条记录不准确的，扣减浮动工资的____%。

（七）指导、管理下属员工的日常工作

1. 下属员工一般性违反公司纪律的现象每发生 1 次，扣减浮动工资的____%，严重违纪违规的现象每发生 1 次，扣减浮动工资的____%。

2. 下属员工培训管理。培训计划完成率应达到 100%，每差____%，扣减浮动工资的____%。

3. 根据公司的考核制度对下属员工实施考核，考核应做到客观、公正。考核评价不当或有失公允的评价每发生 1 次，扣减浮动工资的____%。

五、薪酬发放

1. 每月发放固定薪水____元，每月浮动部分为_____ ~ _____元，根据工作目标完成进度确定设备管理部经理每月浮动工资的发放额度。

2. 根据年度考核结果确定设备管理部经理的绩效奖励，奖励额度为_____ ~ _____元。

六、附则

1. 本公司在经营环境发生重大变化或发生其他情况时，有权修改本责任书。

2. 本责任书自签订之日起生效，责任书一式两份，公司、设备管理部经理各留存一份。

总经理签字：_____   设备管理部经理签字：_____

日　期：____ 年____月____日   日　期：____ 年____月____日

4.5.2 车间维修费用控制方案

车间维修费用是修理费的常态组成部分，企业所属工厂、生产部等生产单位均应做好这一费用的控制工作。为使车间维修费用的控制工作有章可循、有据可依，企业应对车间维修费用的控制职责、控制办法给出具体的规定，以便相关人员执行与参考。

车间维修费用控制方案

一、目的

为了加强对车间维修费用的控制与管理工作，科学合理地控制车间的费用支出，最大程度地降低产品的生产成本，特制定本方案。

二、车间维修费用及其构成

（一）车间维修费用

车间维修费用是指除设备大修理费用外，生产车间用于设备维护、小修、项修以及故障修理等有关的一切费用。

（二）车间维修费用的构成

车间维修费用主要由备件材料费和协作劳务费两部分构成。

1. 备件材料费，包括领用的各种材料、备件、润滑油脂成本费及自制备件工时费等，按"领料单"上填写的价格或本公司的计划价格计算。

2. 协作劳务费，包括委托修理车间或其他部门协作的劳务费，按劳务费结算单价结算。

三、车间维修费用管控职责

（一）设备管理部的职责

设备管理部在财务部的指导下，从控制万元净产值维修费用指标出发，根据各车间平均计划月产值及设备构成特点，结合设备利用率等因素，参照历年统计资料进行指标分解，于每年12月份将车间维修费用指标下达到生产车间。

（二）生产车间设备安全员的职责

负责车间的生产设备安全运行，做到有计划地限额使用，并逐月核算车间维修费用。

四、车间维修费用的分级管理

本公司对车间维修费用实行生产部（各分厂）、生产车间、维修班组分级管理。

五、车间维修费用控制措施

（一）确定车间维修费用限额

1. 生产车间所负责的维修任务，主要包括日常维护、定期维护和检查、定期精度调整、小修和故障修理等维修工作。

2. 生产车间设备安全员负责做好上述维修任务的维修记录和维修费用的统计核算工作。

3. 在这些统计数字的基础上，结合车间设备技术状况，经过科学分析，设备管理部负责确定设备维修工作的工时、停机时间及费用定额。

4. 根据上述各项定额和本公司规定的定期维护、检查、精度调整及预防性试验的周期，再加上故障修理的统计资料，核算出车间维修费用限额。

（二）使用车间维修费用限额控制车间维修费用

车间维修费用应实行限额控制使用和节约奖励的办法，公司运用"费用限额卡"进行控制。

1. 月初，车间设备安全员会同有关会计人员向车间维修小组签发"费用限额卡"，当发生材料备件费和劳务费时，逐项登记，随时结算出余额。

2. 月末，会计人员按"领料单"和"劳务结算单"审核，并计算出超支或节约额，按规定予以奖惩。

（三）车间维修费用的统计核算

车间维修费用的统计核算工作，由设备安全员会同有关会计人员完成，统计核算的依据主要包括以下五个方面的资料文件。

1. 设备故障修理记录。

2. 设备定期维护记录。

3. 设备定期检查记录。

4. "设备定期精度调整、定期预防性试验竣工报告单"。

5. "设备小修竣工报告单"等。

六、车间维修费用的考核与奖惩

根据考核期内车间维修费用的实际发生额是否超出费用限额与超支或节约的额度，按公司规定的考核制度和经济奖惩办法，由人力资源部执行考核与奖惩。

4.5.3　设备润滑费用控制方案

设备润滑是设备维护保养的重要工作，设备润滑工作若做得非常到位，将有利于间接降低修理费；同时，设备润滑费用本身也是修理费的组成部分之一。下面给出某企业的设备润滑费用控制方案，供读者参考。

设备润滑费用控制方案

- -

一、目的

为加强设备润滑管理，合理控制润滑费用，保持设备性能和精度，延长设备的使用寿命，从而降低生产、经营成本，特制定本方案。

二、相关术语定义

（一）设备润滑管理

设备润滑管理是指工厂采用先进的管理方法，合理选择和使用润滑剂，采用正确的给油方式以保持设备良好的润滑状态等一系列管理技术措施。设备润滑管理的目的如下。

1. 防止设备异常磨损，防止润滑油泄漏。

2. 预防设备工作可靠性下降和润滑故障的发生，提高设备利用率，降低设备运转费用和维修费用。

（二）设备润滑费用

设备润滑费用包括润滑剂采购价格、润滑人员工资、润滑工具费用、事故损失等。

三、适用范围

本方案适用于工厂设备润滑费用控制等相关工作事项，工厂对设备润滑费用的控制主要通过以下途径实现。

1. 实行润滑工作责任制，明确分工，提高效率，减少浪费。

2. 实现润滑工作规范化，避免作业过程的浪费及违规操作造成的损失。

3. 规范润滑药剂的选择与使用，降低采购价格，确保润滑剂的质量。

4. 实行润滑技术管理，改良润滑作业。

四、落实设备润滑工作责任

（一）归口管理

工厂设备管理部是设备润滑管理及润滑费用的管控、使用的归口管理部门，其主要职责如下。

1. 建立并完善设备润滑管理制度，规范化执行并监督设备润滑工作。

2. 组织收集整理润滑工作所需的各种技术、管理资料，建立润滑技术档案，编制设备的润滑图表及卡片，指导操作工、润滑工和维修工等搞好设备润滑工作。

3. 核定设备润滑材料及其消耗定额，按时编制年度、季度润滑材料计划，并按月把消耗定额指标分解落实到各使用部门。

4. 实施润滑材料的质量检验，做好润滑材料入库、保管和发放的管理工作。

5. 确定设备清洗换油周期，编制年度、季度和月度设备清洗换油计划，并组织废油回收和再生利用工作。

6. 做好设备润滑状态的定期检查与监测，及时采取改善措施，更换缺损润滑元件、装置和加油工具，改进润滑方法。

7. 采取积极措施，治理漏油，消除油料浪费，防止污染环境。

8. 组织润滑工作人员的技术培训，研究国内外润滑管理的先进经验，推广应用润滑新技术和新材料，对设备润滑工作实现科学管理。

（二）润滑作业相关人员的职责

1. 设备操作人员负责每班、每周或经常用手动润滑泵为润滑点加油，以及负责开关滴油杯，旋拧加脂杯，并通过油窗监视油位等。

2. 设备润滑人员负责为储油箱定期添油，清洗换油，为手动润滑泵内添加油脂，为输送链条、装配带等共用设备定期加油，按计划取油样送检等。

3. 设备维修人员负责润滑装置与滤油器的修理、清理和更换，在大修与检修中，负责拆卸部位的清洗换油及治理漏油等。

（三）润滑费用申请与审批责权

1. 设备管理部根据设备的具体情况等拟订设备润滑工作计划并编制润滑工作预算，经设备管理部经理签字后报财务部审核。

2. 财务部结合当年总预算、历史润滑费用使用情况对设备润滑预算进行审批，由财务部经理签字。

3. 设备管理部严格执行润滑费用预算，按规定办理使用申请、审批手续。

4. 预算外的润滑费用申请需经设备主管副总审批。

5. 总经理对润滑费用支出拥有最终决定权。

五、规范设备润滑工作

（一）设备润滑规范化工作原则

1. 适油原则，选用适当规格的润滑油剂。

2. 适时原则，按规定的时间加油、检查及换油。

3. 适量原则，加用适当分量的润滑油剂。

4. 适位原则，将润滑剂加到需要润滑的部位。

5. 适人原则，选择合适的人员进行加油、换油、检查。

（二）工厂推行设备润滑的"五定三过滤制"（具体操作如下表所示）

设备润滑的"五定三过滤制"说明

项目	内容	具体说明
五定	定点	◆ 确定每台设备的润滑部位和润滑点，保持其清洁与完好无损，实施定点给油
	定质	◆ 按照润滑图表规定的油脂牌号用油，润滑材料及掺配油品必须经检验合格，润滑装置和加油器具保持清洁
	定量	◆ 在保证良好润滑的基础上，实行日常耗油量定额和定量换油，做好废油回收退库工作，治理设备漏油现象，防止浪费
	定期	◆ 按照润滑图表或卡片规定的周期加油、添油和清油，对储油量大的油箱，应按规定时间抽样化验，视油质状况确定清洗换油、循环过滤及抽验周期

(续表)

项目	内容	具体说明
五定	定人	◆ 按润滑图表上的规定，指定作业人员、维修人员、润滑人员对设备日常加油、添油和清洗换油，各员工各司其责、互相监督，并确定取样送检人员
"三过滤" （为减少油液中的杂质含量，防止尘屑等杂质随油进入设备而采取的净化措施）	入库过滤	◆ 油液经过输入库泵入油罐储存时，必须经过严格过滤
	发放过滤	◆ 油液注入润滑容器时要过滤
	加油过滤	◆ 油液加入设备储油部位时也必须先过滤

六、润滑药剂使用控制

（一）润滑剂种类的选用控制

1. 根据设备工作条件选择合适的润滑油品。

2. 根据设备使用说明书选择润滑剂。

（二）润滑剂的采购验收与保管

1. 通过正当渠道，做到货比三家，到正规的油品生产厂家或销售公司购买润滑剂，以防假冒伪劣产品混入。

2. 工厂对购入的润滑剂油品进行严格的检测验收，防止不合格产品流入。

3. 正确保管润滑剂，做到分类存放，避免潮湿环境，以防水分或灰尘进入，影响油品使用性能或导致油品变质。

4. 设备管理部应将废油重新收集起来，避免环境污染，同时准备采用相关技术进行再生，做到循环使用或作他用。

七、润滑技术管理

（一）润滑技术管理的重点

润滑技术管理的重点是对设备的润滑故障采取早期预防和对已发生的润滑故障采取科学的处置对策，尽量减少浪费与损失。

1. 编制"设备清洗换油计划"和"油量需求计划"。

2. 制定油料消耗定额。

3. 对在用油的状态进行监测，分析设备润滑故障的表现形式和原因，对设备润滑故障从摩擦副材质、润滑油品的质量分析、润滑方法和装置、润滑系统等多方面综合采取对策。

4. 防止润滑剂泄漏。

5. 加强技术人员与操作人员的教育培训工作。

（二）组织开展设备润滑技术活动

工厂不定期开展设备润滑技术活动，主要有以下三大类。

1. 技术润滑示范、培训活动。
2. 防止设备润滑油品泄漏的活动。
3. 油液净化活动。

4.6 劳动保护费

4.6.1 劳保用品申购控制流程

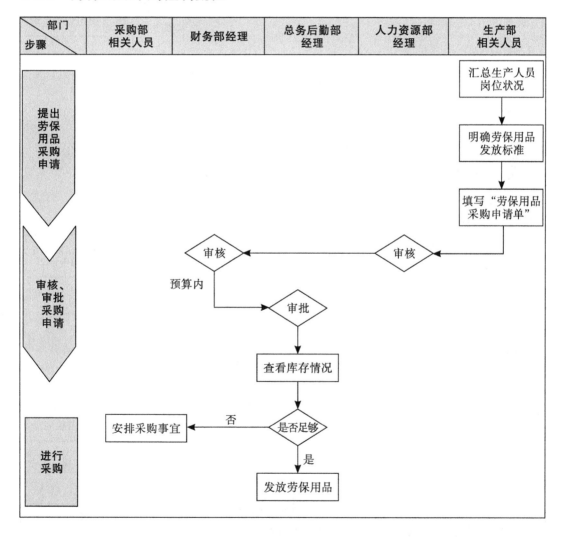

4.6.2 劳保用品领用控制流程

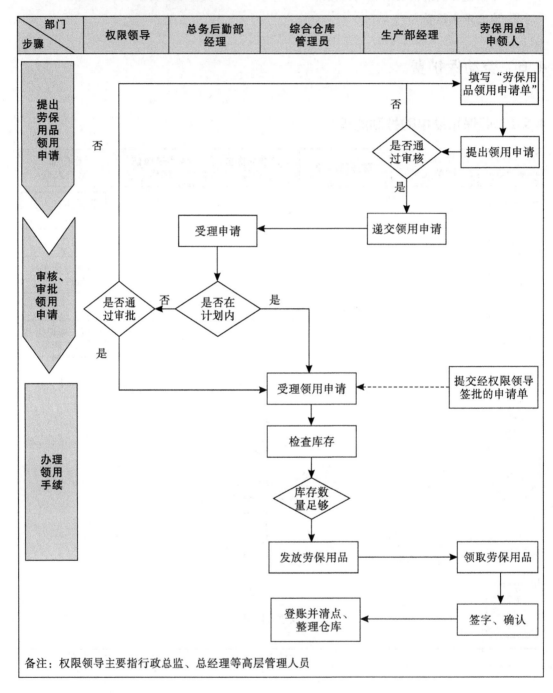

4.6.3 劳保用品发放控制流程

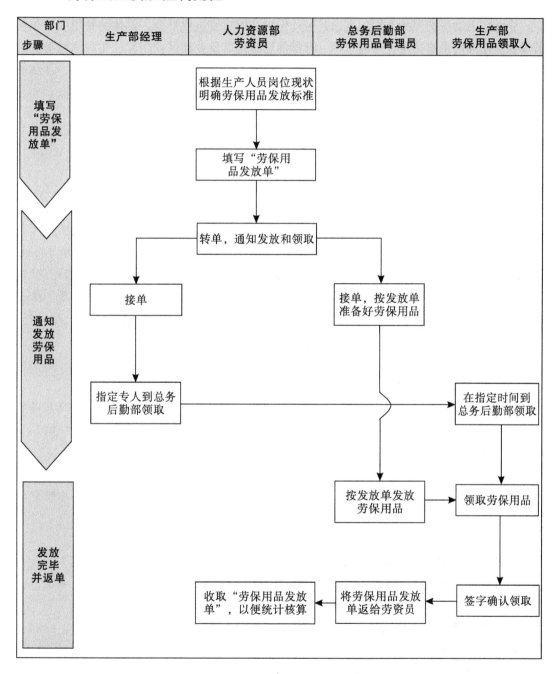

| 部门
步骤 | 生产部经理 | 人力资源部
劳资员 | 总务后勤部
劳保用品管理员 | 生产部
劳保用品领取人 |

填写"劳保用品发放单"

根据生产人员岗位现状明确劳保用品发放标准

填写"劳保用品发放单"

转单，通知发放和领取

接单

接单，按发放单准备好劳保用品

通知发放劳保用品

指定专人到总务后勤部领取

在指定时间到总务后勤部领取

按发放单发放劳保用品

领取劳保用品

发放完毕并返单

收取"劳保用品发放单"，以便统计核算

将劳保用品发放单返给劳资员

签字确认领取

4.6.4 劳动保护用品管控制度

企业在劳动保护用品方面的支出是劳动保护费的重要组成部分，具体的费用项目包括劳动保护用品的采购费用、运输费用、存储保管费用以及劳动保护用品的实际消耗等。因此，企业相关部门应对劳动保护用品的采购、运输、保管与使用等事项制定具体、详尽的规定，以便员工参照执行。

劳动保护用品管控制度

第1章 总则

第1条 目的

为认真贯彻执行国家有关劳动保护的法规和制度，保障生产人员的作业安全和身体健康，规范公司劳动保护用品的管理工作，适应公司快速发展的需要，特制定本制度。

第2条 适用范围

本制度适用于本公司生产用劳动保护用品（简称"劳保用品"）的采购、发放、使用与回收管理工作，主要包括但不限于工作服、防护服、雨衣、防护手套（布手套、线手套、胶手指套等）、护袖、防护鞋（高温鞋、绝缘鞋、防水防腐蚀的胶鞋等）、防护帽、防护镜、卫生用品（毛巾、洗衣粉、肥皂等）以及防暑降温用品等。

第3条 管理职责划分

1. 人力资源部的职责

（1）负责按国家及本行业的规定，结合本公司生产人员的岗位现状，编制劳保用品的需求计划。

（2）负责对生产部申领、使用劳保用品的情况进行监控。

2. 生产部的职责

负责生产人员使用的劳保用品符合安全、卫生规定，审核本部门劳保用品的申领工作。

3. 总务后勤部的职责

（1）下设劳保用品采购科，负责按需求实施劳保用品的采购事宜。

（2）负责拟订劳保用品的发放标准、发放范围、使用年限、折旧办法等相关事宜。

（3）监督劳保用品的申领、发放、使用情况。

（4）下设仓库负责按规定实施劳保用品的采购、保管，并办理发放手续等。

4. 财务部的职责

（1）负责劳保用品采购款项的审核、报销等相关事宜。

（2）负责公司在劳保用品方面支出的费用核算、分摊及相关的会计处理。

第2章 劳保用品的申购与采购控制

第4条 劳保用品由公司总务后勤部采购科负责购置，争取做到"零库存"管理。

第5条　劳保用品的申购及其审批，必须严格遵照劳保用品领用控制流程执行。

第6条　临时性生产用劳保用品的申购，必须填写"临时采购通知单"，经生产部经理、总务后勤部经理会签后方可采购。

第7条　劳保用品的采购，必须遵循下列要求。

1. 劳保用品的选购，尤其是特殊工种的劳保用品，如电焊工的绝缘鞋、电焊手套等，必须按规定到指定的劳保用品厂商处购买，以确保安全、可靠。

2. 劳保服装用品、安全防护用品等需按有关规定购买，其材质、式样、颜色应符合GMP的规定要求和生产要求。

第8条　购进的劳保用品要办理入库手续，采购人员凭"入库单"及发票到财务部办理报销手续。

第3章　劳保用品的发放控制

第9条　生产部新员工入职后，由生产部经理根据该岗位的劳保用品发放标准，填写"劳保用品领用申请单"，新员工本人凭生产部经理核准签名的"劳保用品领用申请单"交总务后勤部仓库管理员，仓库为其开设"个人劳保用品发放登记卡"（如下表所示），办理劳保用品的领用手续。

个人劳保用品发放登记卡

姓名		部门		工种		工号	
劳保用品名称		数量	发放日期	使用年限	签收	备注	

第10条　生产部新员工的工作服、工作帽、口罩、手套等需要经常替换洗涤的用品，按本岗位标准发放两套（件），按两套（件）使用时间计算，以便替换。

第11条　因特殊原因需要领用标准外劳保用品的，由生产部经理提出书面申请，说明用途，经总务后勤部批准后，仓库方可发放。

第12条　对从事多样工种操作的员工，按岗位需要发放适合的劳保用品。

第13条　换发、领用劳保用品时，应交旧换新。劳保用品使用期满后，能用的继续使用，不能使用的凭生产部经理核准签名的"劳保用品领用申请单"及旧劳保用品一起交仓库管理员办理领用手续。

第14条　仓库管理员根据生产人员劳保用品发放标准进行审核，经确认符合发放标准后，发放申领的劳保用品。

第15条　发放时，仓库管理员在"劳保用品领用登记表"（具体样式如下表所示）上登记领用日期、品名、规格、数量，领用人及时在"劳保用品领用登记表"上签名，予以确认。

劳动用品领用登记表

序号	劳保用品品名	规格	数量	领用日期	使用年限	使用人	工种	领用人签收	备注

第16条 对于特殊工种的劳保用品，其发放情况应由总务后勤部仓库管理员据实登记造册。

第17条 生产部员工可根据岗位变化享受相应的劳动保护权利，工种发生改变以后，按新的工种标准享受劳保用品。

第18条 对下列人员不予发放劳保用品。

1. 因长期休病假、产假等未上班的人员不予发放。如有多领或未上班而发放的，一经查实，将追究生产部劳保用品领用人、生产部经理的责任。

2. 对于高温天气里未上班的人员，不予发放防暑降温用品。如有多领或未上班而发放的，一经查实，将追究生产部劳保用品领用人、生产部经理的责任。

第19条 劳保用品发放标准、发放范围的变更管理。

1. 对于劳保用品的发放标准、发放范围，如生产部需要更改，需由车间主任填写"劳保用品更改申请表"（具体样式如下表所示），经生产部经理批准后，报总务后勤部登记，方可按新标准、新范围发放劳保用品。

劳保用品更改申请表

车间		所属分厂	
姓名		工种	
更改理由			
工段长（车间主任）		分厂厂长	
生产部经理意见			
总务后勤部批准			

2. 因生产需要临时使用劳保用品时，由车间主任根据生产任务填报，经生产部经理审批后、总务后勤部登记后发放。

第4章 劳动保护用品的使用控制

第20条 员工必须爱惜使用劳保用品，只在工作范围、时间内使用劳保用品，不得作其他用途。

第21条　各区域的生产、工作人员需按规定穿戴符合 GMP 要求的工作服。

第22条　员工离开生产场地时，必须脱去工作服和换鞋，不得穿着生产工作服装走出生产区。

第23条　发放到员工手里的劳保用品，由员工自行妥善保管。劳保用品在使用期内如有遗失，由员工个人按折后价格（折后价格 ＝ 用品价格 － $\dfrac{用品价格}{使用期限}$ × 已使用时间）予以赔偿；如有损坏，按损坏程度酌情处理。

第24条　劳保用品的清洁必须按照安全生产卫生管理规定的清洗周期和清洗方法进行，总务后勤部指定专人对劳保用品卫生情况进行检查，保证符合安全、卫生规定。

第25条　员工在生产工作场所内作业，必须按规定穿戴符合安全、卫生标准的劳保用品，违者处以 50 ~ 100 元的罚款。

第26条　生产部经理、车间主任、质量监督员、工艺员应随时按安全卫生规定检查所辖范围人员的劳保用品穿戴是否符合规定、穿着的工作服是否符合卫生要求和标准，严格督促所辖人员严格执行，并有权按第25条的规定开立罚单。

第27条　公司领导、工艺技术部负责人、质量管理部负责人应不定期进行检查，对违反者及被罚者的直接主管负责人予以扣罚，对责任人违反规定的予以双倍扣罚。

第28条　因违反劳保用品使用规定造成工伤事故的，不予报销医药费，误工期间作事假处理。

第5章　劳动保护用品的回收管理

第29条　员工在本公司范围内调动、在本部门内变换工作岗位的，其劳保用品如适用的，继续使用不作更换；如不适用，须退回仓库，并按调整后岗位的标准另领所需劳保用品。

第30条　仓库管理员对回收的旧劳保用品，能继续使用的，应妥善保管好；不能继续使用的，应定期进行销毁处理。

第31条　对于员工辞职时，其未达到使用期限的劳保用品，仓库管理员应进行回收，并按折后价（计算方式参考本制度第23条规定）收回损耗费用；对未达到使用期限又不交还仓库的，按折后价计算。

第32条　对于未达到使用期限，因人为原因造成破损、污迹的劳保用品，仓库不予回收，按折后价（计算方式参考本制度第23条规定）计算。

第33条　对于生产用劳保用品，因不同的岗位，使用年限的规定也有所不同。具体可参考"劳保用品使用年限参考表"（如下表所示）。

劳保用品使用年限参考表

使用期限 品名 工种	单工作服（1套）	防寒工作服（1套）	工作鞋或防水胶鞋（1双）	雨衣（1套）	安全帽（1顶）	手套（1双）	护袖（1对）
生产部经理	12个月	36个月	36个月	36个月	以残损换新	6个月	
生产主管	12个月	36个月	36个月	36个月	以残损换新	6个月	24个月
机电主管	12个月	36个月	36个月	36个月	以残损换新	6个月	24个月
工艺员	16个月	24个月	36个月	24个月	以残损换新	6个月	24个月
物料员	12个月	36个月	36个月	24个月	以残损换新	6个月	24个月
机电工	6个月	24个月	36个月	24个月	以残损换新	以残损换新	6个月
班组组长	6个月	24个月	36个月	24个月	以残损换新	以残损换新	6个月
操作工人	6个月	24个月	36个月	24个月	以残损换新	以残损换新	6个月

第6章　附则

第34条　本制度由总务后勤部负责制定、修订及解释。生产部在执行过程中，如遇到本制度有不完善或错漏之处，应及时以书面的形式向总务后勤部汇报。经批示后，可作特殊情况予以办理。

第35条　本制度自＿＿＿年＿＿＿月＿＿＿日起实行。

4.6.5　劳动保护费使用控制方案

劳动保护费是指企业根据国家相关规定，为生产人员配备工作服、手套、安全保护用品、防暑降温用品等发生的支出以及高温、高空、井下、有害作业的保健津贴、洗理费等。下面给出某企业的劳动保护费使用控制方案，供读者参考。

劳动保护费使用控制方案

一、目的

为使本公司的劳动保护费得到合理使用，严格控制不合理支出，特制定本方案。

二、劳动保护费的界定

劳动保护费主要是指按国家有关部门规定的标准，按规定向生产车间的员工发放劳动保护服装及用品、安全防护用品、防暑降温用品、值班用床及被褥以及不划为固定资产的安全设备等发生的费用。

三、劳动保护费的定额管理

财务部应按国家规定的劳动保护费开支标准执行，实行定额控制。其重点是确定合理的劳动保护费的定额，其步骤如下。

1. 安全环保部呈报往年劳动保护费开支项目

安全环保部需于 1 月 5 日前将上一年度劳动保护费开支项目及金额，列表呈报行政部。

2. 行政部确定劳动保护费的定额

行政部根据安全环保部呈报的往年开支项目及金额，结合国家规定的标准和本公司本年度的实际情况确定本年度劳动保护费的定额。

在确定定额时，需要注意以下诸多问题。例如，劳动保护用品的发放要视具体的工种确定，医疗保健费要按从事有害健康作业的人数确定，而防暑降温费则按本地区夏季实际的高温天数确定等。

3. 财务部审核劳动保护费定额

确定后的劳动保护费定额需报财务部审核，经财务部经理确认符合国家规定和本公司的实际情况后，方可在公司范围内实施。

四、劳动保护费的归口管理

（一）确立归口管理部门

劳动保护费的定额确定后，具体使用由安全环保部统一归口管理，财务部和行政部根据国家规定和本公司的实际情况监督其使用情况。

（二）劳动保护费支出控制

1. 安全环保部根据生产车间的实际需求情况，于购买劳动保护用品、安全防护用品、防暑降温品的时候，提出申请。

2. 劳动保护费支出申请需经财务部或主管的成本会计审核，确保符合劳动保护费的支出范围和支出标准。

3. 劳动保护费的支出申请，经公司主管领导审批后方可支付或发放。

4.7 外协费用

外协生产是指企业因为自身设备或技术上的不足，很难独立完成某项生产加工任务，或者达到相同质量要求所需费用更高，为确保按时完成生产任务，降低成本，充分利用社会资源，委托外单位订做部分零部件或半成品的过程。

外协费用即为外协生产过程中的产生的所有费用支出，其构成明细如图 4-1 所示。

图4-1 外协费用明细图

4.7.1 外协加工费控制方案

外协加工费是外协费用的重要组成部分。下面给出某企业的外协加工费控制方案，供读者参考。

外协加工费控制方案

一、目的

为了控制公司在产品外协时的费用支出，降低产品外协的加工费及产品的生产成本，根据公司实际情况，特制定本方案。

二、选取多家外协单位进行加工费用的比价

公司在确定产品的外协加工费时应对多家外协单位的报价进行比较，通过对比选取报价较为低廉的外协单位，减少外协加工费的支出。

1. 采购部在日常工作中应积极收集与公司有关的外协单位的相关信息，并将外协单位的基本资料按照外协品种的不同进行编号存档。

2. 公司的产品需要外协加工时，采购部应在生产计划编制后，根据现有的资料，向相关的外协单位发送询价单。

3. 收到外协单位的询价回单后，采购部应从外协单位的报价中选取报价较低的不少于三家的外协单位。

三、考察外协单位的资质

公司应考察相关外协单位的资质，防止外协产品在质量、交货期等出现问题，加大公司在外协加工费用方面的支出。

1. 采购部应会同生产部、技术部、质量部、财务部等部门组成资质考察小组前往备选的外协单位进行资质考察。

2. 对外协单位资质考察的内容包括以下五个方面。

（1）外协单位的生产能力。

（2）外协单位的产品质量。

（3）外协单位的技术水平。

（4）外协单位的管理水平。

（5）外协单位的交货信誉。

3. 公司在资质考察结束后，填写"外协厂商调查表"。经过综合平衡，选取一家适合本公司的外协单位签订《外协合同》，并在《外协合同》中明确说明双方的权利义务，以及对质量缺陷和交货期的奖励处罚要求，规定明确的金额。

四、确定合适的外协数量

公司在外协加工时，应确定合适的外协数量，尽量降低外协成本。

1. 采购部根据当期生产计划与下期生产计划和生产部进行协商，尽量合理地扩大外协品的单次加工数量，以便在与外协单位谈判时更具优势。

2. 采购部在与选定的外协单位进行外协加工费谈判时，根据公司较大的订单量，应尽量将加工费谈到一个比较低的水平，减少外协加工费的支出。

五、选择合理的费用支付方式

1. 外协加工费的一次性支付

（1）公司选择一次性全额支付外协加工费时，应比较此项付款的资金用于其他投资的投资报酬率。

（2）公司进行一次性全额支付外协加工费时，必须是在外协单位的产品全部经公司检验合格后，且必须按照加工费用总额的10%提取质量保证金。

2. 分期支付外协加工费

公司在选择分期支付外协加工费时，应调查、计算分期支付的银行利息等，确定分期支付时可能发生的相关费用。

3. 根据公司的财务现状，对比两种支付方式产生的成本，选择成本较低的支付方案。

4.7.2　外协材料费使用管控方案

外协材料费用的控制水平，直接影响着外协费用的高低。下面给出某企业的外协材料费使用管控方案，供读者参考。

外协材料费使用管控方案

一、目的

本着以下两个目的，结合公司实际情况及相关规定，特制定本方案。

1. 减少产品外协中使用的材料，降低材料费用。

2. 减少外协中公司所提供的产品原料的损耗，降低外协品成本。

二、确定、控制材料消耗定额

公司应确定、控制在外协品中的材料消耗定额，降低材料的损耗，节约成本。具体措施如下。

1. 技术部应根据产品的特点及相关历史记录确定产品材料消耗的定额。

2. 技术部应结合产品的特点、材料的消耗定额与外协单位的生产状况和外协单位进行协商，确定外协中的材料消耗定额。

3. 确定外协时材料消耗定额时应考虑材料的成本，材料成本与材料的定额消耗成反比。

4. 外协品的材料消耗定额不得超过公司所定同类产品的材料消耗定额的5%。

5. 必要时公司可派出专业的技术人员协助外协单位改善生产流程，减少材料消耗。

6. 外协单位在进行外协作业时所消耗的材料应达到公司制定的定额消耗指标，否则应赔偿给公司一定额度的经济损失。具体的赔偿标准与赔偿金额应明确写入《外协加工合同》（或《外协加工协议书》）中。

三、规定限额的报废指标并控制

在外协作业中，公司应规定限额的报废指标并进行控制，防止因材料的报废率过高导致公司的外协材料成本增加。具体措施如下。

1. 技术部确定外协作业中材料的报废指标并通知外协单位。

2. 公司派出人员监控外协作业中的产品质量，通过不定时的抽检和制程检验等手段防止出现报废事件。

3. 外协作业中出现报废品时，外协单位应及时通知公司，由本公司派出人员协助查找原因，解决质量问题。

4. 公司在必要时可派出专人到外协单位的生产现场进行全程监控。

5. 外协单位在作业过程中的产品报废率超过公司规定的报废指标时，应根据相关协议赔偿公司的损失，包括材料损失、二次加工损失等。

四、专人负责外协材料的控制

在产品的外协作业中，公司应指定专人负责外协材料的管理，防止出现外协材料的丢失及账目混乱等情况，增加外协材料的成本。具体措施如下。

1. 公司指定专人负责外协材料的发放、统计、管理等事宜。

2. 外协材料的管理人员发放外协材料时应根据确定的外协材料的消耗定额和外协计划按照相关手续限额发放外协材料。

3. 外协材料管理人员应对外协材料进行详细记录，包括领料人、领料时间、领料地点、数量，同时应保存"领料单"中的一联作为凭证。

五、及时回收边角料或进行价值折算

1. 根据外协材料的成本，公司应在与外协单位进行谈判时就确定相应的条款，从而避免外协材料成本的浪费。

2. 处理外协材料的边角料时，可采用以下措施。

（1）对于价值较高的外协材料，其边角料有以下两种处理方式。

①与价值低的外协材料的边角料的处理方式相同，即进行折价计算，抵扣外协费用。

②回收。回收外协材料的边角料时需要与外协单位进行充分沟通，外协单位负责暂时

保管外协作业中产生的外协材料的边角料并随同外协产品运回公司；公司在外协作业期间应经常派人查看外协边角料的情况，并及时记录。

（2）对于价值低的外协材料，公司可通过与外协单位的协商对其进行折价计算，外协材料的边角料归外协单位所有，其折算后的价值抵扣相关的外协费用。

4.7.3 外协往返运杂费控制方案

往返运杂费是外协生产过程中经常发生的费用，即使企业将外协往返运输事宜交给外协单位完成，对方一般也会将相应的费用转嫁到外协总体报价中。所以，企业制定往返运杂费的控制办法，对有效控制往返运杂费乃至外协费用均有较大的促进作用。

下面给出某企业的外协往返运杂费控制方案，供读者参考。

外协往返运杂费控制方案

一、目的

为了严格控制外协产品的往返运杂费，间接控制外协成本，减少费用支出，特制定本方案。

二、选择与公司距离较近的外协厂商

1. 采购部在收集信息时应重点关注位于公司附近的外协单位，以减少外协作业时的运杂费。

2. 公司在确定外协作业单位时，外协作业单位距离公司的远近也应作为一个相对重要的因素。

三、选择合适的运输车辆

1. 外协厂商有运输车辆时尽量使用外协单位的车辆，以降低运输费用。

2. 外协厂商需要雇用车辆时，公司外协事物的负责人员应计算、考虑外协品的数量、质量及装卸要求等要素，确定合适的运输车辆。

四、确定合理的运输方案

外协事物的负责人员应制定合理的运输方案以减少运输、装卸的成本，其运输方案应包括但不限于以下四部分的内容。

1. 公司相关人员通过与外协单位进行协商，确定合理的运输时间，避开货运高峰，节省装卸时间，降低装卸成本。

2. 公司相关人员应根据产品特性和运输车辆特点确定合理的装卸方式及外协品放置方式，确保运输过程的安全。

3. 公司与外协单位的相关人员应确定外协品运输中的协作方式，确保外协品运输的顺畅无阻。

4. 公司的外协负责人应确定外协运输时的合理线路，避免绕行和耽搁时间，减少运输成本。

五、确定合适的装卸人员

1. 在外协品运输过程中发生在公司内的装卸作业，应尽量使用本公司的装卸人员进行作业。

2. 在外协品运输过程中发生在外协单位的装卸作业，应尽量要求外协单位的装卸人员进行作业。

第 5 章

采购成本费用控制

5.1　订购成本

5.1.1　采购询价控制流程

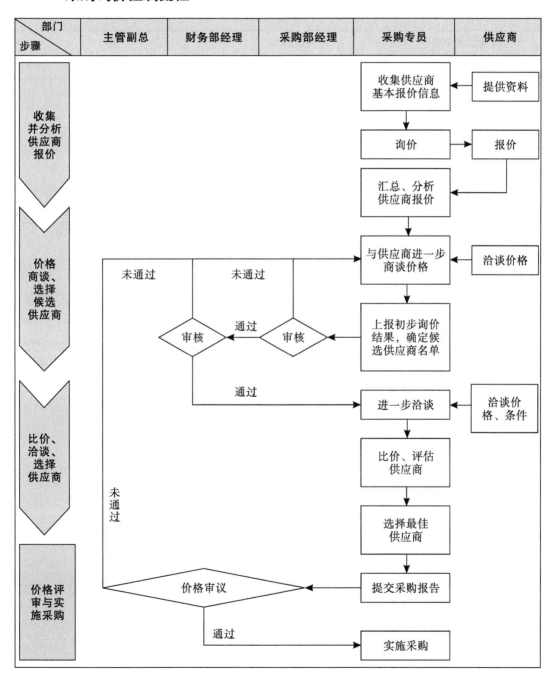

5.1.2 订购成本控制方案

订购成本是指企业为实现一次采购而开展各种活动所支付的费用，包括办公费、差旅费、电话费、邮资等。订购成本的相关费用如表5-1所示。

表5-1 订购成本费用项目一览表

订购成本分类		相关活动	内容
固定成本		采购部日常工作运转	采购部的基本支出
变动成本	请购手续成本	1. 编制并提出采购申请 2. 审批采购申请	1. 请购人工费用 2. 请购事务用品费用 3. 主管及有关部门的审查费用
	采购执行成本	1. 调查并选择合适的供应商 2. 填写并发出"采购单" 3. 填写并核对"收货单"	1. 估价、询价、比价、议价费用 2. 执行采购费用 3. 通信联络费用、事务用品费用
	进货验收成本	检查验收采购物品	1. 检验人工费用 2. 交通费用 3. 检验仪器仪表费用
	进库成本	物品卸载、搬运与入库	物品搬运所花费的成本
	其他成本	如会计入账支付款项等活动	会计入账支付等花费的成本

下面给出某企业的订购成本控制方案，供读者参考。

订购成本控制方案

一、目的

为加强对订购成本的控制，降低采购成本，提高公司的经济效益，特制定本方案。

二、职责分工

（一）采购部职责

1. 采购部经理

（1）审批采购申请。

（2）确定供应商。

（3）签订采购合同。

（4）监督采购过程。

2. 采购专员

（1）负责采购申请。

（2）负责询价、议价。

（3）执行采购合同。

（4）报领相关差旅费、通信费等采购费用。

（二）财务部职责

1. 财务部经理

（1）审核采购申请。

（2）审查采购价格与采购合同。

（3）按合同审批、支付物品采购款项。

（4）审批采购专员的费用报销申请。

2. 成本会计

成本会计负责订购成本的核算工作。

3. 出纳

（1）支付供应商采购款项。

（2）发放采购专员的费用报销（如差旅费、通信费等）。

（三）物流部职责

物流部装卸人员负责物品的卸载与搬运工作。

（四）质量管理部职责

质量管理部负责采购物品的质检工作。

（五）仓储部职责

仓储部仓库管理员负责物品的入库存储工作。

三、订购成本控制措施

（一）请购过程控制

为降低请购过程发生的成本与费用，公司须明确制定请购的审批权限，优化请购流程，降低人工费用和请购手续费用。

1. 请购授权审批控制

公司建立请购授权审批制度，明确审批人对采购作业的授权批准方式、权限、程序和责任等。公司请购审批权限规定如下表所示。

请购审批权限一览表

采购项目	采购金额（元）	请购程序			
		申请人	初核人	复核人	核准人
计划内采购	10 000 以下	采购专员	采购部经理	财务部经理	财务部经理
	10 000 以上	采购专员	采购部经理	财务部经理	主管副总
计划外采购	全部	采购专员	采购部经理	财务部经理	主管副总
备注					

2. 建立明确、合理的请购审批流程

（1）生产或使用部门根据生产计划及工作需求向仓储部发送"物品需求单"，"物品需求单"上注明使用部门、物品名称、规格、数量、要求到货日期及用途等内容。

（2）仓储部根据物品需求情况和存货情况，填具存货量，汇总物品需求信息，将"物品需求单"传递给采购部。

（3）采购专员收到仓储部送来的"物品需求单"后，填制"采购申请表"（如下表所示），同时制定"采购预算表"，报采购部经理审批。

采购申请表

编号：   日期：____年____月____日

	物料编号	使用部门	品名	规格型号	数量	估计单价	需用日期	备注
请购项目								
	厂商	厂牌	单价		总价	预定交货期	采购意见	裁决
询价记录								
采购部经办人					采购部经理			

备注：第一联由采购部留存，第二联返相关使用部门，第三联返仓储部，第四联返财务部。

（4）采购部经理收到"采购申请表"和"采购预算表"后，审核是否在采购计划内，若符合计划，则审批签字后令采购专员将表单转交财务部审查，否则报公司主管副总审批。

（5）财务部审查"采购申请表"和"采购预算表"，检查是否在预算内，若在预算内，则经财务部经理审批签字后，交采购专员开展物品采购，若在预算外，则报公司副总审查。

（6）计划内采购金额大于1万元的采购项目与任何金额的计划外采购项目均须主管副总审批签字后方可办理采购业务。

（7）重要物品的请购应当经过使用部门、技术部、采购部等相关人员决策论证后，报公司总经理审批。

（8）紧急需求的特殊请购执行特殊审批程序，由于特殊原因需取消请购申请时，使用部门应通知采购部停止采购，采购部应在"采购申请表"上加盖"撤销"印章，并退回使用部门。

（二）采购方式控制

采购部对于不同的物品可采取不同的采购方式，采购方式也是影响订购成本的因素之一。采购方式的选择标准如下表所示。

采购方式分类表

采购方式	实施要点	适用范围
招标采购	1. 详列所有条件 2. 发布广告 3. 厂商投标、相互比价 4. 评标、选择供应商	大宗物品的采购，如大宗设备等
议价采购	1. 选择几家供应商询价 2. 比价、议价、选择供应商	一般物品的采购。这是公司普遍采用的采购方式
定价收购	定价现款采购	购买数量巨大，非几家厂商所能全部提供的物品
公开市场采购	公开交易场合或拍卖采购	大宗物品采购

（三）采购过程控制

采购过程中发生的估价、供应商选择、议价比价等相关活动直接影响着采购人工费用、管理费用、差旅费、电话费等订购成本，公司须对这些活动进行有效控制，优化采购流程。

1. 建立并优化采购流程

采购专员在完成请购审批手续后开始执行采购作业，其流程如下。

（1）采购专员根据此次采购计划，选择合适的采购方式。

（2）采购专员从供应商档案库中选择比较合适的几家供应商进行询价，与供应商围绕采购物品的价格进行初步谈判，确定候选供应商名单（三个左右），并将谈判结果填入"采购申请表"，上报给采购部经理。

（3）采购部经理根据采购计划审核"采购申请表"。

（4）计划外采购项目和重要采购项目的初次谈判结果须经财务部经理审批，其审批依据包括采购计划、采购预算和已制定的采购底价等。

（5）审批通过后，采购专员与候选供应商进一步洽谈，洽谈内容主要是采购价格和相关条件，如交货期、付款方式、配送等。

（6）采购专员根据洽谈结果，选择适合此次采购计划和公司现状的供应商，将结果填入"采购申请表"中，并编制《采购作业报告》，上报采购部经理。

（7）对于公司重要项目的采购，采购部经理会同其他相关部门对采购价格进行审议。

（8）价格审议后，采购专员与供应商拟订《采购合同》，报采购部经理、财务部经理、公司副总审批。

（9）审批通过后，采购部与供应商签订正式的《采购合同》，并按照《采购合同》的约定条款办理采购手续。

（10）采购部会同仓储部与质量管理部对送抵仓库的物品进行验收并安排入库。因配送错误或质量问题造成物品无法入库的，采购专员须及时与供货商联系协商解决办法，同时上报相关领导，按领导的指令处理。

（11）财务部根据《采购合同》进行付款和会计核算，处理相关账务工作。

（12）《采购合同》归档，采购部、财务部保留《采购合同》副本。

2. 供应商选择控制

（1）建立并完善供应商档案

①公司对采购供应商建立档案，档案内容包括供应商编号、详细联系方式、地址、付款条件、交货条款、交货期限、品质评级、银行账号等，每一个供应商档案须经严格的审核后才能归档。

②采购部经理指定专人管理供应商档案，并定期或不定期对其进行更新，保证档案的时效性。

③采购部必须在已归档的供应商档案中选择供应商。

（2）建立供应商准入制度

①公司须制定严格的供应商考核制度和指标，按考核流程对其进行评估，合格者才能归档。

②公司重要物品的采购供应商须经过质检部门、生产部、财务部联合考核后才能归入供应商档案。如有可能，相关人员须到供应商生产地进行实地考核。

3. 采购价格确定控制

（1）建立并更新价格档案

①采购部必须对所有采购物品建立价格档案，每一批采购物品的报价应首先与归档价格进行比较，分析价格差异的原因。如无特殊原因，原则上采购的价格不能超过档案中的价格水平，否则须做出详细的说明。

②采购部经理指定专人负责建立与维护价格档案，并根据市场情况及时更新物品价格。相关人员在更新物品价格时，须注明原因并附上相关证明。

（2）建立价格评价体系

①公司对于重要物品的价格建立价格评价体系，由财务部、采购部、生产部、质检部等相关部门人员组成价格评价小组，每季度收集有关供应价格信息，分析评价现有的价格水平并对归档的重要物品价格档案进行评价与更新。

②价格评价小组不定期检查价格档案，审查物品价格的更新情况，督促完善价格档案。

4. 建立物品的标准采购价格

财务部根据市场变化和产品标准成本定期对重要物品制定标准的采购价格，督促采购专员积极开展采购工作，不断降低采购价格。

（四）物品入库过程控制

物品到库后，搬运所花费的费用和检验人员的人工费用、检验仪表仪器费用等均属于订购成本。公司应制定详细的入库验收流程和入库检验规范，提高验收人员的工作效率，从而提高物品入库的速度。

（五）采购专员费用报销控制

采购专员在采购过程中发生的差旅费、通信费等均属于订购成本，其报销控制审批流程如下。

1. 采购专员须填制"费用报销单"，连同相关的费用凭证一起上交采购部经理审批。

2. 采购专员将采购部经理签字的"费用报销单"与费用凭证交于财务部会计处审核。

3. 财务部会计根据采购专员上交的资料，审查报销金额，按照财务部制定的《费用报销管理规定》办理报销手续，登记相关台账。费用较高的，须报财务部经理审批后办理报销手续。

4. 财务部出纳人员向采购专员发放报销费用。

四、检查、考核和奖惩

公司须对采购各环节的费用使用与控制情况进行检查考核，并根据考核结果实施奖惩。

（一）检查与考核

1. 公司可通过采购计划的完成率、请购报批出错率、错误采购次数、请购过程时间耗用情况和采购滞后情况等对请购过程进行检查与考核。

2. 针对采购执行过程的检查与考核，公司可通过采购预算执行情况、采购实际价格和标准成本的差额、供应商对比选择情况等相关指标来实现。

3. 物品检验入库过程可通过物品验收相关指标和入库工作时间等相关指标进行检查与考核。

（二）奖惩

根据考核结果，公司按照奖惩办法对采购部人员进行奖惩。

5.1.3　采购价格审议方案

采购价格是指采购物资本身的价格，它在最大程度上决定了采购成本的高低。所以，企业采购人员、采购稽核人员应尽可能控制采购价格的上涨。下面给出某企业的采购价格审议方案，供读者参考。

采购价格审议方案

- -

一、目的

为尽量降低采购价格，降低采购成本，提高公司的经济效益，特制定本方案。

二、相关职责

（一）采购部

1. 采购部经理

（1）指导监督采购专员询价、比价、议价过程。

（2）审批采购专员编制的"采购报价单"。

2. 采购专员

（1）根据"采购申请表"，负责采购物品价格的估价、询价、比价、议价等相关工作。

（2）根据以上相关活动，制定"采购报价单"，报采购部经理审批。

（二）财务部

财务部经理授权相关财务人员调查了解市场状况和物品的采购价格情况，制定物品采购底价。

（三）价格审议小组

价格审议小组的构成人员主要由财务部、采购部、生产部、质检部等相关部门选派人员组成价格评价小组，主要工作职责如下。

1. 负责审议"采购报价单"，并最终确定采购价格。

2. 每季度收集有关供应价格信息，审查评估价格档案，督促相关人员完善价格档案，更新相关重要物品的价格档案。

3. 督促采购部积极进行采购价格议价，考核采购部议价工作。

4. 最终目的是尽量降低采购价格，同时保证采购质量。

三、采购部建立并完善价格档案

（一）价格档案的建立与更新

1. 采购部必须对所有采购物品建立价格档案，并由采购部经理指定专人维护。

2. 财务部相关人员根据市场情况及时更新物品价格，更新物品价格时，须注明原因并附上相关证明。

（二）价格档案的使用

每一批采购物品的报价应首先与归档价格进行比较，分析价格差异的原因。如无特殊原因，原则上采购的价格不能超过档案中的价格水平，否则须做出详细说明。

四、财务部建立价格底价

底价是指公司采购物品时打算支付的最高价格。财务部负责制定公司相关重要物品的底价。

（一）采购底价对控制采购成本的作用

1. 采购底价是采购该物品的最高价格，实际采购价格必须低于事先制定的底价。通过采购底价，可以有效地把采购费用控制在预算范围内。

2. 采购底价是考核采购专员采购议价工作的绩效考核标准之一，它有利于激励采购专员努力与供应商议价，降低采购价格，从而降低采购成本。

3. 采购底价可作为衡量供应商报价的标准，避免高价购买。

（二）制定采购底价

1. 收集信息资料

财务部制定采购底价时，须调查收集以下相关资料。

（1）公司过去的采购记录。

（2）市场调查资料。

（3）报载行情。

（4）同业公会牌价。

（5）著名工厂的报价。

（6）临时向有关工厂询价。

（7）其他机构调查的采购价格。

2. 采购底价的计算

财务部根据合理的物品成本、人工成本及作业方法，计算物品的采购价格，其计算公式如下。

采购底价 = 总成本 + 采购对象的预期利润

总成本 = 采购需求量 × 采购价格 + 标准时间 ×（单位时间工资率 + 单位时间费用率）×（1 + 修正系数）

预期利润 = 单位时间费用率 × 预期利润率

需要注意的是，标准时间包括主要作业时间和准备时间，修正系数的产生原因有为特急品而加班、赶工及试作等。

在实际操作中，若供应商无法接受底价，财务部须根据各采购项目的资料，逐一检讨分析原因。原因合理的，报财务部经理和主管副总审批后，修正采购项目底价。

五、成立价格审议小组

（一）价格审议小组的构成

1. 价格审议小组的负责人一般是主管副总。

2. 小组秘书由主管副总选派非采购部门人员担任，可兼职。

3. 组员是各部门主管级以上的人员或其指定人员，如采购部经理、财务部经理、生产部经理、技术部经理等。

（二）价格审议流程

1. 采购专员根据询价、比价、议价结果编制"采购报价单"，经采购部经理签字后，提交财务部。"采购报价单"应包含采购物品名、规格、使用部门、数量、供货商报价、商定价格、供货商详细信息、交货周期等内容。

2. 财务部根据采购部送达的"采购报价单"和采购底价，填制并复核"采购价格审议表"（如下表所示）的相关内容。

3. 财务部将"采购报价单"和"采购价格审议表"提交价格审议小组。

4. 价格小组根据"采购报价单"和"采购价格审议表"，召开小组会议，讨论价格审议方法。

5. 审议小组秘书进行相关会议记录，并根据审议结果填入"采购价格审议表"。

6. 价格审议小组成员会签审议表，小组秘书向采购部、财务部等相关部门传达审议结果。

7. 采购部根据审议结果，办理采购或重新与供应商议价等。

8. 相关部门根据审议结果实施奖惩。

采购价格审议表

申报日期：　　　　　　　　　　　　　　　　　　　审议日期：＿＿＿年＿＿＿月＿＿＿日

采购项目		规格	经办人	供应商	底价（元）	档案价格（元）	供应商报价（元）	商定价格（元）	审议价格（元）
原材料									
辅助材料									
办公行政物品									
其他物品									
审议结果意见									

（续表）

审议小组会签	
负责人：	日期：____年____月____日

备注：1. "供应商"栏，须注明供应商的详细信息，如公司全称、联系地址、有效联系电话、交货期等。若与此供应商为初次合作，须注明。

2. "底价"指财务部制定的相关重要物品的采购底价，即允许支付的最高价格。

3. "档案价格"指采购部根据历史记录和市场情况建档的采购物品的价格。

4. 价格审议时，须考虑申报日期与审议日期期间市场价格波动。

（三）检查评价价格档案

除对"采购报价单"的价格进行审议外，价格审议小组每季度对采购部的价格档案进行一次检查评价，其检查内容如下。

1. 检查价格档案的整齐、分类、完整情况。

2. 检查价格档案的更新情况。

3. 评价重要采购物品的档案价格，更新不合理的档案价格。

4. 检查采购记录，比对档案价格与实际采购价格，发现问题，及时清查。

5. 比对重要物品的底价与档案价格，检查档案价格是否超过底价，发现超出，及时清查并督促修正。

六、执行价格审议

（一）明确降低采购价格并不等同于降低采购成本

采购价格降低并不是完全意味着采购成本的降低，采购价格也不是影响采购成本的惟一因素。采购交期、采购周期、质量稳定性都是影响采购成本的重要因素。

（二）明确价格审议的目标

公司审议小组价格审议的目标是在保证采购质量和及时采购供应的基础上尽量降低采购价格，而不只是审议采购单价。

（三）价格审议

1. 价格小组须明确掌握采购物品的相关信息，主要需明确的内容如下。

（1）采购物品基本信息，如规格、用途、质量标准等。

（2）采购物品的安全库存。

（3）采购物品的库存成本费用情况。

（4）采购物品的替代品情况。

（5）采购物品的底价。

（6）其他需明确的内容。

2. 价格审议小组在了解采购物品的基础上，根据"采购报价单"和"采购价格审议表"提供的信息，调查了解供应商情况。

（1）确认供应商的实际报价。

（2）调查供应商产品质量的稳定性。

（3）调查供应商的信用情况。

（4）调查供应商的交货期情况。

（5）掌握供应商的优惠政策。

（6）调查供应商的经营状况。

3. 通过以上对采购物品与供应商的调查了解后，价格审议小组讨论采购价格的合理性，最终确定审议结果。

（1）审议通过的，审议小组秘书通知采购部办理采购。

（2）审议未通过的，审议小组秘书向采购部传达价格审议小组的意见和未通过原因，采购部根据结果，重新选择供应商议价，并努力改进采购工作。

4. 在价格审议过程中，价格审议小组须考虑采购报价日到审议价格日期间的市场价格波动情况。

5. 价格审议结果须运用到采购部相关人员的考核工作之中。

5.1.4　采购付款控制方案

在采购环节中，采购付款直接或间接地影响着企业采购成本的高低。如果选择的付款方式不当，将会导致企业资金运转不足、资金浪费、采购成本提高，从而出现生产成本、物流成本、管理费用过高等问题。因此，为降低采购成本，增加收益，企业应严格控制采购付款工作。

下面给出某企业的采购付款控制方案，供读者参考。

采购付款控制方案

一、目的

为降低采购成本，增加公司经营效益，同时为采购部、财务部做好采购付款控制工作提供指导，特制定本方案。

二、相关定义

采购付款是指采购过程中因采购物品而需支付给供应商的款项。采购付款控制是指采购专员对支付供应商款项相关活动和内容的控制，其主要包括以下三个方面。

（一）采购付款支付方式的控制

采购付款方式包括现金支付、票据支付等。

（二）付款方式控制

根据付款进度不同，公司可以选择不同的方式支付供应商款项，其主要包括以下六种方式。

1. 预付部分款项。

2. 货到后一次性现金支付。

3. 货到后票据支付。

4. 货到后分期付款。

5. 货到后延期付款。

6. 以上方式的结合。

（三）供应商优惠政策选择控制

在采购过程中，采购专员须结合公司的具体情况，分析供应商提出的优惠政策方案，选择对公司最合适的优惠方案，降低订购成本。

三、明确职责分工

（一）公司高层

1. 计划外采购须由公司主管副总审批签字后方可付款。

2. 涉及金额重大的采购项目和计划外采购项目须经公司主管副总签字后方可付款。

3. 因公司经营战略规划和公司规模扩大而发生采购项目须经公司总经理和董事会审批后方可付款。

（二）采购部

1. 采购部经理

（1）审核采购付款方式。

（2）最终选择供应商提供的优惠政策。

（3）签订《采购合同》。

2. 采购专员

（1）负责采购付款方式、时间等细节的谈判工作。

（2）负责分析供应商提供的优惠政策，并提出选择意见。

（3）草拟《采购合同》。

（4）整理付款凭证，提出付款申请。

（三）财务部

1. 财务部经理

（1）指导监督成本会计做好采购成本核算工作。

（2）审核《采购合同》。

（3）审批支付采购款项。

2. 成本会计

（1）负责审核采购付款凭证，按《采购合同》核算采购款项。

（2）上报财务部经理，并开具付款凭证。

（3）做相关账务处理。

3. 出纳

负责按照《采购合同》支付采购款项。

四、付款流程控制

公司须制定合理的付款流程，提高付款工作效率，降低人工成本和订购成本。公司的采购付款工作须按以下操作流程办理。

1. 采购物品运抵仓库后，仓库管理员会同采购部采购专员、质量管理部质检人员验收物品。

2. 验收时，采购专员与仓库管理员将物品与《采购合同》或订单、发货单等一一核对。经确认无误后，填具"验收单"。

3. 由质检人员对物品质量按照公司的质检规范进行入库质检工作，经质检通过后，质检人员在"验收单"上签字。"验收单"一式三联，第一联由仓储部留存，第二联转送采购部，第三联转送财务部。

4. 采购部将"验收单"与《采购合同》的副本、供应商的发票、银行结算凭证一一核对，以确认采购业务的完成情况。

5. 财务部收到"验收单"后，由成本会计将"验收单"与《采购合同》的副本、供应商的发票、银行结算凭证一一核对，作为是否付款的依据，报财务部经理审批。

6. 经财务部经理审批通过后，成本会计根据付款依据开具付款凭证，由公司出纳按照《采购合同》规定的付款方式办理付款手续。

7. 因物品与订货单要求不符或质检未通过等原因无法办理入库手续的，采购专员须及时与供应商联系，协商解决办法，并上报采购主管。根据协商一致的结果，仓储部办理退换货或入库手续（仍按上述流程办理），具体退换货工作参照公司的"退换货管理规定"执行，相应的付款手续按以上操作办理。

五、款项支付方式的控制

（一）不同支付方式对订购成本的影响

在决定支付订购款项时，可选择的支付方式主要包括现金支付和票据支付。二者对订购成本有着不同的影响，具体如下表所示。

不同支付方式对订购成本的影响分析表

支付方式	对订购成本的影响
现金支付	采用现金支付，须满足下列两个条件 1. 公司资金充足 在公司资金充足的情况下，公司选择现金支付往往能换来供应商提供的比票据支付更多的优惠或更大的折扣，且付款手续简单，减少相关的人工费用和银行手续费，提高工作效率，降低采购成本 2. 当前银行利率较低 公司在保证资金运转正常的情况下，如果银行利率较低，且预计近期不会上调时，可采取现金支付
票据支付	1. 票据是指商业上由出票人签发，无条件约定自己或要求他人支付一定金额，可流通转让的有价证券，持有人具有一定权力的凭证 2. 票据有一定时间的贴现期，通过票据付款，公司相应的资金可用于其他方面投资而获得投资回报，这种回报往往比由于使用票据付款而增加的人工费用等要高得多 基于上述两点，一般情况下，公司鼓励使用票据付款

（二）付款方式与付款时间控制

公司付款方式和付款时间的不同直接或间接影响着订购成本，如一次性付款和分期付款两种付款方式的会计入账支付等所花费的成本不同，后者所花费的入账成本明显比前者高，但因分期付款而获得的公司资金的利用回报收益却可能远比其所多花费的成本高得多。

（三）付款方式与供应商优惠条件控制

根据不同的付款方式，供应商提供的优惠价格也不同，公司管理层可根据公司内部的实际情况和供应商提供的优惠条件，选择最适合公司的付款方式。

1. 付款方式

公司可采取的付款方式一般有预付部分款项、货到后现金一次性支付、分期付款、延期付款等。

2. 选择合适的供应商优惠条件

（1）公司资金相对充裕，而一次性付款其优惠折扣足够高时，公司可采取货到后一次性现金支付的方式付款。

（2）资金不够充裕时，一次性付款可能导致公司资金不足、丧失其他投资机会等损失，而供应商的优惠政策无法弥补这些损失时，公司须尽可能采用票据支付、分期付款、延期付款的方式支付款项。

（3）在公司资金短缺时，公司须尽可能以分期付款、延期付款的方式支付款项。

（4）对于经常性的物品采购，公司可选择固定的供应商建立良好的合作关系，从而获得相对优惠的采购价格，并在公司资金不足时，获得供应商提供的信用优惠。

5.1.5 紧急采购控制方案

紧急采购是指在生产紧急的情况下，来不及纳入正常采购计划而必须立即进行的物料采购工作。企业应合理控制紧急采购，严格审批，保证物料供应及时，避免造成采购成本增加、物料供应不足或延误生产，进而造成停工待料、延迟发货、丧失销售机会等重大损失。

下面给出某企业的紧急采购控制方案，供读者参考。

紧急采购控制方案

一、目的

为降低公司采购成本，在确保紧急采购质量水平的同时，严格控制紧急采购的价格风险，特制定本方案。

二、职责分工

1. 采购部

（1）采购部经理负责领导组织紧急采购作业，并审批"紧急采购申请审批单"，签订《紧急采购合同》。

（2）采购专员负责执行紧急采购作业，与供应商进行谈判并拟订《紧急采购合同》。

2. 财务部

（1）审核"紧急采购申请审批单"。

（2）审核《紧急采购合同》。

（3）按合同进行付款。

三、紧急采购范围控制

出现下列情况之一者，公司可采取紧急采购。

1. 生产部即将停工待料。

2. 需连续进行的工序或关键工序。

3. 事故紧急抢险。

4. 市场出现急剧变化。

5. 公司临时决定变更产品工艺设计。

四、紧急采购的审批程序控制

紧急采购的审批流程与一般采购审批流程不同，具体操作如下。

1. 请购部门填写"紧急采购申请审批单"（如下表所示），注明须采购物品的基本信息，如名称、规格、型号、底价、建议价格等，同时详细说明紧急采购原因，经部门经理签字后，交公司领导审批。

紧急采购申请审批单

申请部门： 　　　　　　　　申请人： 　　　　　　　　申请日期：＿＿＿年＿＿＿月＿＿＿日

物品名称	
型号规格	
用途	
底价	
参考价格	
请购数量	
请购原因	
请购部门经理确认	
主管副总/总经理审批	

2. 紧急采购的物品价值在 5 000（含）元以下的，请购部门须报公司主管副总审批，审批同意后，转交采购部实施紧急采购作业。紧急采购的物品价值在 5 000 元以上的，请购部门须报公司总经理审批，审批同意后，转交采购部实施紧急采购作业。

3. 特殊情况下，请购部门可直接请示公司总经理，在紧急采购后补办相关审批手续。

4. 一些低值易耗生产物资的紧急采购允许由采购部经理直接审批先行采购，再补充相关手续与文件。

五、紧急采购作业程序控制

1. 采购部根据"紧急采购申请审批单"制定采购作业方式。

2. 根据采购作业方式进行采购，采购专员在供应商档案中选择比较合适的两到三家供应商进行询价与谈判，谈判的内容包括采购价格、付款方式、交货时间、地点和方式等。

3. 根据谈判结果，采购专员填具"采购申请表"报采购部经理审核。

4. 采购部经理审核通过后，采购专员将"采购申请表"交公司主管副总（价值在 5 000 元及以下）或公司总经理审批签字。

5. 经公司主管副总或公司总经理审批签字后，采购部将"采购申请表"交财务部审核。

6. 采购部与供货商签订《采购合同》，《采购合同》的内容须符合国家相关法律的规定和公司的合同管理规定。

7. 物品抵达仓库后，相关部门及人员进行入库检查，并将"验收单"传至财务部。

8. 财务部根据《采购合同》和"物品验收单"，办理付款手续，并作相关账务处理。

9. 公司档案管理人员将相关资料归档，采购部留存档案副本，作为采购作业的依据。财务部留存《采购合同》副本，供财务部作为采购付款、成本核算、账务处理的依据。

六、紧急采购须注意的事项

1. 紧急采购时仍须在采购部建立的供应商档案中选择供应商。

2. 采购价格应尽量不超过财务部提供的底价。

3. 紧急采购应尽量采用先供货、后付款的方式进行，以提高工作效率。遇到必须先付款才能采购的，可直接向公司总经理申请，总经理是出款的最终审批人。

4. 因紧急情况，物品从供应商处直接领用而来不及入库验收和进行质量验证时，必须经质量管理部经理批准。

5.2　维持成本

5.2.1　存货持有成本控制方案

存货持有成本是指因存货占用的资金使企业丧失了使用这笔资金的投资机会，相应地损失了这笔资金所能得到的投资回报。

下面给出某企业的存货持有成本控制方案，供读者参考。

存货持有成本控制方案

一、背景与目的

存货持有成本是采购成本的重要组成部分，为此公司须控制采购存货量，降低存货持有成本。

1. 公司须避免采购存货短缺，保证正常生产物料供应和日常办公。

2. 公司须尽量减少不必要的库存堆积，避免增加人工成本、仓储成本，产生呆废料损失。

二、适用范围

本方案所指的存货是指采购所得物品。本方案适用于采购所得存货的持有成本控制。

三、职责分工

（一）采购部

1. 采购部经理

（1）审批采购作业天数和采购流程。

（2）审批请购点和请购量的设置。

2. 采购专员

（1）分析制定采购流程与采购作业天数，报采购部经理审批后，通报相关部门。

（2）根据生产部、使用部门和仓储部提供的资料，设置请购点与请购量。

（二）仓储部

1. 仓储部经理

（1）负责领导监督仓库管理员的库存管理工作。

（2）组织制定并监督执行安全库存量。

2. 仓库管理员

（1）负责仓库存货的日常管理工作。

（2）执行安全库存量管理。

（三）财务部

1. 财务部经理

（1）审查安全库存量和请购点的设定。

（2）组织分析存货仓储成本占有率。

2. 成本会计

负责核算库存成本和存货仓储成本占有率等。

四、库存量控制

存货的持有成本与存货库存量有关。库存量过多，增加库存成本和呆废料损失；库存量过少，则供应不足延误生产。因此，公司须制定合理的安全库存量和请购点，以此降低库存量，从而降低存货持有成本。

（一）设定安全库存量

安全库存量是指为了防止由于不确定性因素（如大量突发性订货、交货期突然延期等）而准备的缓冲库存。安全库存量的制定方法如下。

1. 预估存货的基准日用量

（1）用量稳定的存货

仓储部会同生产部依据去年日平均用量，结合今年销售目标和生产计划，预测常用存货的基准日用量。当产销计划发生重大变化时，应及时对相关存货的日用量做出相应修正。

（2）用量不稳定的存货

由生产部相关人员根据生产要求，参考销售部提供的销售量，结合市场情况和销售计划，按照前一次使用周期产品生产所消耗的单位用量，预估此存货当前的日用量。

2. 确定采购作业天数

采购作业天数是指一次采购作业需要消耗的时间，由采购专员依照采购作业各阶段所需时间来设定，其设定方法如下。

（1）采购专员依采购作业的各阶段所需时间设定采购作业期限，并将设定的作业流程和作业天数报采购部经理核准。

（2）采购部经理结合公司的具体情况和发展规划，核准其作业流程和作业天数。

（3）采购部应事先拟订请购作业规范文件并传送到相关部门，作为制定采购作业天数及采购数量的参考依据。

（4）相关部门根据采购部发布的采购作业天数，预估此期限内的存货用量。

3. 确定安全库存量

（1）安全库存量的计算公式

安全库存量＝采购作业期间的需求量×差异管制率＋装运延误期间的用量

采购作业期间的需求量＝采购作业天数×预估日用量

装运延误期间的用量＝装运延误天数×预估日用量

（2）差异管制率

公司生产部或使用部门根据以往用量经验和实际情况预估用量，但往往与实际用量存在差异。

我公司的差异管制率是指根据自身实际情况设定的允许用量差异的范围，一般设为25%。

（3）装运延误天数

装运延误天数是指采购物品在运输途中因装卸和搬运原因造成物品延期到达仓库的时间。一般情况下省内采购，公司设置的搬运延误天数为一天，国内其他地区为两天，亚太其他国家和地区为四天，欧美地区为六天。

4. 修改安全库存量

每月月初，用量差异管理人员针对上月开立的"用量差异反应表"，查明差异原因，拟订处理措施，研究是否修正预估月用量。如需修订应在反应表"拟修订月用量"栏内进行修订，经主管副总核准后送仓储部用于修改安全存量。

（二）设定请购点

采购部根据生产部或使用部门设定的预估日用量和仓储部设定的安全库存量，设定请购点和请购量，保证物品供应及时，减少库存堆积，从而降低成本。不同物品的性能与用途量不同，公司须针对重要存货设置不同的请购点和请购量。

1. 设定请购点

请购点是采购部执行采购的预警信号，有利于降低库存成本。请购点库存量计算公式如下。

某存货请购点的库存量＝采购作业期间的需求量＋安全库存量

2. 设定请购量

不同的物料，须设定不同的请购量，影响请购量的因素主要包括采购作业天数、最小包装量、最小交运量、仓储容量、其他影响因素等。

五、检查与考核

公司定期检查采购部请购点的设置是否合理，是否按照已制定的物料消耗定额和安全库存量来制定，考核相关存货仓储成本占用率、采购延误次数等。

5.2.2　仓库呆废料费用控制方案

下面给出某企业的仓库呆废料费用控制方案，供读者参考。

仓库呆废料费用控制方案

一、目的

为减少呆废料损失，降低呆废料成本与相关费用，从而降低采购成本，提高公司经济效益，特制定本方案。

二、说明

1. 呆料

呆料是指存量过多、消耗极少，而库存周转率极低的物料，这种物料完全可用并保留原有特性和功能。

2. 残料

残料是指虽已丧失其主要功能，但仍可设法利用的物料。

3. 旧料

旧料是指经使用或储存过久，已经失去原有性能而导致价值降低的物料。

4. 废料

废料即报废的物料，是指经过使用后已失去原有功能，且本身无可用价值的物料。

三、职责分工

（一）采购部

1. 采购部经理

负责组织制订并监督执行采购计划与采购作业。

2. 采购专员

负责执行采购计划，进行采购作业。

（二）仓储部

1. 仓储部经理

（1）制定搬运作业规范。

（2）审批呆废料处理。

（3）规划存储空间。

（4）监督盘点工作。

2. 仓储部人员

（1）执行搬运作业规范。

（2）盘点作业。

（3）呆废料处理申请与操作，以及登记相关账簿。

（三）财务部

1. 财务部经理

审批《呆废料处理报告》。

2. 成本会计

负责根据呆废料处理结果，做好相关的账务处理工作。

四、控制减少呆费料的发生

为减少存货破损、报废损失，降低呆废料费用，在维持保管的过程中，公司须控制减少呆废料的产生。

（一）分析明确呆废料发生的原因

在存货采购和维持的过程中，其呆废料产生的原因如下表所示。针对这些原因，公司须采取一定的措施防止呆废料的发生。

呆废料产生原因一览表

责任部门	呆废料产生的原因	责任部门	呆废料产生的原因
采购部	1. 采购计划不当 2. 采购质量低劣 3. 采购量过多 4. 生产计划更改而采购计划未更改	仓储部	1. 物料计划不当 2. 存量控制不当 3. 仓储管理不当

（二）装卸、搬运过程控制

物品搬运、装卸的过程中容易造成物品破损和报废，为避免或降低搬运、装卸过程中造成的呆废料损失，公司须对其进行控制。

1. 进行合理的仓储空间规划

为便于搬运与装卸，规划仓储空间时须考虑以下因素。

（1）符合出入库管理、仓储管理、盘点等作业流程。

（2）合理设计车间通道和搬运路线，尽量减少搬运距离和搬运次数。

（3）充分考虑搬运设备的进出路线。

2. 制定搬运作业规范

为规范搬运作业，减少搬运过程中物品的破损、报废损失，公司须制定并贯彻执行搬运作业规范。

（1）搬运存货时需视实际情况如存货的大小、数量的多少及堆放的高低等选用适当的工具或方法。

（2）搬运时应保持通道畅通，并注意安全。

（3）易碎品在搬运时应避免碰撞。

（4）注意防潮、防污，放置存货时必须轻拿轻放。

（5）搬运工具操作人员须严格按照工具的使用说明进行操作。

（三）仓储过程控制

仓库管理员须注意以下相关事项。

1. 同类型的存货在不同批次入库时要分开摆放，发放存货时，要按照先进先出的原则出库，避免发生存货存放过久不用或超出使用年限等情况。

2. 严禁在仓库内吸烟、喝酒、打闹，不得将水杯、饭盒、零食等物品带入仓库，更不得在仓库区内吃东西。

3. 严禁在仓库内乱接电源、临时电线及临时照明设施。

4. 仓储部人员须全面掌握存货的储存环境、堆层、搬运等注意事项，了解一些故障的排除方法。

5. 仓库管理员须做好各种防患工作，确保存货安全，预防内容包括防火、防盗、防汛、防潮、防锈、防霉、防鼠、防虫等。

6. 非仓储部人员因工作需要进入仓库时，须经上级领导同意，在仓储部人员的陪同下方可进入仓库。任何进入仓库的人员都必须遵守公司仓库管理规定。

（四）盘点过程控制

存货盘点作业是发现并确认呆废料的过程。为尽快处理呆废料，减少占用的空间，防止呆料贬值或变成废料，盘点过程中须注意以下三点。

1. 盘点人员须耐心、负责、认真、仔细，切实进行盘点等各项工作，清查呆料与废料并及时登记"盘点表"。

2. 盘点人员在盘点作业中，须对物品轻拿轻放，切实保证物品的安全。

3. 对于已确认的呆废料，盘点人员须及时通知相关部门或人员进行处理。

五、呆废料处理控制

（一）明确呆废料处理流程

为尽量处理呆废料，减少占用空间和仓储成本，提高工作效率，相关人员须明确呆废料处理流程。

1. 仓库管理员须对呆废料进行处理，开设呆废料区，将呆废料分门别类存放。

2. 仓储部按公司规定每月组织一次呆废料处理及报批工作。

3. 仓储部将产生的呆废料列出清单，填制"呆废料处置申请表"，并组织相关部门及人员进行呆废料处置评审工作，相关部门提出处理意见。

4. 质量管理部及技术部对提报的"呆废料清单"及"呆废料处置申请表"在两个工作日内进行判定，并给出评审意见。

5. 评审意见完成后，仓储部根据评审意见，拟订《呆废料处理报告》并提交财务部。

6. 财务部对《呆废料处理报告》做出审核意见并报送总经理审批。

7. 仓储部根据最终的审批意见，通知相关部门配合，对呆废料进行处理，并登记相关账簿。

8. 财务部根据审批结果，进行相关账务调整。

9. 仓储部每月对呆废料处理工作进行工作汇报。

（二）已确认的呆料处理

呆料是可用的且具有原有的特性和功能，因此公司对已确认的呆料进行处理时，须充分利用其价值，尽量减少呆料损失。呆料的处理方式有以下几种。

1. 仓储部每月统计各项呆料数，报生产部、设计部、采购部参考。

2. 不同生产车间之间的调拨运用。

3. 设计部设计新产品时，设法应用呆料。

4. 低价处理或与供货商交换其他可用物料。

5. 销毁呆料。

（三）已确认的废料处理

废料已失去原有功能且本身无可用价值，废料积累到一定程度时须尽快作出售处理或销毁处理，节省仓储空间和仓储成本。

5.3 缺料（或缺货）成本

5.3.1 停工待料损失控制方案

下面给出某企业的停工待料损失控制方案，供读者参考。

停工待料损失控制方案

一、目的

为提升采购作业的及时性，有效控制公司各生产单位因缺料造成的停工损失，特制定本方案。

二、相关术语界定

1. 停工待料

非员工本人过错，因公司原因造成生产线停止运作或员工放假，都称为"停工待料"，包括公司订单不足、缺料、停电、机器故障等情况造成员工停工达一小时以上。

2. 停工待料损失

在停工待料期间，企业或生产车间、班组在停工期间内（非季节性停工期间）发生的各项费用，包括停工期内发生的材料费、动力燃料费、应支付的生产人员的工资、福利费和应分摊的制造费用，都可以统称为"停工待料损失"。

本方案仅针对上述损失中的人工损失给出相关的控制措施。

3. 停工待料损失的会计处理

停工期间发生的损失性费用应当根据停工发生的原因进行归集和结转，可以获得赔偿的停工损失，应当积极索赔。

三、管理权责分工

1. 生产部经理

负责停工待料事件的提报，原因初步分析，停工待料事件的处置，停工期间员工沟通等工作。

2. 车间主任

负责统筹停工待料事件处置，停工待料事件原因分析，提出预防措施等工作。

四、人工损失控制措施

1. 组织调查，尽快解决问题并恢复生产

当生产单位出现因缺料而停工时，车间主任应先调整人员从事其他工作，并填写"停工待料通知单"（如下表所示），记录事故发生的时间、原因，并报告相关部门，组织资源快速解决存在的问题，恢复正常生产秩序。

停工待料通知单

部门		申请人		日期	
原因					
时间					
分管主管		分管副总		总经理	

备注：1. 申请人是生产车间主任，其分管主管则为生产部经理；

2. 本单流转流程：负责人→分管主管→分管副总→总经理；

3. 本单一式三联：一联车间留存，一联生产部备查，一联送交人力资源部。

2. 做好停工期间的人员工作安排

（1）停工待料首先由车间主管自行调配，统筹安排人员工作。

（2）调配后剩余的员工，由生产部统一安排及登记停工待料放假。

（3）生产部通知财务部按法律规定计算停工待料员工的工资。

（4）停工待料期间，生产人员需按正常上下班要求记考勤，所在班组可自行安排培训、清洁、设备保养等工作。

3. 停工待料期间工资计算

（1）工资发放基数

停工待料期间，待工工资支付基数为上年应发工资平均数的70%，按照考勤天数支付，低于××市最低工资者，按××市最低工资标准支付。在职不满一年者，以其在职期间工资平均数作为基数。

（2）工资发放比例调整

停工待料期间，待工工资发放比例因岗因事予以调整，具体调整比例如下表所示。

停工待料期间待工工资发放比例调整表

序号	调整原因	工资调整比例	备注
1	业务能手、双职工	加5%	
2	在职满1年	加5%	由于工龄原因导致的比例调整，只按最高标准计发一次，不作累加计算
3	在职满2年	加10%	
4	在职满3年以上	加15%	
5	迟到	减1%/次	同时按照原有制度处罚
6	旷工	减5%/半天	

（3）待工工资发放方式

待工工资发放时间与原来工资发放时间一致，若相关员工在发工资前离职，公司将停发该月待工工资，改按××市最低工资标准支付该月工资。

4. 以人工损失为基础做好索赔工作

因待料发生的停工损失，可在人工损失的基础上，向供应商提出索赔，具体程序如下。

（1）生产部根据"停工待料通知单"的停工原因说明，初判停工原因属供应商责任，则需填写"停工待料索赔通知单"并填写停工原因。

（2）生产部在财务部的协助下，计算实际发生的人工损失金额，计算公式如下。

人工损失＝人工费率（元/小时·人）×停工损失×停工人数

（3）生产部将"停工待料索赔通知单"及相关附件、索赔依据等发送本公司采购部。

（4）采购部经过确认，将"停工待料索赔通知单"及相关附件发给供应商，进行索赔。

（5）双方协商后，于供应商的进度结算款项中予以扣除。

5.3.2　延迟发货损失管控方案

下面给出某企业的延迟发货损失管控方案，供读者参考。

延迟发货损失管控方案

一、背景说明

如果延迟发货对客户没造成太大影响，客户愿意等到下一个周期交货，那么企业不会有太大的经济损失；如果经常延迟发货，客户会要求违约赔偿，并转向与其他企业合作，严重影响公司声誉，这样的损失就无法估计了。

为了减少由于采购不当而造成的延迟发货损失，公司要从控制采购延迟上，根本解决发货的延迟问题，以达到降低采购成本的目的。

二、相关定义

1. 延迟发货损失是指因缺料（或缺货）而延期交货所发生的特殊订单处理费、额外的装卸搬运费、运输费及相应的人工费等。

2. 交期 = 行政作业时间 + 原料采购时间 + 生产制造时间 + 运送与物流时间 + 验收和检查时间 + 其他预留时间。

三、职责分工

1. 采购部负责原材料、设备的采购工作。

2. 仓储部负责原材料、成品的入库、管理、盘点工作。

3. 销售部负责接受订单、处理订单，与客户的交期沟通。

4. 生产部负责制订生产计划，订单的排产，生产的调度，组织安排车间进行生产。

四、延迟发货损失的管控措施

（一）延迟发货的前期预防

在销售环节，业务员在接收订单和处理订单时，应采取下列措施，以预防发货延迟情况的发生。

1. 与采购、生产、技术及品质等部门沟通之后再接单，避免因临时订单或紧急订单打乱计划，造成发货延迟。

2. 若不清楚客户要货时间是否紧急，在第一次报价时应报一个保守交期，为生产部可能出现的延期交货情况提供一个缓冲期。

3. 在接单的时候一定要明确产品的质量标准，确保采购、生产环节的产品质量有检验标准，不因质量标准不明而耽误采购、生产。

4. 业务员在与客户签订供货合同时，可在合同中约定"允许批量交货"或"允许分批交货"的条款，以防止在延期交货时无法交出已完工产品，从而在一定程度上降低因延迟交货造成的损失。

（二）延迟发货在采购环节的控制

在采购环节，采取有效的控制措施，保证原材料、设备的准时交货，也是控制延迟交货损失的办法。

确保采购交期、及时向生产线供料的措施办法有如下四点可供采购部人员参考。

1. 采购部制订合理的采购计划，将采购申请、采购、供应商生产、运输及进料验收等作业所需的时间做出事先规划。

2. 对多家供应商的技术水平、管理水平、生产能力进行充分调查，保证订单能够按数量、品质如期完成。

3. 采购人员尽量多联系其他物料来源，准备替代的供应商或原材料，以确保应急，对于大的订单可以选择两家供应商。

4. 要求供应商按时报送进度表，适时监控厂家的生产效率和进度情况，进度未按计划完成时，可以向供应商施加压力。适时可以考虑向替代供应商下单。

（三）后续环节的控制措施

在缺料（即物料供应不及时）的情况下，做好生产环节进度控制工作，如业务员与计划调度员保持良好的沟通，及时安排生产，以保证最终的货物交期，从而避免出现延迟交货的情况。

1. 生产部可以根据实际情况制订生产计划，对于交期紧张的订单可以提前安排生产，缓解采购环节的交期延迟而造成的发货延迟情况。

2. 生产调度人员在生产环节做好进度控制，避免交期延迟状况的发生。

（四）发货延迟处理办法

如果企业确实无法按合同规定的交货期按时交货时，企业应积极与客户沟通，给出具体的延误期限，以求得客户的谅解。

第 6 章

物流成本费用控制

6.1 运输成本

6.1.1 物流企业运输成本控制方案

对物流企业来说，运输是其核心业务，运输成本也就成为物流企业主要的运营成本之一。据调查，运输成本通常占物流企业总运营成本的40%以上。

下面给出某物流企业的运输成本控制方案，供读者参考。

运输成本控制方案

一、目的

为有效控制和降低本企业的运输成本，根据企业实际情况，特制定本方案。

二、分析影响运输成本的因素

运输成本主要包括人工费用（如运输人员工资、福利、奖金、津贴和补贴等）、营运费用（如营运车辆燃料税费、折旧、维修费、保险费等）和其他费用（如差旅费、事故损失、相关税金等）。

通过分析运输成本的构成，确定运输成本受到以下几种因素的影响。

1. 运输距离

运输距离是产生运输成本的主要因素，它直接对燃料、车辆的维修保养等费用产生作用。

2. 载货量

提取货物和交付货物的固定费用以及行政管理费用会随着载货量的增减而增减，因此载货量也是影响运输成本的因素之一。

3. 货物的疏密度

货物的疏密度是从重量和空间两个方面结合起来考虑的。如果货物的疏密度很高，就可将固定运输成本分摊到增加的重量上去，使产品承担的每单位重量的运输成本降低。

4. 装载能力

装载能力是指产品的具体尺寸及其对运输工具的空间利用程度的影响。

5. 运输过程中所承担的附带责任

运输过程中所承担的附带责任，一般与货物的易损坏性、易腐性、易被盗性、易自燃性及单位价值等特征有关。这些特征直接关系到货物损坏风险的大小，直接影响着公司在承运过程中对货物损害所承担责任的大小，从而影响到运输成本中保险费的高低。

6. 运输供需因素

运输通道流量和通道流量均衡等运输供需因素也会影响到运输成本。

三、运输成本控制措施

（一）合理选择运输方式

公司应根据运输货物的种类、数量、运输距离、运输时间等因素合理选择运输方式，以降低运输成本。选择依据如下。

1. 运输大宗货物，且运输距离较长时应选择铁路运输。

2. 运输体积大、价值低、不易腐烂的大宗货物或散装货物时应选择水路运输。

3. 运输近距离的小批量货物时应选择公路运输。

4. 运输体积小、价值高的贵重物品和鲜活商品，以及要求迅速交货的远距离商品时应选择航空运输。

（二）提高车辆利用率

为提高车辆利用率，公司应使用 GPS 技术，对车辆进行动态跟踪，通过发送调度指令，对回程车辆或紧急业务进行合理配载，减少车辆空驶里程。

（三）优化运输路线

1. 物流人员选择运输路线时，首先分析影响路线的因素，主要包括以下三点。

（1）掌握路段对车型的限制，需要对相关区域内的道路限制情况进行全面了解。

（2）掌握运输工具载重的限制，保证同一路线货物的重量不会超过它所使用的运输工具的载重量。

（3）分析自然条件的限制，了解运输路线沿途的气候特点、地形条件等。

2. 确定最优运输路线时，物流人员可采用启发式方法、节约里程法和观察地图法。在此主要说明观察地图法的实施步骤。

（1）在地图上标明配送中心和各站点的通行路线距离、各站点之间的通行路线距离、各站点的配送量。

（2）从距离最远的配送点开始划分站点群。站点群应使一辆车能够负责相互靠近的几个站点的配送。

（3）避免出现路线交叉，计算最短路线，确定初步的运输路线，根据实际进行调整。

（4）计算为用户送货所需时间，以确定起运提前期。

（5）确定每日应从每个配送点发运货物的品名、规格和数量。

（6）综合上述信息资料，可采用图上或表上作业法选择运输路线，制订配送计划。

（四）减少运输事故损失

在运输过程中，因出现事故而发生的货损、货差或人员伤亡会增加运输成本。为降低运输事故损失，公司应采取以下措施。

1. 加强日常防范

（1）加强对驾驶员的安全教育，避免驾驶员违章操作，如疲劳驾驶、超速行驶等。对违章驾驶者，应进行处罚。

（2）做好运输工具的日常维护保养工作，定期检查、修理运输工具，确保运输工具的各种性能处于良好状态。

2. 公司应积极购买保险，一旦发生事故能得到保险公司的赔偿，可减少公司损失。

3. 做好理赔工作

（1）发生运输事故后，公司相关负责人应及时通知保险公司或其代理人。

（2）准确、及时地向保险公司提供必要的运输货物单据，包括发票、提单、装箱单和修理单据等。

（3）与保险公司保持联系，及时了解保险公司对事故进行审核与赔偿答复等具体情况。

6.1.2 销售企业运输费用管理规范

销售企业控制运输费用，对其产品的市场价格定位乃至产品的市场竞争力可以产生重要的影响。下面给出某销售企业的运输费用管理规范，供读者参考。

运输费用管理规范

第1章 总则

第1条 为加强公司运输费用管理，控制不合理的费用开支，降低运输成本，特制定本规范。

第2条 本规范主要包括运费支付、运杂费、二次运费和过路过桥费的管理。

第2章 管理职责分工

第3条 配送中心负责运输费用的统计、汇总工作并进行初步审核。

第4条 财务部负责对运输费用进行最终审核与结算。

第3章 运费支付

第5条 配送中心核单员及时收回运输单据并进行核对，每周四前整理出上周运费明细，并分两次（每月15日和月底）把运费清单交给财务部。

第6条 财务部收到运费清单后核对送货单据结算是否有效、完整，运费计算标准及累计金额是否正确无误。

第7条 财务部核对完单据后交给配送中心经理审核，由其确认各承运车队是否有遗留问题。

第8条 配送经理审核单据后将其交给客服部经理，由其确认各承运商是否有未解决完的售后投诉问题。

第9条 客服部经理审核完后，由财务部经理审核总运费是否超出定额。若在定额内，财务部经理签字后，即可结算运费；若超出定额，需经总经理签字确认后才可结算。

第4章 运杂费的管理

第10条 公司除配送中心经理外，其他部门和人员不得擅自租用社会车辆。

第11条 运输车队一次性发生运杂费超过1 000元的，必须上报配送中心经理审批。

第12条　财务部在结算运杂费时，如没有相应手续不能给予结算。

第5章　二次运费的管理

第13条　分析二次运费产生的原因

1. 二次运费产生后，配送中心核单员必须分析二次运费产生的原因，进行原因分析与归类（具体如下表所示），并严格依据单据进行申报与结算。

二次运费产生原因分析表

原因	具体分析
我方原因	商品或客户信息记录错误，配送中心相关人员工作失误等
生产厂家原因	产品质量及性能有问题等
承运方原因	因服务不规范与服务不到位导致客户拒收；送前未与客户联系出现的各类问题
客户原因	客户不满意而退货及选择商品失误等
配送外残原因	送至客户家，外包装完好无损，开箱验货时货物出现外残等

2. 没有单据或证明的二次运费，一律不予结算。对于私自伪造相关单据或证明的，除不结算运费外，还要对当事人进行停运直至解除合同，并罚款200~500元。

第14条　二次运费的承担

1. 由于我方原因造成的，二次运费由相关责任人承担。

2. 由于厂家原因造成的，二次运费由厂家承担。

3. 由于承运方原因造成的，不予结算二次运费，并按相关条例追究当事人的责任。

4. 由于客户原因，二次运费由客户承担。

5. 由于送达后发现外残造成的，按额度进行分析，额度内的给予结算二次运费，超出额度的一律不予结算二次运费。

第15条　二次运费控制措施

1. 送货人员领到"派车单"后，必须主动与客户联系。核对客户的姓名、电话、商品信息是否一致，并提醒客户准备好提货联。

2. 凡在配送中心出库发运的各类商品，需要开箱检验的，在出库时可以开箱查验外观；外包装完好的，不需检验，可直接装车送出。

3. 商品出库时，送货人员必须仔细核对商品型号是否相同、数量是否一致。

4. 商品送至客户指定地点，外包装无损而商品有外残，客户要求调换的，送货司机在经配送经理签字同意调换商品后，必须将已调换单品开箱检验确认无外残后方可再次送货。如违反此流程而发生二次费用，配送中心不予结算。

5. 若外包装箱因送货人员开箱操作有误或送货时没交代客户而造成包装箱损坏，产生的损失由送货人员负责赔偿，并且不结算此次运费。

第16条　二次运费统计结算流程

1. 送货人员在送货过程中，如果产生二次运费，必须有客户书面证明。

2. 将"送货单"及客户证明交核单员，根据事实初步判别二次运费是否符合规定，以及产生的具体原因和相关责任人。

3. 如果是人为原因造成的，由配送中心经理协调各相关部门负责人落实运费。此类费用由责任人上交配送中心并转送货人，配送中心根据证明及签收手续建立档案备查，不需报财务部。

4. 属公司支付范围的（如产品质量）二次运费，每月随运费结算由配送中心核单员负责统计并上报。

5. 在公司支付的二次运费中，属产品质量的，必须附有生产厂家"质量鉴定单"或开箱即残的客户书面证明，每月结算运费时，由配送中心负责提供"二次运费明细表"，在报财务部的同时，上报采购部，由采购部经理联系各生产厂家于每月15日前将上月二次运费上交到财务部。

第6章　过路过桥费的收取

第17条　配送中心按照免费送货区域划分，制定收费标准，并要求销售员掌握此标准。

第18条　客户在购物时，销售员根据所填地址或主动询问，将此类收费标准告之客户，并在销售票上注明收费金额。

第19条　如所送地址发生此类费用，销售员引导客户至服务台办理交付过路过桥费用，由收银员为客户开具一式四联（存根联、记账联、付款凭证联和结算联）的收据。

第20条　送货司机将货物送至客户指定地点后，过路过桥费收据的结算联与商品提货联经客户签字后一并收回，返回后交配送中心派车处审核，过路过桥费的结算单据由承运人保管，每月30日前凭收据结算联至财务部将费用领回。

第21条　特殊情况处理

1. 如收据因客户原因丢失，必须有客户书面证明，经配送中心及财务部确认后方可结算。

2. 如因交款前销售员未告知客户公司规定，造成此类费用漏收的，经客户书面证明后，由营业部落实相关责任人赔偿送货人员的损失。

3. 因其他原因造成已收取的费用但没有结算的此类费用，财务部可将其列为营业外收入。

第7章　附则

第22条　本规范由配送中心解释、补充，经总经理批准后实施。

第23条　本规范自颁布之日起实施。

6.2 仓储成本

6.2.1 仓储成本控制方案

企业在仓库建设、维护保养、物品入库和出库等方面都要耗费大量的人力、物力、财力，仓储过程中发生的各种损失也会造成大量的消耗。下面给出某企业的仓储成本控制方案，供读者参考。

仓储成本控制方案

一、目的

为避免仓储占用过多的资金，特制定本方案。

二、仓储成本的构成

仓储成本由资金占用成本、仓储维持成本、仓储运作成本、仓储风险成本和仓储缺货成本等构成，具体内容如下表所示。

仓储成本构成表

成本项目	具体说明
资金占用成本	◆ 仓库及其设施设备占用资金支付的银行利息
仓储维持成本	◆ 主要包括与仓库有关的租赁、取暖、照明、设备折旧、保险费用和税金等费用
仓储运作成本	◆ 与货物出入库有关的搬运装卸费用
仓储风险成本	◆ 由于企业无法控制而造成的库存货物贬值、损坏、丢失和变质等损失
仓储缺货成本	◆ 由于外部和内部中断供应而产生的成本

三、仓储成本控制措施

本方案从控制仓储维持成本方面提出以下六点措施。

（一）优化仓库设计布局

公司应将仓库划分为入库区、存储区、出库区、站台和办公区。

1. 入库区，其主要功能是卸货、验收、搬运入库等。

2. 存储区，其主要功能是货物的储存保管、搬运等。根据货物的状态，存储区可划分为待检区、待处理区、合格品储存区及不合格品隔离区。

3. 出库区，其主要功能是货物捆扎、搬运出库、装载等。

4. 站台，用于连接运输工具与仓库。

5. 办公区，作为仓储管理人员的工作地点。

（二）提高仓库空间利用率

公司设计仓库时，应充分考虑向纵深要效益，可采取以下三种做法。

1. 根据货物的物理特征，尽可能将其往高处码放，增加储存的高度。

2. 缩小库内通道宽度，以增加存储的有效面积。

3. 减少库内通道数量，以增加有效存储面积。

（三）提高仓储作业效率

1. 仓管人员应将货物卡放置在通道一面的显眼处，以方便货物出入库作业及盘点作业。

2. 将出货和进货频率高的货物放在靠近出入口处和易于作业的地方；将流动性差的物品放在距离出入口稍远的地方。

3. 将同一货物或类似货物放在同一地方保管，方便员工记忆货物放置位置。

4. 安排货物放置场所时，应把重的物品放在下边，把轻的物品放在上边。

（四）依据先进先出的原则

在库保管的货物，特别是那些易变质、易破损、易腐败的货物，以及机能易退化、老化的货物，应尽可能按先进先出的原则，加快周转。

（五）采用有效清点方式

1. 采用"五五化"堆码方式，即储存货物时，以"五"为基本单位，堆成总量为"五"的倍数的垛形，如梅花五、重叠五等，以加快人工点数的速度，减少误差。

2. 设置光电识别系统，即在货位上设置观点识别装置，通过该装置对本货物的条码进行扫描，可获得准确的数目。

3. 使用电子计算机监控，用电子计算机指示存取，避免人工存取出现的差错。

（六）通过经营盘活仓储资产

若公司不能有效使用或者只是低效率使用仓储设施设备，如仓库、货架、托盘等，可以考虑采取出租、借用或出售等多种经营方式盘活这些资产，提高资产的利用率。

6.2.2 仓容利用率提升方案

充分利用仓容有利于控制企业仓储成本，提升仓库运营效率。下面给出某企业的仓容利用率提升方案，供读者参考。

仓容利用率提升方案

一、目的

为提高仓库的利用率，减少仓容的不合理浪费，进一步降低仓储维持成本，特制定本方案。

二、仓库利用率低的原因

1. 仓库布局不合理，浪费过多空间。

2. 存储设备落后，无法最大化使用仓库空间。

3. 仓库通道过多，占据较多空间。

4. 不注重库房的维护保养。

三、提升仓容利用率的措施

（一）优化仓库布局

1. 公司根据企业自身仓储业务流程的需要，确定所需要的仓库空间类型，将仓库划分成不同的区域。

2. 根据仓库布局的设计原则对各个区域的细节进行布局规划。

（二）增加存储高度

公司可采用高层货架或集装箱等方式，比一般的堆存方法大大增加存储高度。

（三）缩小仓库内通道宽度

1. 公司可采用窄巷道式通道，配以轨道式装卸车辆，以减少车辆对运行宽度的要求。

2. 采用叉车、推拉式叉车，以减少叉车转变所需的宽度。

（四）减少仓库内通道数量

1. 公司可采用密集型货架，保证人员能直接进入货物通道存储货物。

2. 采用贯通式货架，叉车可方便驶入货架中间存取货物，无需占用多条通道。

3. 运用桥式吊车装卸技术，不使用通道即可装卸货物。

（五）延长仓库使用寿命

公司定期组织有关技术人员和管理人员，对库房的使用和安全状况进行检查，及时进行维修和保养，以延长仓库的使用寿命。

（六）加强对暂时空闲仓库的运营

在满足公司使用的前提下，可对暂时空闲的仓库，开展代储业务，并收取合理费用，以提高仓库的利用率。

6.3 包装费用

6.3.1 包装费用控制方案

下面给出某企业的包装费用控制方案，供读者参考。

包装费用控制方案

一、目的

为加强对包装费用的管理，合理减少包装费用，降低物流成本，提高公司经济效益，现根据公司产品销售、运输的需要，特制定本方案。

二、包装费用的构成

包装费用一般包括包装材料费用、包装机械费用、包装技术费用、包装辅助费用和相关人员劳务费用，具体如下图所示。

包装材料费用
各类货物在实施包装过程中耗费在材料上的支出费用

包装机械费用
在包装过程中使用包装机械（或工具）发生的购置费用支出、日常维护保养费支出以及每个会计期间终了计提的折旧费用

包装技术费用
在包装时采用技术（如缓冲包装、防潮包装和防霉包装等）的设计、实施支出的费用

包装辅助费用
在包装时因包装标记、包装标志的印刷、拴挂物等辅助工作发生的费用

相关人员劳务费用
在实施包装过程中，对作业人员发放的计时工资、计件工资、奖金、津贴和补贴等各项费用的支出

包装费用构成示意图

三、包装费用控制措施

（一）选择合适的包装材料

作业人员应根据商品的重量、数量和特征，并结合包装材料的特点，选择合适的包装材料，这样既能达到包装效果，又能节省成本。包装材料主要包括塑料、纸和纸制品、木材、金属、复合材料和纤维材料等，其具体特点如下表所示。

包装材料特点分析一览表

包装材料	优势	劣势
塑料	◆ 质轻、强度和弹性大、折叠及封合方便、防水防潮、防渗漏、易于成型、可塑性与气密性好、防震、防压、防碰撞、耐冲击、化学稳定性能好、易着色、可印刷、成本低等	难于降解，易造成环境污染
纸和纸制品	◆ 轻便、无味无毒、卫生性好、强度适宜、易于黏合印刷、便于机械化生产、不会造成公害、取材容易、价格低廉等	韧度低，易变形

（续表）

包装材料	优势	劣势
木材	◆ 强度高、坚固、耐压、耐冲击、化学、物理性能稳定、易于加工、不污染环境等	来源较少
金属	◆ 结实牢固、耐碰撞、不透气、不透光、不透水、抗压机械强度优良等	来源较少，成本较高
复合材料	◆ 主要包括塑料与纸、塑料与铝箔、塑料与铝箔和纸、塑料与玻璃、塑料与木材等，有更好的机械强度、气密性、防水、防油、耐热或耐寒、容易加工等优点	成本较高
纤维材料	◆ 强度大、轻便、耐腐蚀、易清洗、不污染商品和环境、便于回收利用	
其他（如树条、竹条）	◆ 可就地取材、成本低廉、透气性好	

（二）严格控制包装材料的消耗，提高包装材料的利用率

1. 作业人员可通过压缩商品体积、减少包装用料、使用可再生材料等方式节省包装材料。

2. 公司制定包装材料使用定额的相关规定，对超出定额者予以处罚，同时充分利用包装材料边角料。

3. 可实施标准化包装作业方式。

（三）合理安排包装内商品

作业人员应将多个商品装在同一个包装中，并采用适当的排列方法，以提高单位包装所能容纳的商品数量，降低包装成本。

（四）采用合适的包装方法

1. 对已损坏的物品，作业人员可填充缓冲材料，进行悬浮式包装、捆扎及裹紧，采用集装技术和选择高强保护材料等方法。

2. 对易发霉的物品，可在包装内使用防腐剂。

（五）注重包装材料的回收与再利用

公司应注重回收、再利用包装材料，尤其是那些无需特殊加工（如简单清洗即可的布袋），或加工整理成本低于新购买成本的包装物。

（六）实现包装机械化

作业人员可使用包装机械（如装箱机械、裹包机械、捆扎机械、封条机械和拉伸包装机械等）进行货物包装，以提高包装效率和质量，降低包装成本。

6.3.2 包装回收利用实施方案

对使用过的包装材料特别是运输包装材料（如纸箱等）实施回收利用管理，是企业降低包装费用的有力措施。下面给出某企业的包装回收利用实施方案，供读者参考。

包装回收利用实施方案

一、目的

为做好包装的回收利用工作，提高回收利用率，降低包装成本，特制定本方案。

二、包装回收利用存在的问题

1. 回收利用率低

公司只回收一些不需要再处理或经简单处理的包装废弃物，而这类包装废弃物的数量很少，因此回收利用率较低。

2. 缺少制度约束

公司未制定有关包装废弃物回收利用的制度，使得员工认为这是可做可不做的事情。

三、包装回收利用措施

（一）制定包装回收利用规定

公司应尽快制定包装回收利用的规定，在规定中要明确包装物回收利用的标准，仓储部、配送中心等的相关责任及赏罚条例等内容。

（二）选用使用材料少、易回收利用的包装物

公司对货物进行包装时，在保证包装质量的前提下，尽量选择使用材料少、易回收利用的包装物。

（三）设立包装物回收小组或部门

包装物回收小组或部门负责将回收的包装物进行分类整理，将可直接利用的包装物送至仓储部，不能直接利用的包装物可出售给再生资源加工厂。

（四）鼓励配送中心和零售商回收包装物

1. 对配送中心回收包装物的行为进行奖励。

2. 运用补偿或者抵价的方式，委托零售商回收包装物，不仅能与客户建立长期的合作关系，还能节省包装成本。

6.4 装卸成本

6.4.1 装卸工作控制流程

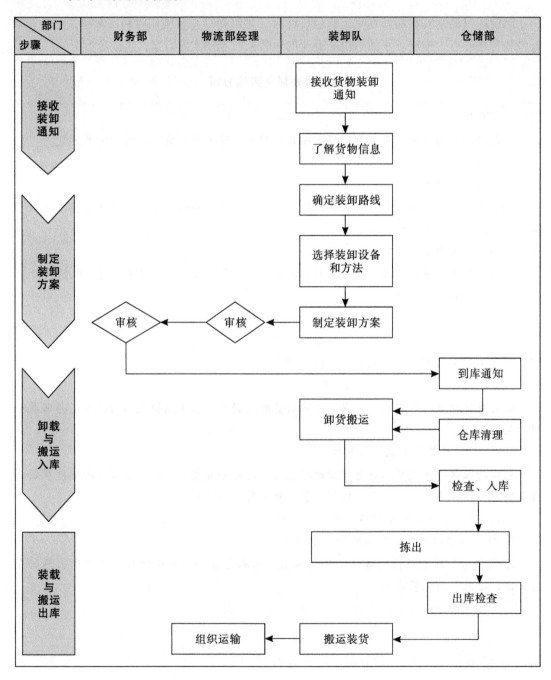

6.4.2　装卸成本控制方案

在物流仓储、配送作业的过程中，由于装卸作业具有高频率、高反复性的特点，致使其成为人工成本居高以及造成货物破损、散失、损耗等损失发生的主要环节。下面给出某企业的装卸成本控制方案，供读者参考。

装卸成本控制方案

一、方案背景

（一）装卸在物流环节的地位

1. 由于装卸作业频繁，装卸所耗用的成本在物流成本中占据很大的比重。

2. 装卸作业是造成货物破损、散失、损耗、配送错误等损失的主要环节。

（二）控制装卸成本的意义

1. 装卸成本的高低直接影响着物流成本的高低，进而影响公司的经济效益。降低装卸成本，有利于提高公司的利润水平。

2. 降低装卸成本，有利于提高公司的市场竞争力。

3. 通过分析装卸成本，可选择最合适的工艺流程进行装卸作业，有利于优化装卸工艺，为工艺流程的设计和优化改造提供可靠数据，实现装卸成本预控。

二、相关定义

（一）装卸作业

装卸作业是指在同一地域范围内进行的、以改变物的存放状态和空间位置为目的的活动，具体指在物流过程中对物品进行装卸、搬运移送、堆垛、拆垛、放置取出、分拣配货等作业。

（二）装卸成本

装卸成本是指在物流仓储、配送过程中发生的装卸作业所支出的费用，具体构成如下。

1. 人工成本，指从事装卸作业的人员的成本，包括装卸人员的工资、福利、奖金等。

2. 设备维护成本，指在装卸过程中使用的装卸搬运设备的折旧费、维护费以及能源消耗费等。

3. 其他成本，指在装卸过程中，除了人工成本和设备维护成本以外其他与装卸作业有关的费用，包括分拣费用、整理费用等。

三、职责分工

1. 装卸队负责执行装卸作业、维修相关装卸设备等。

2. 物流部经理负责指导监督装卸队完成装卸作业。

3. 仓储部负责配合装卸工作，准备装卸相关材料，清理仓库等。

4. 财务部负责计算装卸设备折旧等，核算装卸成本。

四、制定合理的装卸方案

为降低装卸成本，提高作业效率，避免出现不必要的损失，在装卸作业前，公司须制定合理的装卸方案，注意控制以下相关活动。

（一）分析了解装卸货物

主要了解此次搬运的货物的性能特征，了解其基本信息，如货物尺寸、易损情况、时间要求等。

（二）确定装卸搬运路线

装卸队根据货物所在仓库的空间规划和货物情况，考虑搬运的距离和搬运次数，确定装卸搬运的路线，并绘制路线图。

（三）选择合适的装卸搬运设备

搬运设备的选择对装卸成本有重要影响，装卸人员在选择设备时不仅要考虑货物的性能特征、可操作性，还需综合考虑装卸成本、搬运速度、人工成本、作业强度等。公司的装卸设备分类情况如下表所示。

装卸设备分类表

设备	设备举例	适用条件
简单的装卸用具	二轮手推车等	距离短、物流量小的搬运
简单的运输设备	叉车、吊车等	距离短、物流量大的搬运
专用搬运设备	机动货车等	距离长、物流量小的运输
复杂的运输设备	自动堆垛机等	距离长、物流量大的运输

（四）选择合理的装卸方式

一般情况下，装卸人员选择装卸方式的依据主要有货物的外形、尺寸、笨重程度、形状、损伤可能性等。公司装卸搬运方式可参照下表所列的三种方式。

装卸搬运方式分类表

装卸搬运方式	说明	适用范围
单品作业方式	对货物进行逐个搬运	体积较大的单品
单元作业方式	组合搬运	托盘、集装箱
散装处理作业	不包装直接进行搬运作业	颗粒装货物

（五）考虑与相关作业的配合程度，提高装卸作业的灵活性。

装卸作业时，既要考虑装卸作业的方便性，也要考虑到包装、存储、运输作业便捷性。在提高装卸速度的同时须提高装卸质量，尽量减少作业过程的损失。

五、装卸作业控制

装卸人员根据已经制定的装卸搬运方案，进行装卸搬运作业。公司须对装卸搬运作业过程进行控制，提高作业效率和作业质量，减少损失。装卸人员须按照以下原则进行装卸搬运作业。

1. 省力原则

充分利用集装箱化装卸与运输方式，以达到省力的目的。同时，充分利用重力和消除重力影响，减少人力的无用消耗。

2. 短距原则

以最短的距离完成装卸搬运作业。在作业过程中，及时清理作业现场，妥善调度运输工具和设备，尽量使用机械水平搬运。

3. 顺畅原则

保持作业场所畅通、连续。在作业过程中，分析作业各环节，设计安全合理的通道。

4. 集中原则

对于同一类货物尽可能集中作业，建立相应的专业协作区，尽量不采取多条作业线方式。

5. 安全原则

在作业过程中，要轻拿轻放，严格按货物的使用说明或操作规范进行作业，杜绝"野蛮装卸"。

6. 人性化原则

在作业过程中，不仅要采取措施保护好货物，还要保障作业人员的人身安全。

六、防止无效装卸的措施

无效装卸是指消耗于有用货物必要装卸劳动之外的多余劳动。公司须尽量避免无效装卸，提高装卸效率，降低装卸成本。

1. 控制装卸次数

过多装卸次数容易导致人工成本增加和货物损失。

2. 包装装卸适宜

包装过大、过重，在装卸时消耗过量的劳动，将会延误时间。

3. 避免装卸无效物质

在装卸作业中，有些物品并无使用价值，作业时须避免对其进行反复装卸。

6.4.3 装卸损耗费用控制方案

下面给出某企业的装卸损耗费用控制方案，供读者参考。

装卸损耗费用控制方案

一、目的

在装卸过程中，为有效控制因装卸作业导致货物发生的损耗费用，有效指导装卸作业人员控制货物损耗，特制定本方案。

二、界定范围

1. 装卸货物时，配件和附属物出现损耗产生的费用。

2. 当配送的货物需要安装时，若出现商品损坏或出现的另行购买的配件产生的费用。

三、规范卸货方式和卸货流程，降低卸货损耗费

1. 提高货物的集中作业化程度。

2. 卸货人员需要事先了解拆卸的技巧和方法。

3. 减少货物搬运的环节，降低货物因搬运造成的损耗。

4. 当配送的货物需要安装时，安装作业人员要按规范的步骤、流程拆卸商品，避免出现另行购买构件、配件和附属物的费用。

（1）规范安装的设备、设施、工艺的标准，节省安装时间。

（2）设备结构较复杂的，可减少拆卸零件个数，降低安装调试费。

（3）在大型设备运输中应加强保护，清洗上油后再安装，降低安装的难度。

（4）根据设备的性能特点，调整安装的时间和安装的程序，降低出现重复安装的次数。

四、加强对装卸机器的维护，降低装卸机器的保养维护费用

1. 每月月底对小型设备进行检查和维修。

2. 每季度对大型设备、高端设备进行一次检查和维修。

3. 认真地处理出货、进货的资料和信息，实时记录设备的使用频率，确定机器的最佳维修时间。

4. 详细记录装卸机器的维修情况，便于根据商品的特性、数量安排合适的机器和承载数量。

6.5　流通加工成本

6.5.1　流通加工设备购置流程

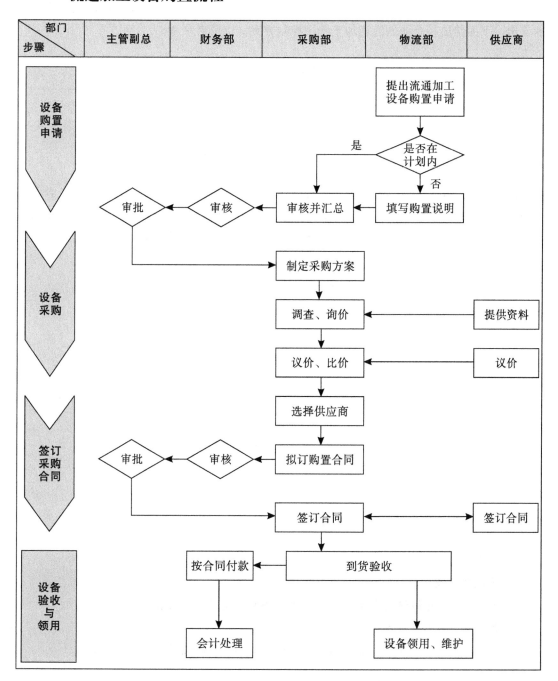

6.5.2 流通加工费用控制方案

在配送过程中，为提升产品质量、改善产品功能、满足客户需要、促进销售、提高物流工作效率，企业需对产品进行必要的流通加工作业。因此，企业在开展物流配送作业时，应加强对流通加工作业的控制工作，在满足客户需求的同时，严格控制流通加工费用的支出。下面给出某企业的流通加工费用控制方案，供读者参考。

流通加工费用控制方案

一、目的

在满足客户需求的同时，为了尽力控制流通加工费用，降低物流成本，特制定本方案。

二、相关定义

流通加工是指在发货前为商品粘贴标签及其他标记、装袋、切割、包装，将几种产品组合成套作为赠送的礼品等作业，目的是为了满足客户需求和便于销售，而由此产生的费用支出称为流通加工费用。流通加工费用主要包括以下四个方面，具体如下图所示。

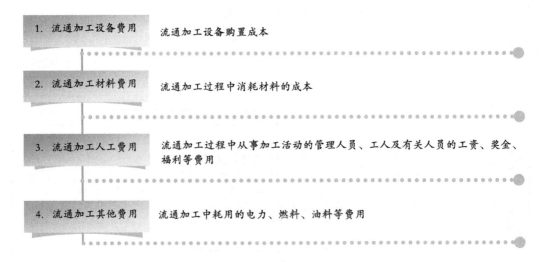

流通加工费用构成示意图

三、职责分工

1. 物流部经理

物流部经理负责组织制定流通加工方案，并监督流通加工作业。

2. 物流部流通加工负责人

物流部流通加工负责人负责组织执行流通加工作业，检查流通加工质量。

3. 流通加工工人

流通加工工人按照流通方案和要求执行流通加工作业。

4. 仓储部相关人员

仓储部相关人员准备相关用料和作业场地，协助开展流通加工作业和整理作业场地。

5. 财务部相关负责人

财务部审核流通加工预算并对流通加工费用进行核算。

四、合理选择流通加工方式

（一）流通加工须与生产加工进行合理分工

流通加工不是对生产加工的代替，而是一种补充和完善。如果把本来应由生产加工完成的作业错误地交给流通加工来完成，或者把本来应由流通加工完成的作业错误地交给生产过程去完成，将会导致流通加工费用的增加和资金的浪费。

（二）流通加工的适用范围

公司须根据实际情况选择流通加工方式。下列情况下，公司不宜设置流通加工。

1. 产品工艺复杂。

2. 技术装备要求较高。

3. 加工可以由生产过程延续或解决。

五、流通加工作业控制

公司须加强对流通加工作业的控制，规范流通加工作业，避免不必要的浪费，提高流通加工效率，降低人工成本、材料成本等。

（一）流通加工流程控制

为提高流通加工效率，降低人工成本，公司规定流通加工作业须按照以下流程办理。

1. 物流部接收销售部传达的客户订单和《流通加工委托书》，明确客户的订单需求和流通加工需求。

2. 物流部流通加工负责人制定流通加工方案和预算，报物流部经理审批。

3. 相关负责人将经物流部经理审批签字的方案和预算表交于财务部审核。

4. 财务部审核流通加工预算后，物流部发出流通作业通知。

5. 仓储部根据此次流通加工需求，准备相关的加工材料和场地。

6. 相关人员按照客户需求和流通方案执行流通加工作业。

7. 流通加工作业后，仓储部收货，待接到"发货通知单"后，协助物流部发货。

8. 相关人员整理流通加工场所，整理回收多余的材料，保管好相关的设备用具。

（二）流通加工作业规范

为减少材料的浪费，维护设备的使用，降低损耗，相关人员须严格执行流通加工的作业规范。

1. 操作人员须严格按照公司或客户的要求进行加工作业。

2. 严禁在流通加工场所内吸烟、喝酒、打闹，不得将水杯、饭盒、零食等物品带入场地。

3. 作业时须轻拿轻放，保护产品安全，避免造成不必要的破损。

4. 流通加工负责人须妥善管理和维护流通加工设备与工具的安全。

5. 作业过程中，作业人员须按照设备和工具的使用说明书进行规范操作和使用，降低设备的损耗。

6. 节省材料，因作业人员人为原因造成流通加工材料浪费的，公司将对其实施相应的处罚。

六、检查与考核

1. 在流通加工作业中，由于人为原因造成设备和工具的损坏或材料的浪费，从而增加流通加工成本的，公司按照相应的奖惩办法，对相关责任人进行处罚。

2. 因流通加工质检不合格而须返工，从而增加了材料和人工费用等，进而影响交货期限和销售机会的，公司将根据损失情况，追究责任人的责任。

第 7 章

质量成本费用控制

7.1 预防成本

7.1.1 质量培训费控制方案

质量培训费是指企业为达到质量要求或改进质量的目的，提高员工的质量意识和质量管理服务水平，开展培训所发生的费用支出。质量培训费是质量预防成本的重要构成。

下面给出某企业的质量培训费控制方案，供读者参考。

质量培训费控制方案

一、方案规划

（一）目的

为规范、指导公司质量培训费控制工作，为质量培训费的预算、开支报销及核算工作提供支持，依据公司培训管理制度及相关财务规定，特制定本方案。

（二）适用范围

本方案适用于公司质量培训费的管理控制工作，该项费用的发生部门包括人力资源部、质量管理部、生产管理部及生产车间、班组。

（三）质量培训费的构成项目

质量培训费的具体费用项目如下表所示。

质量培训费具体项目明细表

类别	项目	相关说明
直接费用	课程费	◆ 用于支付质量培训课程及相关服务的费用
	课时费	◆ 用于支付给授课培训讲师的人工费用
间接费用	场地及设施设备费	◆ 用于场地租赁或培训的固定资产和设备设施投入
	教材、教具、资料费	◆ 用于培训教材及资料的购买、印刷、制作及完成培训教学所需的消耗性材料等费用
	培训差旅费	◆ 实施外部培训时，从工作地到培训举办地的长途交通费和住宿费
	培训项目管理费	◆ 对质量培训项目涉及的管理人员、学员、培训讲师的表彰奖励费用、员工学历与学位晋级奖励等费用，由人力资源部制表申报
	鉴定认证费	◆ 用于公司内岗位任职资格认证、鉴定的考试评定等费用
	接待费	◆ 用于外聘培训讲师的交通、食宿等费用
	员工工时损失费用	◆ 受训员工因培训不能参与工作而造成的工时损失费用

二、质量培训费的控制办法

（一）质量培训费预算管理

1. 所有培训项目应遵循"先预算、后使用，先审批、后执行"的原则，质量培训费也不例外。质量管理部、生产管理部在拟订本年度的培训计划时，要明确本部门的质量培训计划，并进行费用预算，报人力资源部审批。

2. 人力资源部负责汇总编制质量管理部、生产管理部的质量培训费用预算，列入人力资源部年度培训费用预算总额，按财务部规定的相关程序审批。

3. 人力资源部根据审批通过的年度质量培训费预算总额，按照质量管理部、生产管理部的年度培训需要，在质量管理部、生产管理部及人力资源部之间进行分配。

4. 质量培训工作均实行项目管理制。质量培训经理应填写"质量培训项目申报表"（具体样式如下表所示），详细列支该项培训的费用预算，经批准后实施。

质量培训项目申报表

编号：＿＿＿＿＿＿＿　　　　　　　　　　　　　填表日期：＿＿＿年＿＿＿月＿＿＿日

质量培训项目名称		培训对象	□ 技术人员 □ 质量人员 □ 生产操作人员	
培训主办部门		培训类别	□ 部门级	□ 公司级
培训人数			□ 内部培训	□ 外出培训
培训时间	＿＿月＿＿日＿＿至＿＿月＿＿日		□ 团体	□ 非团体
培训地点		评估方式	□ 一级 □ 三级	□ 二级 □ 四级
培训目的				
培训内容				
培训费用预算	费用项目		金额（单位：元）	
	合计			
质量培训经理		部门主管	人力资源部	
财务部		主管副总		

5. 对于跨年度的培训项目，应分年度预算，并给出说明。

（二）质量培训费报销控制

1. 质量培训费的报销严格按照公司财务审批流程执行。

2. 质量培训费的使用应遵循"谁主办、谁负责"以及"专款专用"的原则。质量培训经理是使用培训费用的直接责任人，应当确保质量培训费切实用到质量人员、生产人员的培训上，在确保合理、合规使用的同时，确保培训效用的最大化。

3. 质量培训费应在年度质量培训预算范围内支出，以质量培训项目的形式进行报销。预算外的质量培训费需报总经理或董事长批准。各级管理人员的审批权限如下表所示。

质量培训费审批权限一览表

费用标准	审核	审批	批准
＿＿＿元以下（不含＿＿＿元）	部门经理	人力资源部经理	财务部经理
＿＿＿元以上	人力资源部经理	财务部经理	总经理或董事长

4. 质量培训费的报销应基于严格的审批流程，通过财务流程报销后，由财务部出纳人员办理预算额度内的支付业务。

5. 质量培训经理在报销质量培训项目费用时，应如实提供下列报销凭证。

（1）"质量培训项目申报表"、"质量培训项目评估表"（如下表所示）、"质量培训考勤表"。

质量培训项目评估表

编号：＿＿＿＿＿＿＿＿＿＿＿＿　　　　　　填表日期：＿＿＿年＿＿＿月＿＿＿日

质量培训 项目名称		培训对象	□ A. 技术人员 □ B. 质量人员 □ C. 生产操作人员	
培训主办部门		培训类别	□ 部门级	□ 公司级
培训地点			□ 内部培训	□ 外出培训
培训时间	＿＿＿月＿＿＿日～＿＿＿月＿＿＿日		□ 团体	□ 非团体
培训学时	＿＿＿小时	评估方式	□ 一级	□ 二级
			□ 三级	□ 四级
完训人数		完训率		
效果评估				
学员对讲师的评价	□ 很满意	□ 满意	□ 不满意	
培训课程满意度	□ 很满意	□ 满意	□ 不满意	
培训课程实用性	□ 很满意	□ 满意	□ 不满意	
培训环境	□ 很满意	□ 满意	□ 不满意	

（续表）

档案评估							
文本文档　□通过				电子文档　□通过			
费用评估							
实际发生培训费用	费用项目				金额（单位：元）		
	合计						
质量培训经理				人力资源部经理			
课时费发放情况	培训讲师	等级	受训部门	课程	课时	金额	领款人签字

（2）培训合同。对于外训项目，还应提供该项目的培训通知；对于聘用公司内部培训师或非培训机构的专业人士授课，不能签订培训合同或相关协议书的，应提供能证明项目实施的文本凭证。

（3）符合财务规定的费用凭证。其中，聘用公司外部非培训机构专业人士不能出具正规发票的，应提供课时费领取的原始文本记录，并依据法律法规代扣代缴相关税费。

三、质量培训费核算与考核

（一）质量培训费的核算

1. 对已发生的质量培训费，质量培训经理应填写"质量培训费用报告表"（如下表所示），写明发生该费用的部门及各项费用明细，经相关领导审核后报财务部。

质量培训费用报告表

发生部门：　　　　　　　　　　　　　　　　　报告日期：＿＿＿年＿＿＿月＿＿＿日

费用明细 ╱ 培训内容	参加人数	合计工时	直接费用		间接费用							合计
			课程费用	课时费用	场地及设备设备费	教材、教具、资料费	培训差旅费	培训项目管理费	鉴定认证费	接待费	员工工时损失费用	
合计												

质量培训经理：　　　　　　　　　　　　　相关部门经理：

2. 财务部将核算期内质量管理部、生产部及人力资源部因组织开展质量培训而发生的质量培训费用按部门进行汇总，记入质量成本账户"预防成本"的"质量培训费"科目中。

（二）质量培训费预算执行情况的考核

1. 根据财务部核算质量培训费的结果，人力资源部比较质量管理部、生产部对质量培训费预算的执行情况。对严重超支的部门，要调查超支的原因，并将质量培训费、质量培训所发挥的效用与相关部门负责人的奖金挂钩。

2. 开展质量培训一段时间后，人力资源部负责观察、调查生产车间操作工人对遵守质量规程的改善情况、产品报损报废率的降低幅度，以及质量管理部误检、漏检的控制情况等，从而评估质量培训的长期效用，合理地设定质量培训费的投资收益率。

7.1.2 质量改进费控制方案

质量改进费主要是指为保证或提高产品质量、调整生产工艺、开展工序控制等所支付的费用，除了购置相关改进设备、工艺研究、检测手段改进等费用外，还包括产品创优、整顿现场质量的质量技术改进措施费用。

下面给出某企业的质量改进费控制方案，供读者参考。

质量改进费控制方案

一、方案背景

××生产制造企业在生产经营过程中，总工程师办公室发现某几条生产线中某些工序及工段，总会存在一些浪费或质量不稳定的环节。

经观察发现，这些生产线、工序及工段有以下两大特点。

1. 生产线的设计比较匆忙，未经严格的论证、评审、试制、试验即投入生产。

2. 存在问题的工序及工段的制造工艺相对比较复杂，生产成本也较高。所以，一旦出现质量问题，其损失也是巨大的。

为了避免这类问题造成更大的损失，总工程师办公室组织产品设计部、技术管理部及生产管理部对上述生产线的工艺线路、工艺作业、工艺装备等各个环节进行研究，并分析各个环节对质量成本的影响。

二、本方案的控制重点说明

经过研究，总工程师办公室发现主要问题出现在产品设计和工艺研究阶段，特别是产品生产工艺及工艺装备的质量对质量改进费的高低有着很大的影响。因此，针对生产工艺及工艺装备存在的问题，采取了下列有针对性的控制措施。

（一）加强样品试制阶段的工艺评审

在产品样品的试制过程中，一定要进行工艺评审，以便及时发现和纠正工艺设计中的缺陷，降低产品成本和质量成本。进行工艺评审时，主要依据下列三类资料。

1. 产品设计资料（设计图样、技术文件等）。

2. 研制任务书和合同、标准、规范。

3. 质量保证文件等。

（二）开展有重点的工艺评审工作

进行工艺评审时，有意识地侧重于对下述两方面进行评审。

1. 工艺总方案、工艺说明书等指令性文件以及关键件、重要件、关键工序的工艺文件、特种工艺文件的完整性、正确性、一致性、可行性。

2. 采用新工艺、新技术、新材料的可行性、可靠性等。

（三）在进行重点评审的基础上，扩大工艺评审的范围

除了上述工艺评审重点作为评审内容之外，还将下列内容作为工艺评审的要点。

1. 批量生产的工序能力。

2. 对影响产品质量稳定性的人、机、料、法、环等因素的控制。

3. 工序控制点的设置要求、控制要求和控制方法。

4. 工装、设备、计量检测设备仪器对产品精度的保证及质量稳定性要求的能力。

5. 关键工序及薄弱环节工序能力的测算和验证。

6. 工序统计质量控制方法的有效性和可行性等。

三、质量改进费的报告与分析

1. 总工程师办公室通过实施上述措施之后，一方面大大提高了产品工艺设计的质量，降低了因产品设计问题造成的损失，另一方面大大提高了工艺评审的工作效率，间接降低了产品设计成本。

2. 在这一过程中，总工程师办公室对在产品研发部、技术管理部、质量管理部、生产部及各级生产单位所发生的一系列质量改进费，逐一填写"质量改进费报表"（如下表所示），核算通过此种方式进行改进时所发生的费用。

质量改进费报表

报告部门：　　　　　　　　　　　　　　报告日期：＿＿年＿＿月＿＿日

序号	产品名称或代号	改进内容	工时费	研究费	制图资料费	材料费	设备购置费	其他费用	合计
	合计								
备注	1. 表中的"工时费"，不仅包括生产工人的工时，还应包括参与质量改进的管理人员和技术人员的工时费，不仅包括直接用于产品零件的生产工时费，还应包括开会讨论研究的工时费 2. "研究费"除了包括为进行质量改进，质量、技术人员外出调研的差旅费、会议费以外，还应包括购买书籍、资料，取得质量情报信息所支出的费用 3. 该报表经相关部门的负责人审核后提交财务部 4. 财务部核算质量改进期内各部门发生的质量改进费用，并进行汇总								

制表人：　　　　　　　　　　　　　　　　部门负责人：

3. 总工程师办公室比较、分析以往的质量改进活动与本次开展的质量改进活动各自所耗的费用，并比较两次质量改进活动的成果。显而易见，本次开展的有针对性的改进活动，其绝对消耗的费用及其成效都是以往的质量改进活动所不能媲美的。

7.1.3 质量评审费控制方案

质量评审费是指企业用于产品质量审核和质量体系评审工作的费用，以及在新产品投产前进行质量评审所支付的费用。下面给出某企业的质量评审费控制方案，供读者参考。

质量评审费控制方案

一、目的

为了确保公司的质量状况或产品能顺利通过相关方的审核，取得客户的认可或第三方认证，同时能有效控制企业资源浪费和质量评审费的不合理支出，特制定本方案。

二、质量评审费的界定

在本公司，质量评审费的发生单位主要为质量管理部、产品管理部及技术管理部。

1. 按评审对象的不同来划分

按评审对象的不同来划分，质量评审费主要包括对产品认证及质量评审费、体系评审费几个方面。

2. 按质量评审费发生主体的不同来划分

按质量评审费发生主体的不同来划分，质量评审费还可以分为外部评审费和内部评审费，其中外部评审费的发生主体主要是客户或第三方专业评审机构。

3. 从质量评审费包括的具体内容来划分

按质量评审费包括的具体内容来划分，质量评审费主要包括资料费、会议费、办公费、评审咨询费等费用。

在本方案中，着重需要控制的是第三方专业评审机构的评审咨询费。

三、第三方评审咨询费的控制措施

(一) 制定评审咨询费预算

进行质量评审之前，质量管理部应以前期已发生的评审咨询费用和本次评审目标、范围为参考，以现有评审服务市场价格水平为依据，制定评审费用预算，根据财务部相关规定报批。

评审咨询费的预算一般体现在质量评审费的预算中，如下表所示。

质量评审费预算表

编号：　　　　　　　　　　　　　　　　　　　　　编制日期：＿＿＿年＿＿＿月＿＿＿日

产品名称或代号	评审类型	人工费用	评审咨询费	会议费	差旅费	其他	合计
合计							

（二）合理选择外部评审的第三方评审咨询机构

质量管理部经理负责组织质量体系专员对市场已有的各家评审咨询机构进行对比和甄选，并对选择质量评审机构的过程进行有效控制。

1. 质量体系专员对评审市场各机构的专业资质、报价、服务内容等进行初步了解。

2. 在广泛询价的基础上，质量体系专员选定三家最符合公司要求的咨询机构。

3. 以质量管理部经理为主导，与质量体系专员提交的三家评审机构进行进一步洽谈，根据控制评审咨询费、择优汰劣的原则进行价格谈判。

4. 经过多番的价格谈判后，质量管理部最终根据本公司的实际情况和具体需求，结合本行业的特点，从三家有意向的评审机构中选择服务内容和服务水平具有较强优势、性价比高的评审服务机构，以保证质量评审费的合理支配。

（三）充分做好评审准备工作，争取一次性通过评审

质量管理部应与评审机构进行充分沟通，尽量多掌握评审的具体内容、需要筹备的条件以及所有的辅助事项，并将相关信息及时、有效地传达至相关协作部门，争取一次性通过评审，避免发生二次评审费用。评审准备工作主要包括以下六个方面。

1. 产品准备

客户对产品的质量审核或第三方产品认证可能需要对产品样品进行相关试验测试，因此，应准备适量的样品备用。

2. 生产现场的评审准备

（1）根据产品的性能要求对相关生产线的生产设备、工艺装备、测试检验设备进行归集和检查，核实设备的生产能力和可靠性。

（2）准备好生产和测试作业指导书。

（3）需要时针对新产品的特殊生产要求对相关生产人员进行培训。

（4）新工艺的可行性、可靠性验证资料、新材料的进料检验记录等。

3. 质量人员知识准备

产品项目管理人员、生产质量控制人员、质量体系专员、产品认证专员应熟悉和掌握产品的特殊性能、特殊生产工艺和可能出现的质量问题等。

4. 评审所需文件资料

（1）根据企业内部的产品开发流程，将涉及到的产品标准/客户要求、可公开的研发技术文件、使用新工艺或者新材料的特殊要求、产品功能和可靠性测试结果、试产结论、产品相关的作业指导书等资料进行整理。

（2）进行质量体系评审时，还需整理质量手册、程序文件、作业指导书等体系文件。

5. 招待工作筹备

质量管理部提前列明第三方评审机构到公司评审的日期、行程及接待要求，并提交给行政部，以便行政部妥善安排评审人员的交通、食宿和行程等事宜。

6. 改进缺陷

质量管理部针对评审机构提出的缺陷，督促相关部门进行限期整改，经过内部审核确认改进有效后，及时向评审机构申报改善方案和结果，避免发生多次评审费用。

7.2 鉴定成本

7.2.1 重复检测费控制方案

生产制造型企业的原材料、在制品、半成品、产成品的检测是质量检验人员按照企业内部的检测规范按比例抽检或全检，因此日常发生的检测费与产品的产量相关。

但是，一旦生产线或产品出现了品质异常，为了筛选良品、保证返工返修后的产品达到质量标准，阻止不良品流出或交付使用，查找出现异常的原因，质量管理部就需要安排再次或多次检测，在开展这些工作的过程中便会产生重复检测费用。

所以，控制因重复检测而发生的费用支出，对企业生产效率、经济效益的提升都会起到良好的作用。下面给出某企业的重复检测费控制方案，供读者参考。

重复检测费控制方案

一、目的

为了防止由于不合理的再检、多次检测造成不必要的人力、物力的浪费，并导致重复检测费的不正常增长，根据本公司的实际情况及产品质量的实际要求，特制定本方案。

二、重复检测费的含义

重复检测费主要是指由于发生非预期品质异常而对产品进行重复检验测试的费用，其发生单位主要为质量检验、测试、计量试验部门。

1. 企业内部重复检测费

对出现品质异常或怀疑有异常可能的外购原材料、零部件、元器件和外协件以及生产过程中的在制产品、半成品、产成品，按质量要求进行重复检验、试验、测试所支付的费用，具体包括人工费、办公费、检验工具购置费、检验材料费等内容。

2. 企业外部重复检测费

委托外部机构重复检验和鉴定支付的费用，以及相应重复发生的送检人员的差旅费、劳动保护费、材料费、能源费、破坏性检验费等。

三、分析重复检测费的来源

不合理的重复检测费主要来源于以下四点。

1. 由于原材料的供应商更换或工艺改变，其来料检测标准尚未明确或处于技术研究阶段时，对大批量原材料的盲目全检。

2. 反馈至公司的已出货产品出现异常，在尚未确认不良的数量、比例和批次等关键信息时，检验部门盲目组织成品全检。

3. 前期检验完毕，相关人员对良品、不良品未作标识区分或隔离，导致不良品混入良品，而必须进行复检。

4. 产品异常发生后，由于返工返修的作业方案不成熟，重复返工返修带来的重复检验。

四、重复检测费的控制措施

为了避免无效的重复抽查或全检，节省用于质量检测的时间、人力、物力和财力，控制检测费的不合理增长，质量管理部根据上述分析的四大原因，采取以下控制措施。

1. 大批量原材料的检测标准未经清晰界定或出现信息缺位时，应谨慎实施全检，以向技术部提供信息为目的时，应以抽检为首选方式。

2. 产品异常信息不明确、不充分时，尽量选择抽检，以避免信息有误造成检验费的浪费，与此同时，应加快确认异常信息的进度。

3. 发生大规模产品检验时，应对所有检验人员统一指挥，明确良品和不良品的区分办法，做好组织协调工作。

4. 当返工返修方案不确定时，尽量选择小批量试验以求短时间内明确作业方案之后，再对其余产品进行返工返修，同时一次性完成返工返修产品的复检工作。

7.2.2 检测设备购置费控制方案

检测设备是检验产品是否符合设计、技术要求的重要工具和条件，尤其是自动化程度较高、有定位或自调装置的设备，对于鉴定产品的性能、质量起着关键性作用。这类检测设备的精度稳定性和可靠性等，会直接影响到对产品的鉴定结论。

大型检测设备的购置费用往往会很高，下面给出某企业的检测设备购置费控制方案，供读者参考。

检测设备购置费控制方案

一、控制重点界定

在行业、产品检测手段保持稳定的一定时期内，检测设备费的主要控制工作就是根据企业实际情况选购适合的检测设备，并进行合理规范的操作和使用，避免检测设备过快损耗，导致二次购置费直线上升。

二、检测设备购置费控制职责及分工

检测设备购置费的发生单位主要是检验、测试、试验、仪校等科室。

（一）质量管理部的主要职责

1. 质量专员负责填写检测设备的采购申请，或将各使用部门（包括检验科、测试试验科、仪校科等）提交的申请进行汇总，并写明检测设备的名称、型号、功能、检测精度、供应商资格等具体的要求，报质量部经理批准后转交采购部以便及时实施采购。

2. 质量部经理对采购申请进行审批、协助采购部采购检测设备，组织检测人员对设备仪器进行检测、调试，并对相关使用人员进行培训等。

（二）采购部的主要职责

根据质量管理部提交的检测设备采购申请及具体要求，采购部经理组织采购专员实施采购。

三、检测设备购置费的控制办法

（一）严格控制检测设备的购置

由于检测设备的价格比较昂贵，所以在做出购置决策时，需要特别注意结合本公司检测活动的现实情况和预期内的需求，采购适当精度的设备，最大程度上杜绝设备购置费的浪费。

在这里，需要说明的是，对于单件小批量的生产制造型企业来说，少量的产品检测、试验和仪校可以考虑委托或外包给外部专业检测机构。此时，是否购置相关的检测设备需要结合本企业的实际情况，在对比自行购置、实施检测和维护的成本收益及委外检测的成本收益的基础上，科学地做出购置决策。

（二）做好检测设备的维护保养

及时、有效的维护保养可以降低检测设备的修缮费用，达到节约使用检测设备、避免产生更多不必要设备购置费的目的。

1. 制定检测设备维护保养制度，包括对设备关键部位日常点检制度，确保设备正常运行。

2. 按规定做好检测设备的维护保养，请设备供应商定期检测设备的关键精度和性能。

3. 编制检测设备作业指导书，正确使用检测设备，并做好设备故障修理记录。

7.2.3　检测设备校验费控制方案

检测设备是否处于精准状态会直接影响到质量数据和信息的准确性、可靠性，并影响到判断原材料、外购外协件、在制品、半成品和产成品是否满足规定要求的准确性。因此，公司应对检测设备进行定期校验，以确保检测设备的准确、可靠。

下面给出某企业的检测设备校验费控制方案，供读者参考。

检测设备校验费控制方案

一、方案背景

为了通过对检测设备、仪器切实执行校验工作来保证检测设备的精度，并合理控制校验费的支出，特制定本方案。

二、检测设备校验费的内容

检测设备校验费主要包括两大部分内容：一是校验工具的购置费、维护保养费等；二是仪校部门的人工费、办公费等。

三、检测设备校验费控制的职责划分

在需校验的仪器设备数量较多、频率较高，或者对所需校验工具、技能要求不高的情况下，人力资源部根据实际需要，设置了专门的仪校部门来执行检测仪器的校准、检定工作。

1. 仪校部门

根据待校验的检测设备的精度、数量和使用情况，请购适当的仪校工具，并制订检测设备校验计划，对校验人力、物力和日程做出合理安排，监督设备使用部门及时送校。

2. 检测设备的使用部门

根据仪校部门发布的校验通知，检测设备的使用部门及相关人员将部门内使用的相关检测设备、仪器按时送交仪校部门进行校准、检定。

四、检测设备校验费的控制措施

1. 检验仪器的采购控制

仪校部门应根据检测设备的特性、数量和需要校验的频率等因素，确定购置校验仪器的精度、数量、市场基本报价、供应商的资格要求等采购要求，经质量管理部经理审批后，报送采购部由专业采购专员执行校验仪器的采购工作。

2. 加强检测设备的使用培训与指导

仪校部门应定期或不定期地检查检测设备的使用状况，对使用人员予以指导或培训，防止错误操作或野蛮操作造成检测设备损坏，形成非预期的校准费用。

3. 合理计划校验费用

仪校部门负责人编制《校验作业指导书》，根据设备特性确定校验周期，并确保周期性检定和校准可以覆盖所有需要校验的检测设备，以达到有效利用校验费用的目的。

7.3 内部损失成本

7.3.1 废品损失费控制方案

废品损失费主要是指因产成品、半成品、在制品达不到质量要求且无法修复或在经济上不值得修复造成报废所损失的费用，以及外购元器件、零部件、原材料在采购、运输、

仓储、筛选等过程中因质量问题所损失的费用。

下面给出某企业的废品损失费控制方案，供读者参考。

废品损失费控制方案

一、废品损失费的范围界定

废品损失费具体包括在生产过程以及采购、运输、仓储、筛选等过程中报废的产成品、半成品、在制品、元器件、零部件、原材料的费用以及消耗的人工费用、能源动力费用等。

二、形成废品损失的原因分析

产品在生产、储存的过程中，由于人、机、料、法、环等因素造成的报废，具体如下。

1. 操作人员的质量意识和技能水平不足以形成废品。

2. 机器设备或工艺装备不合格形成废品。

3. 原材料或辅助材料、燃料等不符合相关标准形成废品。

4. 生产作业指导书发生错误或不明确形成废品。

5. 产品周转过程中由于防护措施不当形成废品。

6. 生产或储存的环境与产品要求不符形成废品。

7. 生产线为了追赶生产进度而忽略质量标准形成废品。

8. 单次采购原物料的数量过多，与实际使用情况产生较大差距，原产线停产、转产造成较多原物料丧失使用价值形成废品。

三、废品损失费的控制措施

为了降低生产和周转中的产品损耗，有效控制废品损失费，根据上述分析，企业需要从以下几个方面制定控制措施。

1. 加强开工前的检验检查工作

对生产工序和生产过程，特别是关键工序和特殊过程，进行开工前的检查，保证生产过程的人、机、料、法、环等生产条件符合工艺规程规定的要求。

生产前对机器设备进行调试及维护保养，对进厂原物料进行严格把关（尤其对亟待上线投产的特采原材料要报各相关部门进行审批），完善作业指导书、作业注意事项等文件资料，改善工艺装备，设定合理的环境温湿度并进行严格管控，协调生产线进度和生产计划等，从而提高产品合格率，减少生产过程中的废品损失费。

2. 加强人员培训工作

对人员进行培训，保证人员具备操作资格和质量意识，业务技术水平和操作技能可以满足规定的要求。

3. 加强过程的测量统计与改进

（1）采用适宜的统计技术和方法，对过程的异常实施重点控制。

（2）对过程的工序能力进行测量和改进，保证工序能力可以满足工艺要求。

4. 对产品设置堪用品库，对可以维修并且有维修价值的产品进行单独管理，以备后续使用。

5. 严格制定报废流程及报废审批制度，防范和监督因不合理的报废行为而产生的废品损失费。具体审批程序如下图所示。

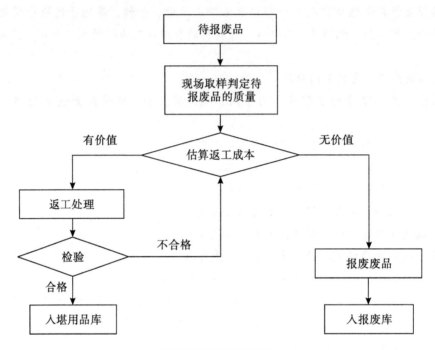

待报废品审批鉴定流程

6. 针对原物料采购过多的情况，生产计划部和采购部应注意以下两点，使原物料在得到充分利用的同时，减少废品损失费。

（1）负责下达"采购通知单"的生产计划部应以满足预期内的工单产量和安全库存为目标，以节约库存成本和避免报废损失为原则，合理申报缺料数量。

（2）采购部在执行采购时，应以生产计划部提报的缺料数量为主要依据，结合供应商的销售政策进行采购，在节约采购成本的同时注意防范报废风险。

7.3.2 返工返修费控制方案

下面给出某企业的返工返修费控制方案，供读者参考。

返工返修费控制方案

一、返工返修费的含义

返工返修费是指为修复不合格产品并使之达到质量要求所支付的费用，包括返工返修所消耗的人工费及使用的原材料费、燃料动力费等。

二、控制返工返修费的责任部门

产品研发部、生产部及各级生产单位、技术管理部、质量管理部、仓储部以及原材料供应商等都可能是控制返工返修费的责任部门。

三、产生返工返修费的来源

从造成返工返修的原因来看，返工返修费的主要来源有以下五个方面。

1. 量产后才暴露出来的产品设计存在缺陷而达不到客户要求，或者新材料、新工艺与其他生产条件相冲突形成的批量性返工、返修。

2. 发现由于生产线或原材料导致的批量性品质异常后，对当批或前一批的产品全部返工、返修。

3. 周转过程中由于产品防护不当而对受损产品进行返修。

4. 不适当的储存环境导致产品品质达不到原有的质量要求而必须进行的返工返修。

5. 可接受范围内的人为差错、材料品质异常、设备出错导致对个别产品进行的返工返修。

四、返工返修费的控制措施

根据返工返修费的来源分析，控制返工返修费需要做好以下四点。

1. 新产品通过设计验证之后、量产以前，企业应组织专门人员对试产流程进行全方位监控，全程探查和记录不良产品的相关信息，从产品设计环节以及操作人员、机器设备和工艺装备、原材料、作业指导书、生产环境等多个生产环节进行不良原因分析，尽量使产品的所有缺陷在大批量生产之前暴露出来，减少量产之后大量产品发生返工返修费的可能。

2. 生产部和质量管理部严格执行生产自检和制程检验规范，一旦发现生产线或原材料导致的批量品质异常，应及时处理，包括管控不良材料、立即换线作业、区分和隔离不良品、及时追溯前批存在品质风险的产品等手段，防止不良产品继续增加，并缩小产生返工返修费的范围。

3. 改善产品防护措施和产品储存环境，降低此类可改善的差错导致损失的可能。

4. 生产部应对通常情况下维持在一定、可接受范围内的人为差错、材料品质问题、设备出错导致的产品异常，及时进行记录和定期整理，有助于及早发现大规模品质问题，降低出现大批量返工返修费的可能性。

五、附件

1. 返工返修作业处理流程（如下图所示）

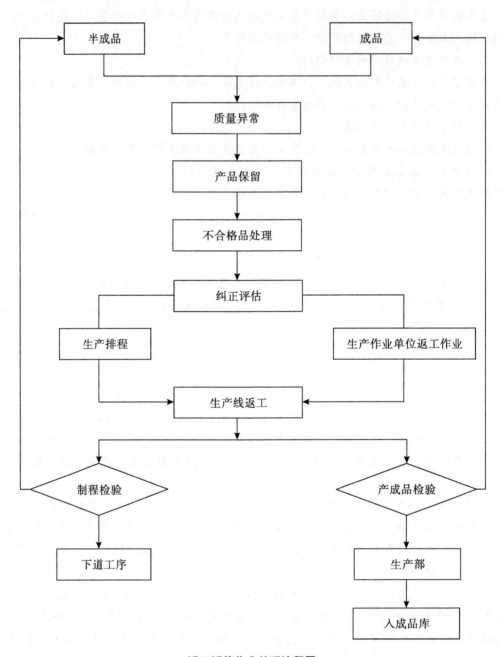

返工返修作业处理流程图

2. 返工返修报告单（如下表所示）

返工返修报告单

填报单位：   报告日期：＿＿年＿＿月＿＿日

产品型号			批号			件号		
工序名称			件数			返修者		
返修结果								
返修工时	不合格数量	废品数量	工时费用			材料费用		合计（元）
			小时单价（元）	实用工时	金额（元）	材料名称	单价（元）	材料用量	金额（元）	
返修原因						责任者		返修后的检验结论
								检验员

备注：

7.3.3 停工损失费控制方案

停工损失费是指企业在生产过程中因质量问题造成停工所损失的费用，具体包括生产车间或车间内某个班组停工期间损失的净产值，以及在停工期内发生的各项费用，如停工期内支付的生产工人的工资和列支的福利费、所耗燃料和劳务费，以及应负担的其他制造费用等。

下面给出某企业的停工损失费控制方案，供读者参考。

停工损失费控制方案

一、停工损失费的来源

根据企业日常作业遇到的较为常见的情况，停工损失费的来源主要有以下四个方面。

1. 由于水火灾害引起的损失。

2. 发生原材料不足、停电停水，生产线无法正常运行。

3. 由于设备故障造成停产。

4. 品质异常造成某批次产品下线、生产线暂停。

二、停工损失费的事前控制措施

为了有效控制各种异常现象对生产线的危害，尽量降低停工损失的发生频率和减少停工损失的额度，主要从以下五个方面来控制停工损失费。

1. 做好火灾预防工作

做好以下火灾预防工作，可以有效预防因火灾而造成的停工风险，减少停工损失费。

（1）在厂区内设立足够、明显、易用的消防设备点。

（2）组织专门人员定期对消防设施进行点检，防止消防设备老化、故障或消防材料过期等，出现问题及时处理。

（3）对可能存在火灾隐患的电线线路、设备、易燃物品等进行定期检查和维修整顿。

（4）对全体员工进行消防知识培训和实地演习。

2. 在厂区内铺设畅通的排水管道，可以缓解小范围水灾事故，减少停工损失费。

3. 对生产过程中必须使用的通用型原材料、燃料、辅助材料、水等物资设置安全库存并定期检查，这样可以有效缓解发生缺料的突发状况，在短期内不影响生产。例如，可建造备用的小型发电站，减少因停电带来的停工损失。

4. 对生产线的机器设备进行定期的维护保养，与设备供应商的售后服务人员保持通畅联系，针对如何检查和排除设备故障，对生产线设备操作人员或相关技术人员进行培训，减少因设备故障导致停工的可能，并缩短停工的时间。

5. 控制来料质量，准备换线方案，确保生产线持续运行，避免生产线停工带来的损失。

（1）生产部必须对关键原物料把好质量关，严格执行来料检验规范，防止因物料品质问题造成停工。

（2）做好后续工单的领料准备，以便产品出现异常时进行换线生产。

三、停工损失费的事后控制措施

1. 当生产作业单位发生停工时，相关责任单位的负责人应立即向上级主管单位报告，并及时填写"停工损失报告单"（如下表所示），明确发生停工的工序或生产批次，分析停工原因，并分析此次停工造成的损失。

停工损失报告单

报告单位：   报告日期：____年____月____日

产品代号		批号		件号	
工序	设备工装	件号	停工时间（小时）	小时单价（元）	停工损失（元）
责任单位			停工时间		
责任者			车间技术员		

（续表）

停工原因说明	1. 2. 3.		
会签	车间主任	检查员	责任部门

制表人：　　　　　　　　　　单位主管：

2. 发生停工的责任单位应于停工时或停工后，主动配合本企业相关部门及人员的调查工作，争取早日查明原因，恢复生产，尽可能减少因停工而给企业造成的损失。

7.3.4　降级损失费控制方案

产品降级是指按照国家质量等级划分标准，因未满足优质品标准，由优质品降级为一级品、二级品或等外品、仍有使用价值的次品等。

因产品降级造成的相关费用支出，企业应予以适当的控制。下面给出某企业的降级损失费控制方案，供读者参考。

降级损失费控制方案

- -

一、降级损失费的相关含义

降级损失费是指产品的主要性能均可达到相应的质量要求，但因产品存在轻微缺陷，未达到规定要求的质量等级而需降级处理所损失的费用。这部分费用在实现销售之后体现为合格品价格与降级品价格之间的差额。

如果需降级处理的产品未能实现销售，则降级损失只体现为隐性成本。

二、分析降级损失费形成的原因

1. 降级损失费产生的原因

降级损失费在企业内部产生的原因主要是产品因未满足企业质量标准，不便维修或者维修后仍不能达到合格品或优等品水平，只能降级销售或入堪用品库，给企业造成的损失。

2. 降级损失费的等级划分

某些行业对产品质量等级有着较为详细的划分。因此，根据降级的具体幅度，降级损失费可以分为以下四种。

（1）大批量产品因同种原因遭到降级，且降幅较大。

（2）大批量产品因同种原因遭到降级，但降幅不大。

（3）个别产品因偶发性原因受损严重，降幅较大。

（4）个别产品因偶发性原因轻微受损，降幅较小。

三、控制降级损失费的责任部门及相关控制措施

依照上述分析，为减少和有效控制产品降级给企业带来的经济损失，以下部门需作妥善处理。

1. 生产和质量管理部门

生产部门是异常产品的主要发生地和流出部门，因此，生产部应联合质量管理部重点对高额度的降级损失费进行监督和控制。

（1）某些产品对加工有严格的时间要求。所以，这些产品一旦发现品质异常，生产部应立即组织相关人员或送相关部门对不良产品进行及时、妥善的处理，防止由于拖延时间过长而导致产品性态改变，超出可返工返修、可改善、可重新达到较高质量等级的期限。

（2）质量管理部主要针对在生产环节发生的、大批量的、非偶发原因的产品降级进行记录和追踪，分析产生高额降级损失的原因，并监督相关部门进行改善，以防止同类型的降级损失费再次发生。

2. 维修部门

在品质异常产品进入销售环节之前或销售过程中，维修作业可以直接影响产品的美观、功能的完好程度和质量等级，也决定了产品是否会受到降级处理。经维修后，质量等级获得提升的产品一旦实现销售，企业免于发生的降级损失费往往要高于维修耗费的人工费用、原材料成本。

因此，维修部门应平衡节约维修费用和提高产品维修效果的关系，以提高产品品质等级为主，结合节约维修成本的观念进行维修作业，达到减免降级损失费的目的。

7.3.5 质量事故处理费控制方案

下面给出某企业的质量事故处理费控制方案，供读者参考。

质量事故处理费控制方案

- -

一、质量事故处理费的含义

质量事故处理费是指对已发生的质量事故进行分析处理所发生的各种费用，具体包括事故处理人员的人工费、办公费、会议费、不良品实验鉴定费、质量人员与销售人员或原材料供应商联络的通信费、赴供应商处考察的差旅费等。

二、质量事故处理费的职能部门和控制措施

根据企业内部产品质量事故的发生来源来看，产生和控制质量事故处理费的职能部门主要有研发部门、生产部门、质量管理部门。

1. 研发部门、生产部门

研发部门、生产部门是发生设计、生产类质量事故的主要责任单位，应主动配合事故处理人员分析调查事故发生的原因，并提出相应的改善对策，同时对事故的处理结论进行

追踪和存档，以及将重大事故作为培训案例通报整个部门，达到避免同类质量事故再发、减少质量事故处理费的目的。

2. 质量管理部的供应商质量管理科室

供应商质量管理科室是处理原材料品质异常的主要责任机构，其主要职责如下。

（1）负责与原材料供应商进行及时沟通，要求其做出快速有效的处理和改善措施，以降低企业的质量事故处理费。

（2）有责任配合事故处理人员的事故处理进度，督促供应商限期整改。

（3）有责任与采购部一起对供应商进行评价或更换，监督供应商来料品质，以避免同类事故再次发生，控制质量事故处理费。

3. 质量管理部的质量事故处理中心

质量事故处理中心隶属于质量管理部，其主要职责是在企业内部组织相关部门分析事故原因和确定改善对策，保证事故得到妥善、快速解决，对质量事故处理费的控制负有主要责任。

为了减少质量事故处理费的发生，预防同类事故再次发生，质量事故处理中心需要做好以下两点。

（1）设置事故处理责任制和关键业绩指标（KPI），对事故处理的时间进度、反馈、结案率等做出严格要求，减少质量事故拖延的时间和为相关单位带来的处理成本。

（2）对质量事故进行详细记录和统一存档，为生产部门决策者提供参考依据，以便对频繁发生质量事故的产品系列或生产线、生产工艺、原材料等进行改善或转换，提高产品质量，将质量事故处理费控制在较低水平。

7.4 外部损失成本

7.4.1 保修费用控制方案

下面给出某企业的保修费用控制方案，供读者参考。

保修费用控制方案

一、保修费用的含义

保修费用是指根据保修合同规定或于保修期内，为客户提供修理服务所支付的费用。具体包括在产品保修过程中产生的差旅费、办公费、劳保费、更换零部件成本、器材费、工具费、运输费，以及工资总额和列支的员工福利费等。

二、保修费用的职能部门

产品售后服务部门是保修费用控制的主要责任部门。

三、保修费用的事前控制措施

1. 产品售后服务部门需要事先制定保修服务的工作标准、制度和规定，使保修服务工作的开展有章可循，既要让客户满意，又要避免非约定保修产生的额外费用。

2. 产品售后服务部门应对保修工作人员进行培训，使之具有从事售后服务的业务素质和技术水平，既防止发生不合理的二次维修费，又防止因服务不到位而引起客户不满，甚至造成退货、换货、诉讼和索赔等情况。

3. 售后服务部门应主动为客户提供技术咨询或培训日常维修保养的知识，实现销售后，要及时为客户做好产品的防护性维修，提高客户对产品和服务的满意度，减少不必要的保修工作和费用。

4. 合理配置资源，节约保修费用

（1）合理布置服务网点，既满足客户对服务时间的要求，又可以减少保修费用的支出。

（2）规定上门服务的范围和条件，对路途较远的保修服务可向客户适当收取交通补偿费并提前告知。

四、保修费用的事后控制措施

1. 保修费用发生以后，保修责任人员应及时填制"产品保修费用报告单"（如下表所示），经过公司相关领导的批准、有关部门负责人的会签，在保修任务完成以后，将保修费用的发生情况向财务部报告。

产品保修费用报告单

填报部门：　　　　　　　　　　　　　　　　　　日期：＿＿＿年＿＿＿月＿＿＿日

产品型号（编号）	保修数量（台）	差旅费（元）	人工费（元）	零件材料费（元）	工具设备费（元）	其他费用（元）	合计（元）
保修说明				保修人员签字			
				单位领导意见			
				服务部门签字			
会签	厂长		总经济师			财务部门	

2. 售后服务部门应将经常出现的、怀疑为批量性异常的不良产品信息反馈给生产和质量管理部门，这样不仅可以帮助生产单位及时发现品质问题，还可以防止未来出现更多的维修需求，从而达到节约保修费用的目的。

7.4.2 退货损失费控制方案

退货损失费是指交付产品后，由于质量问题、替代品竞争、客户自身原因等造成客户退货、换货给企业造成的收入损失及其支付的全部费用。下面给出某企业的退货损失费控制方案，供读者参考。

退货损失费控制方案

一、退货损失费的界定

退货损失费具体表现为有形损失费与无形损失费。

1. 有形损失费包括企业为退货需要付出的人工费、包装损失费、运输费、产品损耗和退回产品的销售收入等费用。

2. 无形损失费是指由于退货方式、制度不当或过多的退货可能引发的消费纠纷、信誉损失和品牌危机带来的费用。

二、退货损失的来源

企业可控的退货损失包括以下三种。

1. 不符合质量标准的产品在生产环节未被发现，销售后被客户退回。

2. 产品因批量性质量问题被退货后，未能及时中止同批产品的销售，导致更多不良品的销售和退货。

3. 企业不合理的退货制度或售后服务不佳导致更大范围的退货。

三、退货损失费的控制措施

根据上述分析，企业应从以下三种控制措施入手，逐步减少和控制退货损失费的产生。

1. 加强检验，防止不良品外流

由于产品质量的优劣往往决定了产品退货比例的高低，因此，防止退货的主要工作是企业加强检验，把好产品质量关，即在生产、进货、销售、储存等过程中进行及时、有效的检验，确保在产品未进入流通领域前能够发现产品的质量缺陷，减少退货的可能。

2. 及时响应，防止更多退货

销售部和质量事故处理部门应建立标准的质量问题处理流程（具体如下图所示），借助企业的信息管理系统，对确定或者怀疑是批量性质量问题而导致客户抱怨、退货等事故，并且仍有存货或处于运输途中的产品，及时实施停止出货或召回等应急措施，防止将更多不良品销售到客户手中而带来更大的损失。

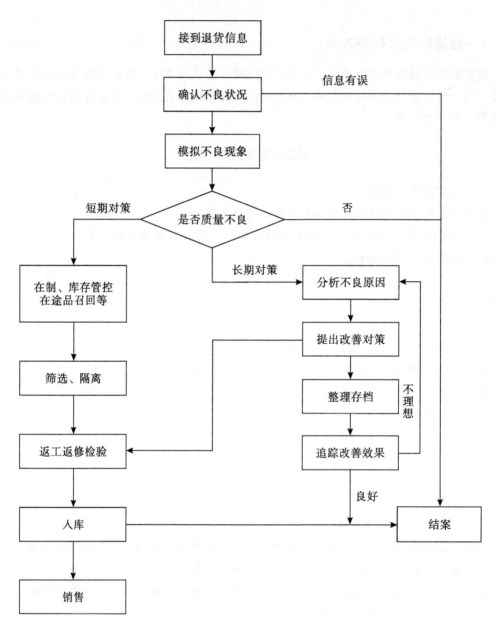

产品质量问题处理流程

3. 建立合理高效的退货管理制度

企业应积极主动地面对退货管理工作，通过制定简捷易行、合理高效的退货管理制度，将退货条件、退货手续、退货价格、退货比率、退货费用分摊、退货货款回收等问题以及违约责任、合同变更与解除条件等相关事宜事先与客户、经销商达成一致，在出现问题时对客户的退货做出快速反应，这样有助于提升本公司在客户心目中的形象、降低退货管理成本、减少已发生的和未来的退货损失。

7.4.3 折价损失费控制方案

下面给出某企业的折价损失费控制方案，供读者参考。

折价损失费控制方案

一、折价损失费的含义

折价损失费是指企业因产品存在轻微缺陷而未达到规定的质量等级，但产品的主要性能均达到相应的质量要求而在销售过程中需折价处理所损失的销售收入，其具体金额等于正常销售价格与折后价之间的差额。

二、分析折价损失费的构成

1. 折价损失费产生的原因

折价损失费产生的根本原因主要有以下两种情况。

（1）批量产品出货后因功能、外观等未满足用户更为严格的质量要求，协商结果为请客户降级使用所导致的销售收入损失。

（2）在仓储、运输过程中，个别产品的外观或部分功能受损，在销售中直接作减价处理而产生的折价损失费。

2. 折价损失费的分类

折价损失费可以根据降级的具体幅度分为严重损失和轻微损失。具体分类请参考"降级损失费控制方案"中关于降级损失费的分类办法。

三、销售部控制折价损失费的职责及具体措施

依照上述分析，为减少产品折价给企业带来的经济损失，销售部尤其需要关注客户对大批量产品的折价要求，在尽量满足客户要求的同时，维护企业的经济利益。

1. 合格产品出货后收到客户抱怨和降级销售的要求时，销售人员应对具体情况进行确认，确定客户要求属于合理范围、产品确实存在质量瑕疵。

2. 折价损失发生以后，销售人员应及时填制"产品折价损失报告单"（如下表所示），分析折价原因，提出处理意见，经过公司主管领导批准、有关部门负责人会签后，向财务部报告。

产品折价损失报告单

填报部门：　　　　　　　　　　　　　　　　　日期：＿＿＿年＿＿＿月＿＿＿日

产品型号	产品编号	数量（台）	原价（元）	处理价（元）	净损失（元）	责任部门

（续表）

折价原因			处理意见		
				服务部门签字	
	责任人员签字			检验部门签字	
会签	厂长		总工程师	财务部门	

3. 经与客户协商必须作降级处理后，销售人员应及时与生产部门进行沟通和讨论，针对客户的要求对后续工单做出生产调整，利用特殊处理或专门生产的方式，确保后续产品能够符合客户要求，避免再次发生降级的可能以及降级损失费的产生。

7.4.4　质量索赔费控制方案

下面给出某企业的质量索赔费控制方案，供读者参考。

质量索赔费控制方案

一、质量索赔费的含义

质量索赔费是指产品出厂后，因产品质量未达到标准，对客户的生产、生活、人身安全造成伤害或不良影响，企业对客户提出的申诉进行赔偿、处理所支付的费用，包括支付客户的赔偿金（如罚金）、索赔处理费及应诉所发生的差旅费、诉讼费等。

二、质量索赔费的特点与分类

按照质量索赔费的常见形态，需要特别关注以下三类。

1. 由于原材料品质异常导致的质量索赔费。

2. 与客户存在争议的质量索赔费。

3. 已经或将会产生较大社会影响的质量索赔案件形成的质量索赔费。

三、质量索赔费的控制措施

针对上述分析，相应的控制措施有以下三点。

1. 制定供应商产品质量索赔办法

为了加强对供应商产品质量的有效控制，转移原材料质量索赔费用，维护公司的经济利益，对出现不按标准、技术协议、产品图纸生产加工导致出现原材料质量问题，进而影响公司外部质量信誉的供应商，公司将按规定的追溯索赔办法对其实施质量索赔。

2. 通过法律途径积极应对争议性问题

对于与客户存在争议的质量问题及客户索赔案，公司应通过法律途径，合理合法地维护公司的正当利益和声誉，不能采用无视客户抱怨或者拒绝与相关方进行合作调查的消极态度来面对。

3. 积极应对，减少不良影响

对于经过确认，产品因质量问题已经给客户造成较大损失的事件，公司必须积极采取应对措施，防止事态进一步扩大，以及可能对公司声誉带来的不良影响。

（1）实施短期对策，对库存、在制、在途、上架的不良产品进行封存或撤回。

（2）积极面对外部媒体，承认工作失误，针对为客户带来的不便或造成的损失表示道歉。

（3）应对相关法律诉讼，对客户损失进行合理赔偿，赢得客户的理解和原谅。

（4）分析造成质量异常的主要原因，予以公布，并提出和实施长期的改善对策，同时安抚客户。

第 8 章

销售费用控制

8.1 销售人员薪资报酬

8.1.1 销售人员薪资控制方案

销售人员薪资成本是企业销售费用的主要构成部分之一。下面给出某企业的销售人员薪资控制方案，供读者参考。

销售人员薪资控制方案

一、目的

为使销售人员薪资发挥积极的激励作用，同时对销售人员的薪资水平进行合理控制，特制定本方案。

二、适用范围

本方案适用于全体销售人员。

三、销售人员薪资控制办法

（一）薪资结构控制

1. 销售人员薪资由固定薪资（基本工资）及浮动薪资（提成、奖金）两部分组成。

2. 固定薪资比重与销售人员的职级成正比。销售总监的固定薪资比重为70%，销售经理为50%，销售主管为40%，销售专员为30%。

（二）销售费用控制

1. 在销售合同签订过程中产生的销售费用采取包干办法，超出部分与薪资挂钩。

2. 设定销售费用占合同利润额的最高比例，并与薪资挂钩。

（三）应收账款控制

1. 设定最低回款率及回款周期警戒线，并与销售人员的薪资挂钩。

2. 浮动薪资（提成＋奖金）＝回款完成率×绩效工资基数×60%＋销售完成率×绩效工资基数×30%＋销售考核分数×绩效工资基数×10%。

（1）回款完成率 $= \dfrac{当月实际回款}{回款任务} \times 100\%$。

（2）销售完成率 $= \dfrac{当月实际销售额}{销售任务} \times 100\%$。

8.1.2 销售人员业务提成控制方案

销售人员业务提成是其薪资的重要构成部分，在销售费用中占的比重也较大。下面给出某企业的销售人员业务提成控制方案，供读者参考。

销售人员业务提成控制方案

一、目的

为规范公司销售人员的销售提成管理工作，合理控制销售提成的不合理支出，避免违规提成给公司造成的损失，特制定本方案。

二、适用范围

本方案适用于公司所有销售人员。

三、提成比例的确定

（一）确定提成比例的程序

1. 销售部根据项目销售进度计划、销售难易程度等因素，制定《一线销售人员销售提成比例方案》，上报总经理办公室。

2. 总经理办公室会同人力资源部、财务部审核《一线销售人员提成比例方案》，报营销总监、财务总监及总经理审核、审批后，下发至人力资源部、财务部备案执行。

（二）提成比例

1. 提成计算基数为每单合同成交额减去销售直接费用后的金额，其中，销售直接费用即销售人员完成这笔业务所支出的通信、交通、差旅、业务公关、应酬、额外支出等费用之和。

2. 每月基础任务量。完不成公司规定的额度，销售人员当月无提成。

（1）签单提成：一线销售人员____万元。

（2）管理提成：销售主管____万元，销售部经理____万元。

3. 完成任务额度后，销售人员提成比例如下表所示。

销售人员业务提成比例一览表

人员类型		提成类型	提成条件	提成比例	备注
一线销售人员	销售专员	签单提成	5万元以下	8%	税后
			5~10万元	9%	
			10万元以上	10%	
			公关活动引荐成交的客户	5%	
	销售主管	签单提成	同销售专员	同上	同上
		管理提成	100万元以下	0.2%	基数为下属销售专员的业绩总额
			100~200万元	0.3%	
			200万元以上	0.4%	
管理人员	销售部经理	管理提成	200万元以下	0.5%	基数为部门业绩总额
			200~300万元	0.6%	
			300万元以上	0.7%	

四、提成办法

1. 财务部每月 10 日编制上月的"销售提成表"，经销售部经理确认，报公司主管领导批准。

2. 销售人员的业务提成每月发一次，时间为次月 15 日（遇节假日顺延）。

3. 有关提成比例的换算规则如下。

（1）报价折扣。在报价的 90%～100%，每降低 1%，提成比例相应降低 1%。

（2）延期折扣。在延期的 10～90 天内，每延期 10 天，提成比例相应降低 1%。

（3）低于报价的 90% 成交或延期 3 个月以上的，不再计发提成。

五、回款责任

1. 销售专员负有回款责任，所有业务回款需汇入公司账户。

2. 回款率达到 100% 且回款平均周期在警戒线以下的，一次性全额兑现销售提成。

3. 回款率达到 80% 以上且回款平均周期在警戒线以下的，可预先兑现销售提成，待回款额全部到位后清算兑现。

4. 实际回款平均周期超过警戒线 20%～30% 的，提成比例按照降幅 1% 结算；超过 30%～40% 的，提成比例按照降幅 2% 结算；40%～50% 以下的，提成比例按照降幅 3% 结算；超过 50% 以上的，提成比例按照降幅 4% 结算。

六、相关责任义务

（一）公司义务

1. 提成在未转出前的名义所有权为本公司，实际所有权为提成人，公司为此承担相应的法律责任。

2. 对提成的转出做到不拖延、不截留、不设限，并提供便利和相关咨询。

3. 根据提成人的要求对提成人的有关情况予以保密，不向未经提成人同意的其他人员扩散。

4. 对提成在未转出前负有保管责任，但遇有法律、法规和制度所规定的情形除外。

（二）提成人义务

1. 提成人照章纳税。

2. 合同款未到本公司账户时，不向公司提出或变相提出任何提成要求。

3. 承担因自身原因造成业务未联系成或合同最终未得到履行的经济损失。

8.1.3 销售人员津贴费用控制方案

下面给出某企业的销售人员津贴费用控制方案，供读者参考。

销售人员津贴费用控制方案

一、目的

为明确销售人员津贴给付的标准，规范津贴给付的程序，特制定本方案。

二、适用范围

本方案可用来控制发放给销售人员的外勤津贴、学历津贴、职务津贴、午餐津贴、通信津贴、交通津贴、出差津贴、住房津贴等。

三、外勤津贴的控制

根据驻外销售机构所在地域，设定销售人员外勤津贴。详细的外勤津贴标准如下表所示。

外勤津贴标准

区域	中高层销售管理人员 （元/月）	基层销售管理人员 （元/月）	一线销售人员 （元/月）
一类地区	500	400	300
二类地区	400	300	200
三类地区	550	450	350

注：1. 一类地区：北京、上海、天津、重庆、南京、大连、青岛、杭州、宁波、温州、福州、厦门、广州、深圳、珠海、海口、三亚。

2. 二类地区：除一类地区以外的省会及地市级城市。

3. 三类地区：偏远地区。

四、学历津贴与职务津贴的控制

为鼓励销售人员不断学习，提高工作技能，特设立本津贴项目，其标准如下表所示。

学历津贴与职务津贴支付标准

津贴类型	支付对象	支付标准	津贴类型	支付对象	支付标准
学历津贴	本科	300 元/月	职务津贴	销售部经理、区域销售经理	500 元/月
	专科	200 元/月		销售部副经理	300 元/月
	高中以下	100 元/月		销售业务助理	200 元/月
				一线销售人员	100 元/月

五、午餐津贴的控制

（一）规定午餐津贴的适用范围

销售人员因工作需要而不能到公司食堂就餐的员工。

（二）发放午餐津贴

1. 每天午餐津贴10元。

2. 午餐津贴每月结算一次，按实际外出天数乘以每天的午餐津贴标准支付。

六、通信津贴的控制

（一）销售管理人员的通信津贴

1. 销售主管级别的通信津贴为：150 元/月。

2. 销售部经理级别的通信津贴为：200 元/月。

3. 销售总监级别的通信津贴为：300 元/月。

（二）一般销售人员的通信津贴

一般销售人员的通信津贴为每月 100 元。

七、交通津贴的控制

（一）适用范围

交通津贴适用于不在公司提供的宿舍住宿，需要乘坐交通工具上下班的销售人员。

（二）发放标准

发放标准根据员工职务的不同而有所不同，其标准如下表所示。

不同人员津贴发放标准表

员工类别	交通津贴标准	员工类别	交通津贴标准
销售总监	400 元	销售主管、销售助理	150 元
销售部经理、区域销售经理	300 元	一般销售人员	100 元
销售部副经理、区域销售副经理	200 元		

八、出差津贴的控制

（一）明确发放范围

因工作需要出差去外地的销售人员。

（二）规定津贴发放标准

出差津贴标准应该根据出差的区域进行划分，详细的津贴标准如下表所示。

出差津贴发放标准

地区等级	范围	出差津贴
一级	日本、香港、北美、欧洲及澳洲等国家和地区	200 元/天
二级	东南亚、西亚等国家和地区	150 元/天
三级	非洲、中美洲、南亚、南美洲等其他国家和地区	100 元/天
四级	上海、北京、广州、深圳、珠海、厦门、东莞	50 元/天
五级	天津、重庆、广东、浙江、海南、苏州等部分沿海开放城市及省会级城市	40 元/天
六级	新疆、西藏、青海、甘肃、宁夏等偏远地区	30 元/天

注：部分沿海开放城市是指不在四级地区以内的沿海开放城市，包括大连、秦皇岛、烟台、青岛、连云港、南通、福州、湛江、北海及国家新开放的沿海城市。

九、住房津贴的控制

（一）明确享有住房津贴的条件

住房津贴适用于不在企业住宅、宿舍及企业提供的其他设施居住的销售人员。

（二）发放住房津贴

住房津贴连同员工工资一同发放，其发放标准如下表所示。

住房津贴给付标准一览表

员工类别		津贴给付标准	
本人是户主	有抚养家属	租借房屋：每月津贴400元	自有房屋：每月津贴200元
	无抚养家属（单身）	租借房屋：每月津贴300元	自有房屋：每月津贴150元
本人不是户主	所抚养家属是户主	租借房屋：每月津贴300元	自有房屋：每月津贴150元
	所抚养家属不是户主	租借房屋：每月津贴200元	自有房屋：每月津贴100元
	无抚养家属	租借房屋：每月津贴150元	自有房屋：每月津贴100元
购建私房津贴	本人是户主	有抚养家属者：以5 000元为限	无抚养家属者：以3 000元为限
	本人不是户主	有抚养家属者：以3 000元为限	无抚养家属者：以2 000元为限

（三）调查相关资料

公司在审核员工提交的有关资料时，根据需要，可要求员工提交有关辅助资料（如租房契约、缴纳房租收据等）。

（四）住房津贴的停止享用

员工离职的当月，不再享受企业提供的住房津贴。

8.1.4 销售人员回款奖励控制方案

下面给出某企业的销售人员回款奖励控制方案，供读者参考。

销售人员回款奖励控制方案

一、实施目的

1. 销售回款奖励作为销售人员薪酬的补充部分。

2. 提升销售人员的工作积极性和主动性，提高销售回款率。

二、确定奖励方式

1. 集体奖：公司向销售部所有人员发放回款集体奖。

2. 个人奖：公司向销售部销售人员发放销售回款个人奖。

三、奖励细则的控制

1. 确定奖金额度

（1）集体奖 = 部门回款总额 ×2‰。

（2）个人奖 = 个人回款总额 ×3‰。

2. 销售部经理回款奖励细则

（1）销售部经理在部门销售回款率达到95%以上时，可以得到集体奖。

（2）奖金数额：销售部经理集体奖奖金数额 = 集体奖总额 ×40%。

3. 销售部销售人员回款奖励细则

销售部销售人员不仅可以得到个人回款奖还可以得到集体奖，具体细则如下。

（1）当个人销售回款率达到98%以上时，可以得到全额个人回款奖。

（2）当部门销售回款率达到95%以上且个人回款率达到90%以上时，可以得到集体奖，奖金数额为：销售人员集体奖奖金数额 $= \dfrac{\text{集体奖总额} \times 60\%}{\text{销售部人员总数}}$

4. 销售部内勤人员回款奖励细则

当部门销售回款率达到95%以上时，销售部内勤人员可以得到集体奖，奖金数额为：

内勤人员集体奖奖金数额 $= \dfrac{\text{集体奖总额} \times 60\%}{\text{销售部人员总数}}$。

四、奖励支付的控制

1. 销售回款奖与年终奖一并支付，如在发放年终奖之前销售人员离职，则个人奖的奖金计入集体奖的奖金部分。

2. 如果部门回款率低于60%，则取消所有回款奖项（包括销售人员的个人奖）。

8.1.5　销售人员特殊奖励费用控制方案

下面给出某企业的销售人员特殊奖励费用控制方案，供读者参考。

销售人员特殊奖励费用控制方案

一、目的

除业务提成外，通过特殊奖励形式可以为销售人员提供提升业绩的动力，因此特制定本方案。

二、适用范围

本方案适用于公司全体销售人员。

三、定义

为激励在销售业绩、开拓市场、降低成本等方面做出突出贡献的销售人员，公司在约定的薪资外，对其进行现金或非现金、正式或非正式的奖励。

四、发放原则

1. 专款专用：公司固定提取一定的销售基金用于特殊奖励。

2. 现金与非现金形式相结合。

3. 正式奖励与非正式奖励相结合。

4. 多样化：奖励项目应根据销售人员的特点设立，以取得最大的激励效果。

5. 短期奖励、不断变化：奖励项目按照实际情况设定并不断变化，通常情况下给予获奖人员一次性奖励。

6. 循序渐进，有效奖励：每三个非正式奖励（如感谢信），有一个比较正式的奖励（如休息一天）；对于每三个比较正式的奖励，有一个更加正式的奖励（如在公司会议上的表扬）；然后，使用提高薪资、提升职务和特别任命等奖励，做到循序渐进。

五、销售奖励资金来源

1. 公司按每月实际到账的 A 种产品的最低价的 0.8%，B 种产品的最低价的 2% 提取销售奖励基金，由销售部经理根据部门工作情况发放。

2. 此基金于销售部内部建立明细账，销售部经理签字，公司分管领导同意后使用。

3. 每季度交明细账至财务部，由财务部稽核存档。

六、奖励类型

（一）部门奖励

1. 月销售明星奖：按每月回款额从高到低取前三名，回款额 10 万元起评，奖金分别为 300 元、200 元和 100 元。

2. 成本节约奖：每月按单笔合同的毛利率（毛利率 $= \dfrac{\text{毛利润}}{\text{合同金额}} \times 100\%$）奖励前两位，由高到低提取，奖金为 200 元和 100 元。

3. 季度优秀片区奖：每季度奖励完成责任区指标最好的两个片区，奖励金额为 400 元/片区。

4. 不定期举行销售竞赛，获胜者奖励免费旅游。

5. 其他不定期奖励，如会议表扬、带薪假期、节日慰问等非现金形式。

（二）公司奖励

1. 突出业绩奖：公司年终对个人全年销售到账进行汇总排名，到账 100 万元以上起评，前三名分获 3 000 元、2 000 元、1 000 元奖励。

2. 市场开发奖：根据开发能力，重奖具有优秀的市场开发能力的人员。

3. 成本节约奖：对销售环节中成本削减做出突出贡献及毛利率最高的人员。

8.2 业务费用

8.2.1 销售折扣费控制方案

销售折扣费是指企业在销售商品或提供劳务时，因购货方购货数量较大等原因而给予购货方的价格优惠。下面给出某企业的销售折扣费控制方案，供读者参考。

销售折扣费控制方案

一、目的

为严格管理公司在销售折扣方面的合理支出，根据公司相关销售政策，特制定本方案。

二、控制年度折扣费的总额

公司可以根据预计的销售收入和以往年度的折扣费占销售收入的比例确定本年度的折扣费预算总额，每月注意检查折扣费是否超标。

三、规定销售折扣费的范围

本公司所指的销售折扣是指公司将产品销售给经销商时，对于符合既定要求的销售行为或结果，给予对方的一种价格优惠，它实际上是在成交的价款上给予经销商一定比例的减让。销售折扣包括实物折扣和现金折扣。

四、销售折扣的使用要求

1. 一般情况下提倡使用实物折扣。

2. 销售折扣并不是越大越好。

3. 折扣力度要与公司的销售战略相适应，如在开拓产品市场阶段，可以用较大的折扣吸引经销商，占领市场。

五、销售折扣标准

销售折扣随着经销商的销售额的增加而增大，一般来讲，不同产品有不用的折扣标准，具体标准如下表所示（以下标准针对公司某一个经销商）。

公司销售折扣标准一览表

A产品		B产品		C产品	
年度销售额	销售折扣	年度销售额	销售折扣	年度销售额	销售折扣
8 万以下	0	5 万元以下	0	3 万元以下	0
8 万~10 万元	1 000 元	5 万~10 万元	1 000 元	3 万~5 万元	1 000 元
10 万~20 万元	2 000 元	10 万~15 万元	2 000 元	5 万~10 万元	2 000 元
20 万~30 万元	4 000 元	15 万~20 万元	4 000 元	10 万~15 万元	4 000 元
30 万以上	5 000 元	20 万元以上	5 000 元	15 万元以上	5 000 元

六、销售折扣管理

1. 遇到特殊情况需要增加销售折扣时，销售人员应及时填报"销售折扣更改申请单"，由销售部经理和财务部经理审核、销售总监审批后才能付诸实施。

2. 新产品的销售折扣应由销售部经理填报"新产品销售折扣申请单"，经销售总监审批后生效。

3. 如果由于市场变化需要修改某产品的销售折扣标准，销售人员需向销售部经理提出书面申请，由财务部经理审核、销售总监审批后方可执行。

8.2.2 销售人员差旅费控制制度

下面给出某企业的销售人员差旅费控制制度，供读者参考。

销售人员差旅费控制制度

第1章 总则

第1条 目的

为控制销售人员的差旅费，提高出差效率，规范出差人员的审批及报销程序，根据本公司的实际情况，特制定本制度。

第2条 适用范围

本制度适用于公司全体销售人员。

第3条 相关定义

1. 长期出差者，指到公司所在城市以外地区开展业务时，在同一地区出差一个月以上者。

2. 同一地区，通常是以"市、区"为行政单位，但是如果在同一地区到两个以上地方出差时，尽管住宿地点不变却发生不能正常出勤的情况时，可以视为不同地区的出差。

3. 近郊出差，是指可以用通勤车或市内交通工具往返的出差地。

第2章 出差审批流程

第4条 出差申请程序

1. 因公出差的销售人员必须事先填写"出差申请单"，注明出差地点、事由、天数、所需资金等相关事宜，经销售部经理审核签字，分管销售副总批准后方可出差。未经审批的，不予借支和报销差旅费。

2. 审批原则

（1）出差地点设置有公司销售分支机构或办事处，不批准出差。

（2）对于可通过现有通信方式解决的业务，不批准出差。

（3）合同额度预计在____万元以下，差旅费预计在____元以上的业务，不批准出差。

（4）如有特殊情况，须报公司总经理审核批准。

3. "出差申请单"由财务部留存，并作为销售费用的考核依据。

4. 出差前在预定金额的范围内可以预支差旅费，预支的差旅费含标准内的车船费、出差期间的住宿费、日补贴。借款时须附有核准后的、有上述内容的"出差申请单"及"预借差旅费申请单"。有尚未清理的借款时，销售人员不得继续申请借款。"预借差旅费申请单"如下表所示。

预借差旅费申请单

申请日期：____年____月____日

起讫地点	自　　　　　经　　　　　至		
出差日期	____月____日至____月____日　共____天		
事由			
月	日	项目	摘要	金额
合计			附　单据____张	

总经理：　　　　分管副总：　　　　部门经理：　　　　出差人：

5. 差旅费借支程序（如下图所示）。

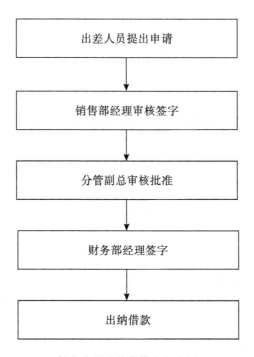

销售人员差旅费借支程序图

第 5 条 差旅费报销程序（如下图所示）

```
┌──────────────────────────────────┐
│   出差人员填写"差旅费报销单"      │
└──────────────────────────────────┘
                ↓
┌──────────────────────────────────┐
│        销售部经理审核签字          │
└──────────────────────────────────┘
                ↓
┌──────────────────────────────────┐
│        财务部经理审核签字          │
└──────────────────────────────────┘
                ↓
┌──────────────────────────────────┐
│          分管副总批准              │
└──────────────────────────────────┘
                ↓
┌──────────────────────────────────┐
│            出纳报销                │
└──────────────────────────────────┘
```

差旅费报销程序图

1. 销售人员出差归来，必须在 10 个工作日内办理报销手续，如实填写"差旅费报销单"，并列明事由、时间、线路后交销售部经理、分管副总签字，再由财务部按包干标准审核报销。

2. 凡与原"出差申请单"规定的地点、天数、人数、交通工具不符的差旅费不予报销，因特殊原因或情况变化需改变路线，增加天数、人数，改乘交通工具等，需经公司总经理签署意见后方可报销。

第 3 章 差旅费计算

第 6 条 差旅费包括车船费、住宿费、日补贴。

1. 差旅费按正常路程计算，但因业务情况或不得已改变路程的时候，按实际路程计算。

2. 车船费、住宿费按规定标准报销。

3. 日补贴按照出差天数计算

（1）出发时间为中午 12 点之前（含 12 点）的，出差当日按全天计日补贴。

（2）出发时间为中午 12 点之后的，出差当日按半天计日补贴。

（3）返回出发地时间为中午 12 点之前（含 12 点）的，返回日当天按半天计日补贴。

（4）返回出发地时间为中午 12 点之后的，返回日当天按全天计日补贴。

第7条　公司交通设施的使用及差旅费的减额支付

1. 销售人员到交通方便的地方出差时，应尽量使用公司拥有的或者借用的设施以及公共交通工具，其差旅费如下表所示减额支付。

差旅费减额支付表

有交通车辆时	提供住宿时	提供餐饮时
不支付交通费	不支付住宿费	支付日补贴的50%

2. 从公司外收到全部或部分差旅费时，公司不再支付其全部或部分差旅费。

第8条　出差期间的缺勤处理

出差期间因私事而缺勤，公司不支付其住宿费及日补贴，如有生病或其他不得已的原因缺勤时，可参照实际情况支付日补贴及住宿费。

第9条　特殊差旅费

陪同上级人员、外宾出差或因其他原因，实际发生的费用超过本人的所得定额（车船费、住宿费、日补贴）时，经公司总经理批准，其差旅费可以支付实际费用或所得定额以上的费用。

第10条　差旅费报销应取得合法的票据，住宿费项目包括住宿起讫日期、住宿人数在内的所有信息，销售人员必须填写完整、准确，否则视为非合理票据，不予报销。

第4章　出差定额包干标准

第11条　公司销售人员差旅费实行定额包干，报销标准如下表所示。

差旅费定额包干报销标准一览表

职务	车船费				住宿费			
	航空	铁路	轮船	其他	一类地区	二类地区	三类地区	四类地区
销售副总	实费	实费	实费	实费	实费	实费	实费	实费
销售部经理、副经理	一般	软卧	二等	实费	400	350	300	260
一线销售人员	一般	硬卧	三等	实费	350	300	260	220

第12条　车船费、住宿费的计算，按发票在规定标准内报销。

第13条　销售人员乘坐飞机时，要得到分管副总的批准，同时满足以下条件。

1. 确属突发事件，乘坐火车等交通工具已来不及。

2. 乘坐火车时间超过12小时。

3. 陪同重要客人。

第14条　特殊情况下住宿费超过标准的，要得到总经理批准后方可报销。

第15条　住宿费标准为住宿房间标准，一线销售人员若两人（同性别）同时出差，则为两人标准。

第16条　出差地区分类

1. 一类地区：经济特区（深圳、珠海、汕头、厦门、海南）及直辖市（京、津、沪、渝）。

2. 二类地区：省会城市及副省级城市、计划单列市（青岛、大连）。

3. 三类地区：一般城市。

4. 四类地区：县级地区以下。

第17条　如果没有住宿费发票，公司每天按50元的标准予以报销。

第18条　出差当天在宾馆没有标准间时，住比标准间高一档次的房间费用予以报销。

第19条　出差人员日补助额度按级别设置如下。

1. 销售副总：400元。

2. 销售部经理、副经理：300元。

3. 一线销售人员：150元。

第5章　其他要求

第20条　员工出差应本着厉行节约、提高工作效率、为公司开源节流的原则，不大手大脚，铺张浪费。

第21条　若未经公司相关领导同意，私自在非出差地区逗留或超时逗留所发生的一切费用由当事人自己承担，所发生的时间按事假或旷工处理，扣发工资。

第22条　出差人员应将工作进展情况及时向主管领导汇报，提高工作效率，力争在最短的时间内完成工作。

第6章　附则

第23条　本制度由财务部负责制定、修订，营销总监负有协助财务部进行解释的责任。

第24条　本制度自＿＿＿年＿＿＿月＿＿＿日起实施。

8.2.3　销售人员通信费控制方案

下面给出某企业的销售人员通信费控制方案，供读者参考。

销售人员通信费控制方案

一、目的

为保证销售业务有效运行，控制销售人员的通信费，特制定本方案。

二、适用范围

本方案适用于公司全体销售人员。

三、定义

通信费是指公司销售人员使用手机、办公固定电话发生的费用。

四、手机费用控制

1. 手机费采用包干制，节余归己，超支自付。

2. 根据销售人员的岗位级别，制定手机费包干标准。具体如下。

(1) 销售部经理：400 元/月。

(2) 销售主管：200 元/月。

(3) 销售专员：150 元/月。

3. 报销办法

(1) 销售部经理拟订部门手机费包干人员名单、手机号码及包干金额，统一交财务部。

(2) 财务部根据名单，每月向相应人员的手机号码内按包干标准充值。

4. 使用要求

(1) 享受手机费用补贴的人员必须确保 24 小时开机，保障通信联络畅通，满足业务需要。

(2) 所有享受手机费用补贴的人员在接到电话后必须及时接听，并按要求迅速做出反应，对于不接电话或虽接听电话但拒绝执行工作指令者，根据情节轻重给予相应处理。

五、办公固定电话

(一) 电话费用包干办法

办公固定电话由综合管理部与销售部统一结算，并向财务部提供明细表，费用计入销售部费用包干指标。具体标准参考如下表所示。

办公固定电话费用定额标准一览表

岗位类别	费用定额	备注
销售部经理	定额 200 元/月（不含信息费）	超出自付，节余归结下月
一线销售人员 （销售主管、销售专员）	与当月部门业绩挂钩， 部门定额 300 元/月	当月业绩完成，定额外实打实销 当月业绩未完成，定额外超出自付

(二) 固定电话控制措施

1. 原则上，不主张直接采用长途电话的沟通方式，以下三种必须使用长途电话的情况除外。

(1) 一些必须即问即答、即答即决的业务联系。

(2) 一些其他方式难以保密的业务联系。

(3) 一些其他通信方式难以确保的业务联系等。

2. 因项目特殊需要，销售部经理规定了长途电话的业务范围、地域范围后，销售人员按规定执行固定电话拨打、接听业务。

3. 使用长途电话时，需加拨 17909，即 17909 + 区号 + 电话号码。

4. 销售部经理需对一线销售人员进行专项培训，内容包括以下三个部分。

（1）通话礼仪。

（2）快速通话技巧，在最短时间准确交流。

（3）电话拨出响六声后，无人接听立即挂断，重新拨打或择时再拨。

5. 销售人员进行业务联系时需填写"业务通话记录单"，如下表所示。

业务通话记录单

客户名		电话号码	
通话日期		通话时长	___时___分至___时___分
通话目的	1. 2.		
通话内容概要			记录人签名：

（三）固话电话使用监督

1. 每月财务人员核对电话账单，出现以下情况时，应问询当事人，若无合理解释，该笔费用从其当月薪资中扣除。

（1）未加拨17909。

（2）信息费。

（3）私人电话，即电话号码不在客户号码库内。

2. 如果通话时间超过30分钟，由销售部经理调查该"通话记录单"，销售人员需给出合理的解释。

8.2.4 销售业务招待费控制办法

销售业务招待费是指企业销售人员为销售本企业产品或应税劳务而宴请、招待客户时发生的费用。销售部应会同行政部针对宴请招待的对象、规格、报销手续等事项，给出明确的规定，以便员工参照执行。

销售业务招待费控制办法

第1条 目的

为规范管理并控制本公司的业务招待费支出，特制定本办法。

第2条 适用范围

本办法适用于公司全体销售人员。

第3条 业务招待费支出办法

1. 销售部必需的招待费支出实行"预算控制、逐笔报批"的管理方式。

（1）根据销售业务的难易程度，销售部经理事先拟订《年度业务招待费预算建议方案》，经销售副总汇总审核后，拟订出销售部的年度业务招待费支出计划及分解计划，根据审批权限经财务部经理复审后，报送总经理审批。

（2）业务招待费计入销售部费用包干指标。

（3）销售部一线销售人员实际支出每笔业务招待费之前必须事先填写"业务招待申请审批单"（如下表所示）。经上级领导批准后方可列支，未经批准者一律不得报销。

业务招待申请审批单

经办部门：
经办人：

来客单位				
来客姓名及职位				
招待理由				
申请支出金额（大写）		¥：＿＿＿＿＿元		
年度支出计划		累计支出		可用数额
总经理审批意见		销售副总审核意见		
实际支出金额（大写）		¥：＿＿＿＿＿元		单据张数
总经理审批意见	财务部经理复审意见	经办会计初审意见		销售副总审核意见

2. 一线销售人员的招待费申请程序

（1）一线销售人员常规业务接待，经相关领导批准后，向财务部会计借支（额度不得超过当月基本薪资），并于24小时内根据正规票据报销该笔支出。

（2）若遇临时性招待，销售人员需通过电话向上级领导申请批准后自行垫支，并于招待事宜结束后24小时内，补填"业务招待申请审批单"后，根据正规票据报销。

第4条　业务招待开支标准

1. 按照级别不同，业务招待开支标准设定如下。

（1）一线销售人员（包括销售主管及销售专员），招待标准50元/位。

（2）经理级人员（包括销售部副经理及经理），招待标准75元/位。

2. 业务经办人根据需要尽量在公司定点饭店安排招待业务。

3. 销售人员进行业务招待时，可由业务经办人的上一级主管领导陪同参与，费用计入业务经办人借支款。

4. 本公司人员数量不可超过对方。

第5条　费用报销审批手续

1. 经办人员必须在每笔招待费用支出发生后的24小时内将"业务招待申请审批单"连同正规票据报送财务部经办会计初审。

2. 财务部经办会计初审无误后报送财务部经理复审，再转报总经理审批。

第6条　本办法自____年____月____日起实施。

8.2.5　销售坏账损失费用控制方案

下面给出某企业的销售坏账损失费用控制方案，供读者参考。

销售坏账损失费用控制方案

一、背景说明

如果某产品的利润率为10%，当发生100万元坏账的时候，就意味着公司要想弥补发生的坏账损失，就要额外销售1 000万元的产品，而且绝对不能再发生坏账。因此，坏账严重影响着公司的利润额，将会增加公司的销售成本。如何控制坏账损失，是确保公司利润率的关键环节。

所以，为控制公司坏账损失，提高应收账款回收率，特制定本方案。

二、坏账产生的损失

1. 直接损失

应收账款若未能及时收回，将给公司造成直接的经济损失，增加了公司经营的难度。

2. 间接损失

（1）引起公司内部的财务困难，没有足够的资金用于生产与投资。

（2）金融机构会采取严格的融资措施，影响公司的财务状况。

（3）导致公司股价下跌，使公司的形象受损。

（4）产生坏账损失机会成本。坏账资金可以用于新的投资项目，这些项目的潜在收益就是形成坏账的机会成本。

三、坏账损失控制工具——客户信用管理

1. 客户信用调查

（1）直接向客户调查，通过调查客户的财务状况来判断客户的资信状况。销售人员要收集和客户相关的各方面资料，包括客户的基本资料、资产状况、经营能力等。在收集资料的过程中，销售人员可使用下列表单，汇总客户的各方面信息。

客户基本情况表

公司名称		公司成立时间	____年____月____日
公司地址	省　　市　　县（区）　　路　　号	（邮编：　　　　　　）	
法人代表		法人代表联系方式	
公司以往经营情况			

（续表）

公司以往付款情况			
主要销售人员情况			

客户的资产状况表

公司名称			公司成立时间	___年___月___日
公司固定资产		公司流动资产	公司注册资金	
公司营业额				
公司净值				

客户的经营能力状况调查表

指标类别	能力指标	具体内容
偿债能力指标	资产负债率	
	流动比率	
	速动比率	
盈利能力指标	净利润率	
	资产回报率	
其他能力指标	库存周转率	
	应收账款周转率	
备注	速动比率，又称"酸性测验比率"（Acid-test Ratio），是指速动资产对流动负债的比率，主要用来衡量企业流动资产中可以立即变现用于偿还流动负债的能力	

（2）向有往来关系的企业或人员调查，通过这些公司与客户发生的业务往来的情况判断客户的信用状况。

（3）向客户的往来银行调查。客户的开户银行对客户的业务往来情况最了解，对其资信状况最有发言权。

（4）向信用评价机构调查。信用评价机构定期对客户公司的信用状况进行评审，其对客户的信用评价有很重要的参考价值。

2. 客户信用预警

如果客户发生以下六种情况中的任何一种，而且情况非常严重，销售部就应果断地与客户断绝来往，防止发生坏账情况，给公司带来损失。

（1）客户资金的流动性较差。

（2）客户销售降幅较大。

（3）客户进行超额采购。

（4）客户公司的管理水平较低，主管人员存在假公济私的现象。

（5）客户突然变更往来银行。

（6）客户存在拖欠税金、延迟发薪或拖欠银行本息的现象。

3. 客户信用分级

根据对客户资料的收集、分析，从客户的基本情况、管理水平、信用记录、经营状况、现金流量等方面评定客户信用等级，从高到低分为优秀、良好、中、差四级，进而决定采用何种付款方式和确定赊销的额度。具体情况如下表所示。

客户信用分级管理

信用评定等级	评价	信用评分	付款方式选择	信用额度基数	备注
一级	优秀	80分以上	后付款	＿＿万元	要求担保
二级	良好	60～80分	后付款或分期付款	＿＿万元	要求担保
三级	中，应注意	40～60分	预付款或分期付款	＿＿万元	要求担保
四级	差，重点防备	40分以下	预付款	0	

四、应收账款回收控制

1. 设立信用管理部承担客户信用管理等相关工作

信用管理部负责收集客户资信状况信息，根据对客户的信用评价授予相应的信用额度，负责对应收账款进行全程跟踪管理，以及应收账款的回收和呆账的催收。

2. 保障收回应收账款的管理措施

销售部进行赊销之后，应收账款回收之前，应采用各种措施保障其安全性，尽可能避免应收账款发生坏账损失。应收账款的保障方法主要有以下六种。

（1）提前支付。

（2）抵押权。

（3）质押保证。

（4）所有权保留条款。

（5）银行保函。

（6）代位权和撤销权等。

3. 回收应收账款

销售部要提高应收账款的回收率，应根据事先进行的账龄分析结果对应收账款进行分类管理，并针对不同期限的应收账款，有针对性地采取回收方式，如委托专业机构回收、应收账款转让、仲裁回收、诉讼回收等，以便最大限度地提高赊销的经济效益，降低坏账损失成本。

8.2.6 销售分支机构费用控制方案

下面给出某企业的销售分支机构费用控制方案，供读者参考。

销售分支机构费用控制方案

一、目的

为加强对销售分支机构费用的控制，充分培养、锻炼销售人员的经营者角色，特制定本方案。

二、适用范围

本方案适用于公司各销售分支机构。

三、费用来源及额度

销售分支机构按每月实际销售回款总额的1%提取费用，该部分费用由分支机构自行操作。

四、开支范围

1. 市场推广费，包括进场费、展台展架费、售点布置费、POP费用、各种促销活动费用、公关费用等。

2. 促销员费用，包括促销员人工费、服装费等。

3. 其他费用，包括小额办公用品及低值易耗品管理费用。

五、操作流程

销售分支机构提留费用的具体操作如下图所示。

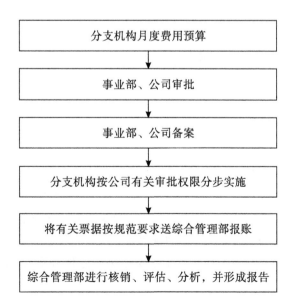

销售分支机构提留费用操作流程图

1. 财务部每月向综合管理部提供各分支机构的费用提留明细，综合管理部负责为各分支机构建账。

2. 总的来说，此项提留费用以报销为主（类似于先由商家垫付后报销的做法）。但是，为方便分支机构的运作，公司可依各地实际情况提供一定的备用金给分支机构周转，具体以总经理审核的为准，该备用金直接挂在负责现金管理内务人员的个人账上。

3. 专款专用，内务人员必须严格按账物分离的原则来管理该项费用。

4. 在费用的开支使用方面，分支机构必须严格按照公司的财务审批制度来进行，即费用开支申请报告在得到授权人批准后，内务人员方可放款或报销。每月5日前，分支机构内务人员必须要将上月的费用开支情况形成"月度提留费用报表"，报事业部和综合管理部。

5. 每月8日前，各分支机构必须要将上月的各种费用票据、凭证邮寄回公司综合管理部（按公司现有费用报销流程和报销要求办理），由综合管理部负责票据审核和费用核销工作。

6. 年度或分支机构经理任期为结算期限，节余费用可以顺延，透支部分由公司界定责任并提出处理意见。

六、费用开支审批权限

1. 提留费用的审批权限，具体规定如下。

（1）3 000元以下，分支机构经理审批可以开支。

（2）3 000元以上、10 000元以下，事业部经理审批可以开支。

（3）10 000元以上，必须由营销副总审批后方可使用。

2. 各分支机构必须要将各自内部的管控体系建立起来，包括开支审批、报销审核、过程监控、建账、现金管理、票据管理等，形成书面文件报事业部、综合管理部、财务部确认，通过公司领导认可后方可享受以上审批权限。

七、责任界定

1. 分支机构的内务人员对费用的开支使用情况承担管理责任，必须坚持三原则：合情合理、客观真实、处于受控状态。对使用不好的分支机构，公司将缩减其提留点位和审批权限。

2. 分支机构内务人员必须严格按照公司规定审核开支（票据、凭证）的合理性和真实性，如发现有违规违法现象，对责任内务人员处以和问题金额等额的罚款，内务主管双倍扣罚，分支机构经理三倍扣罚，并可处以其他行政处罚（如通报、警告、降薪、降职、开除等）。情节比较严重的，将移交司法机关处理。

3. 对费用控制较好的分支机构，公司将对内务人员和相关人员进行奖励，并将其作为晋升和调薪的条件之一。

八、评估考核

1. 综合管理部负责各分支机构提留费用的管理、监督和考核。

2. 考核内容

（1）票据寄回的及时性、票据报销手续的规范性、报销票据的时效性（三个月以内）、费用管理统筹水平、投入产出分析、存在严重问题六个方面。

（2）结合综合管理部抽查的结果，综合评估、考核各分支机构提留费用的管理水平、统筹能力。

3. 考核结果的运用

（1）每月形成综合评比表，每月综合评分排后五位的分支机构将被降低甚至取消其提留点位，并对分支机构经理、行政经理、相关内务人员进行处罚。

（2）综合管理部每月将对落后、先进分支机构分别予以通报批评、表扬。

（3）综合管理部每月对各分支机构的费用使用情况进行系统分析、对比，并形成分析报告，上报各事业部相关负责人和总经办，对重点疑点分支机构采取专项措施重点跟进。

8.3 广告费用

8.3.1 广告制作费控制方案

下面给出某企业的广告制作费控制方案，供读者参考。

广告制作费控制方案

一、控制广告制作费的预算总额

企业的每个广告项目预算已经大概决定了广告制作费的多少，一般情况下广告制作费占总体广告费用的10%～20%，企业在使用过程中应严格控制制作费的使用情况，如果有特殊情况需要修改创意，由此增加的广告制作费应经过财务部、广告部、行政部的审核，最终由总经理审批后才能付诸实施。

二、广告制作费包含内容

广告制作费主要包含以下八项内容。

1. 拍摄准备、拍摄器材、拍摄场地、拍摄置景的准备费用。

2. 拍摄道具、拍摄服装的费用。

3. 聘请导演、制片人、摄影师、灯光师、美术化妆师、服装师、造型师等的费用。

4. 演员的演出费、代言费。

5. 电力、音乐制作的费用。

6. 剪辑、特技费用。

7. 二维及三维制作、配音及合成等制作费。

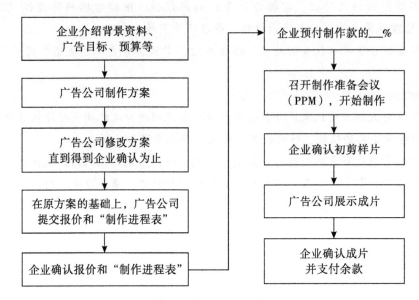

8. 制作公司的利润、税金等。

三、广告制作的流程

以影视广告为例示范广告制度的具体程序，如下图所示。

影视广告制作程序示意图

四、利用制作准备会议（PPM）有效监督广告制作的质量

（一）PPM 前期工作

广告制作公司将广告制作的方案呈报给企业，企业确认后，与广告制作公司签订具体的制作合同。根据合同和最后确认的"制作日程表"，广告制作公司在规定的时间内准备接下来的制作准备会（PPM）。

（二）做好充分准备工作，提高广告制作质量

制作阶段的工作做得越精细，越能制作出高质量的广告片，因此企业不能随意缩短制作周期，应当给制作公司留有足够的时间。充分的准备时间是不增加开支而提升品质的最佳方式。

（三）PPM 内容

在 PPM 上，由制作公司就广告影片拍摄中的各个细节向企业呈报，并说明理由。通常制作公司会提供以下内容供企业选择，最终得到双方的——确认，作为拍摄的基础依据。

1. 不只一套的制作脚本、导演阐述。

2. 音乐样本。

3. 几种布景方案。

4. 演员试镜、演员造型。

5. 道具、服装等。

（四）企业与制作公司分歧处理

如果某些部分在此次 PPM 上无法得到确认，则在时间允许的前提下制作公司安排另一次制作准备会直到最终确认。

（五）制作脚本的最终确认

制作准备会召开的次数通常是不确定的，经过再一次的准备，针对上一次制作准备会上未能确认的部分，制作公司将提报新的准备方案，供企业确认，如果全部确认，则不再召开最终制作准备会，否则安排另一次制作准备会直到最终确认。待确认后，制作脚本并将其作为拍片的基础依据。

五、控制制作费支付方式

为了达到与广告制作公司及时沟通、随时检查广告制作进度的目的，企业可以与广告制作公司协商，降低预付款比例，在企业确认初剪样片后进行第二次支付，广告制作公司展示样片之后支付余款，这样可以有效增加广告制作公司的服务意识，提高广告制作质量。

六、选择合适的演员，事半功倍

企业在做广告尤其是电视广告时都会考虑到借助明星效应提高产品或品牌的知名度，在实际运作过程中应注意以下几点。

1. 选择演员要有针对性

不同的演员具有不同的气质，企业应针对产品的定位和特点选择匹配的演员。

2. 不能忽略广告的制作水平和创意

邀请演员会耗费更多的资金，但是不能影响制作水平和创意发挥，因为单纯地依靠明星效应做产品宣传，消费者只是即兴接受，没有形成消费者理性的品牌选择意识，尤其是无法培养消费者对品牌的忠诚度。

3. 选择演员要看竞争对手。

七、企业员工参与广告制作，有效降低制作费用

企业员工由于对自己产品有深入了解，可以参与到广告制作过程中，主要可以参与下列五个方面的工作。

1. 确定产品的宣传点，打动目标消费者而产生购买力。

2. 选择某些有利于表现产品特性的场景、背景、服装、道具。

3. 电视广告的广告语、滚动字幕。

4. 户外广告牌的主、次广告语。

5. 户外条幅广告语。

企业员工参与广告制作可以降低部分广告制作费，同时还能提高员工的广告制作水平。

8.3.2 媒体广告费用控制方案

下面给出某企业的媒体广告费用控制方案，供读者参考。

媒体广告费用控制方案

一、目的

为合理投入广告费用，科学运用目标比例策略，有效控制广告费用，结合本公司的实际情况，特制定本方案。

二、背景说明

通过分析公司以往在产品方面投入的广告，发现主要存在以下三个问题。

1. 按固定的广告比例分配到各个区域市场，有的会成功而有的会失败。

2. 广告投入总比例没有超标，可年终财务报表中出现销售额高但利润低甚至亏损。

3. 广告有效投入在最底线和最高线绝对值中间以外的多投部分都是无效投入，但是不清楚最底线和最高线所在。

以上问题影响了本公司所有产品的有效可持续销售，不合理的广告投入直接影响着公司的利润甚至危及公司的生存。本方案针对此背景，从产品、网点、媒体三个方面解决了广告费用投入方面存在的问题。

三、产品广告费用投入比例测算

1. 设置产品价格界面，将产品依价位进行归类：如单价16元以上的为终端产品，广告费用的投入主要以这类产品为核算参数。

2. 设置产品价格界面销售最底线：计算出能投入目标比例的产品群的规模销售数量的底数，如不低于500万元。

3. 流通产品复合核算法：广告费用投入财务承受比例很低的产品，可以定位为游击产品，作为终端产品的跟进和补充，可单独算出规模广告比，作为对终端产品广告费用投入的补充。

四、网点广告费用投入比例测算

（一）既有网点

1. 归类：导入期市场、成长期市场、成熟期市场、衰退期市场。

2. 不同网点类型需要不同的广告费用投入，绩效重点市场（成熟期和衰退期市场）并不是当年广告费用投入的重要增长点市场，应该集中广告资源，推动导入期和成长期市场，进而完成年度最佳增长空间的优绩目标，具体如下表所示。

网点广告费用投入比例一览表

网点类型	广告费用投入比例
导入期市场	属于广告大投入阶段，这一阶段要占到50%左右的广告费
成长期市场	导入顺利，绩效增长良好，30%的广告费要花在这个阶段
成熟期市场	这是收获期，先前的投入在此阶段得到回报，只需作些提醒性或公益性广告即可
衰退期市场	重在渠道维护和流通促销，更主要的是新产品的推广，在没有新产品推广的前提下，无论投入多大的广告都已经无济于事

（二）新建网点

1. 新网点可分为品牌市场和游击市场两类。

（1）所谓品牌市场，是指公司通过对市场容量、竞争环境、产品结构的综合分析，实现广告费用投入比例后，能够完成利润目标销售量的市场。

（2）所谓游击市场，是指该市场虽有客户经销本公司的产品，但时机、竞争环境、容量及相关条件都不成熟，纵然投入一定的广告费仍不能达到公司的相关营销目标。

2. 广告费用的投入只能对定性为品牌市场的市场进行个案研究和投放，如果将广告费用投向游击市场，会造成一定程度的资金浪费。

（三）网点费用平衡

通过对既有四类网点的广告投入定向平衡和对新建网点品牌市场的广告推广，由公司依网点投入的实效进行比例折借和平衡，最终仍控制在公司总体绩效广告投入比例内，以达到费用网点平衡。

8.3.3 广告费用控制管理规定

广告费用在企业销售费用中所占的比例一般都较高。企业应该在确保广告发挥其功能和作用的基础上，加强广告费用的控制工作，针对广告费用各项支出给出具体规定，以便员工参考执行。

广告费用控制管理规定

第1章 总则

第1条 目的

为合理控制公司广告费用的支出情况，特制定本规定。

第2条 适用范围

本规定适用于公司广告企划部、各区域销售分支机构。

第2章 管理职责

第3条 广告企划部的职责

1. 各项广告费用的计划、申报、分配和下达。

2. 广告费用执行的审核、跟踪、监控和指导。

3. 广告费用计划的统筹、汇总和台账管理。

4. 对各阶段广告费用的已付和未付情况进行跟踪统计。

5. 定期编制广告费用使用情况的分析报告。

6. 不定期组织对相关部门广告费用使用情况的检查。

7. 根据不同时期的要求，及时向营销中心上报专项广告费用计划和物料需求计划。

8. 随时跟踪各区域资源使用情况的合理性，发现问题及时指导并纠正。

9. 专项费用执行的审核、跟踪、监控和指导。

第 4 条　财务部的职责

1. 对广告费用所发生的结算单据进行审核把关。

2. 对广告费用的控制和核销。

3. 不定期组织对相关部门广告费用使用情况的检查。

第 5 条　各区域销售分支机构的职责

1. 严格按照审核通过的费用指标执行，定期上报各阶段各项费用的使用情况，建立详细的费用台账并定期上报。

2. 严格按有关规定收集、整理和汇总已发生广告费用的结算资料，及时寄回费用对口部门进行审核及报销。

第 6 条　采购部的职责

1. 严格按照营销中心企划部审批下来的项目费用指标采购物料、赠品、礼品。

2. 定期上报各阶段各项目的使用情况，建立费用台账并上报营销中心企划部。

第3章　费用控制措施

第 7 条　广告费用使用范围

1. 各区域销售分支机构日常广告费的使用范围：媒体费用、场外促销活动、户外广告、终端广告制作、改善、物料制作及其他费用等。

2. 广告企划部费用使用范围：各终端建设费用（形象端架、店招制作或改造等）、各类物料、市场支持专项促销费用等，公司品牌形象宣传费用，在中央、地方级媒体的发布费用，公司各产品统一活动推广费用等。

第 8 条　费用计划制订与下达

1. 费用项目分类（如下表所示）

广告费用项目一览表

类别	费用项目
广告类	央视广告、地方媒体广告、电台广告、杂志硬广告、报纸硬广告、户外广告、展览展示、创意设计和广告公司代理费等

（续表）

类别	费用项目
公关类	商超采购接待费等公关活动费用、新闻稿酬、报纸软文、杂志软文、电视节目制作费、赞助费、网络维护费、各种采访接待费用等
促销赠品类	终端采购的赠品、礼品等
终端建设类	终端展示展具、专柜费、店招费、卖场及促销物料等
其他	不在以上之列的项目

2. 广告企划部每月25日前将次月整体广告费用计划向销售总监、总经理提出申报，销售总监、总经理于30日批示费用计划并下发至广告企划部。

3. 根据各区域每月销售回款额的实际完成情况，公司企划部分别计核各区域固定广告费用及确认上月各区域变动广告费用，并于每月5日前下发至各区域销售分支机构的销售部经理、主管。

第9条　费用申报和使用流程

1. 费用申报

广告企划部提出费用申请，由销售总监审核、总经理批准。

2. 费用使用流程

广告企划部起草及申报合同，销售总监审批，财务部备案，总经理签字并加盖合同章后，方可安排制作工作。

第10条　费用报销规定

1. 费用报销时要严格按照公司相关规定执行，报销时"合同审批表"上必须附有综合管理部统一编制的合同编号，同时准备好正式的发票、合同、送货单、验收单、照片等单据。

2. 各区域销售分支机构在各项广告业务执行完毕后应立即收齐相关手续，务必于15天内将资料寄回总部核销。如果未在规定期限内执行，公司总部有权视为作废，费用由区域人员自行承担。

3. 费用报销周期一般为发票入账后一个月内付款，对于一些特殊费用按合同相关协议付款。

第11条　费用控制与检核

1. 各区域必须严格按照费用台账格式要求，详细填报和控制当月广告费用发生情况，并在每月5日前分别上报广告企划部，凡不在台账范围内的费用一律不予报销。

2. 总部将对各区域的费用使用情况进行不定期抽查，发现不实申报或虚假费用，将给予经办人及相关人员相应的处罚通报，直至免职。

3. 广告企划部每月负责将终端广告费用的使用情况及付款执行情况进行汇总分析，并上报相关领导。

第4章 检查与考核

第 12 条 每季度考核一次，费用虚报部分与各区域相关人员的薪酬挂钩。区域经理是广告费用控制的主要责任人，将视情况对区域经理、主任进行经济处罚。

第 13 条 对未经审核上报的台账和不符合规定或随意提出修改的，公司将对各区域经理和相关责任人进行通报，且对修改意见不予确认，发生额均以第一次上报的为准，由此产生的后果，由各区域销售分支机构经理、销售人员全部承担。

第 14 条 对已交回的结算资料因把关不力，不符合结算要求，公司总部需要退回的，核销金额达 2 000 元以上的，每一次扣罚各区域销售分支机构经理及相关责任人 50 元。

第 15 条 对于不能按时上报费用使用情况的责任部门，广告企划部有权拒绝下月的场外促销活动、终端广告费用等的呈报。

第 16 条 对于不实申报或虚报费用等情况，一经发现，视影响程度给予行政处分，直至开除。

第 17 条 对一年内出现三次违规行为的，提报人力资源部等相关部门进行处理。

第5章 附则

第 18 条 本规定由公司企划部负责解释、补充及修订。

第 19 条 本规定自＿＿＿年＿＿＿月＿＿＿日起实施。

8.3.4 促销赠品管理控制方案

随着市场竞争的日趋激烈，各大企业大多通过赠品的形式促进销售，由于产品种类多、价格低，终端和渠道中的赠品促销取得了一定的效果。

但是，在促销过程中，公司由于未重视对赠品的管理，出现了混乱及浪费等问题，不仅使促销活动的作用大打折扣，而且大大增加了促销成本。因此，公司在继续开展赠品促销活动的同时，还要搞好对促销赠品的规范化管理，这对于控制促销成本有着极其重要的意义。

促销赠品管理控制方案

一、目的

为控制促销赠品，降低促销成本，特制定本方案。

二、渠道赠品控制

渠道赠品是企业为了刺激经销商提货、汇款而向经销商发放的一定数量的赠品。

（一）现有问题

1. 赠品逐渐变成可随便乱用、没有价格的东西。

2. 经销商除获得产品本身的利润，还私自将赠品当作商品来销售，成为一条新的利润渠道。

3. 赠品成为挤占经销商仓库的附加品。

4. 赠品被经销商拿去做别的产品促销，因为该产品的利润更高。

（二）控制措施

1. 对赠品采用购买制，即经销商半价向公司购买赠品，从而控制赠品的浪费，真正发挥赠品的促销作用。

2. 把赠品变成费用进行核算，在经销商完成公司制定的各项考核指标后，予以报销。

3. 把赠品同产品包装在一起，保证赠品直接到达顾客手中。

4. 渠道赠品分多次发放，以减少经销商的库存压力和费用。

5. 在销售政策、销售协议里增加赠品管理的条例及违反赠品管理条例的处罚规定，以控制经销商滥用赠品的做法。

三、终端赠品控制

终端赠品就是企业为了促进终端销量，提升终端品牌形象，赠送给消费者的物品。

（一）目前存在的问题

1. 导购员随意使用赠品。

2. 导购员把赠品挪作他用，而不是用在终端促销上。

3. 不同品牌的导购员互送赠品，以逃避公司的抽查。

4. 导购员把赠品送给亲戚朋友，留下了假的顾客姓名、联系方式，造成公司抽查时得出"情况属实"的错误结论。

5. 商场领导和工作人员随意拿赠品，以及顾客多要赠品，导致赠品流失严重。

（二）控制措施

1. 制定严格、周密的赠品管理制度。在招聘和培训导购员时，向导购员进行讲解。

2. 在赠品管理制度里，对违规的导购员采取比较严厉的惩罚方式（如开除）。

3. 要求导购员做好赠品登记，包括顾客姓名、住址、电话等内容。做完促销活动后，相关人员进行电话抽查。

4. 为了防止赠品流失，公司可采取集点赠送的方式。请顾客凭发票（电脑小票）、促销活动专用兑奖券到公司各地分公司或办事处领取赠品。

5. 公司采用邮寄的方式直接将赠品寄到顾客手中。

6. 送给卖场的赠品一定要经过商场经理签字确认。

7. 同商场经理沟通，请商场严加管理导购员。例如，规定导购员下班时，不能携带包括赠品在内的任何物品离开商场。

8. 促销活动前，可以向导购员发放相关的赠品，但要强调赠品属于公司财物，任何人不能随意占有。若员工确实需要，可向公司提出申请，经调查情况属实后，公司可以福利品的形式发放赠品。

9. 加费赠送。当顾客购买产品后还不能马上获得赠品，还需要补交一定数额的现金后才能获得，这种方法称为加费赠送。但是，附加条件不能太高，否则促销将无吸引力。此种措施主要在于达到以下五个目的。

（1）付出一定的成本后获得赠品，使顾客倍加珍惜。

（2）当附加条件适当，而赠品的价格大于顾客所付出的成本时，顾客会感到物超所值。

（3）消除部分顾客对有赠品的产品质量等方面的质疑。

（4）提高导购员、商场工作人员随意占有赠品的成本，进而阻止导购员、商场工作人员随意占有赠品。

（5）收回部分促销成本。

四、对赠品的跟踪管理

1. 及时沟通，即赠品发出去后要及时打电话询问接收部门是否收到，赠品是否完好等。

2. 落实相关责任人，即赠品要专人专管，专人签字接收和发出。

3. 把握两个口：一个是赠品发放口，要求导购员或负责人定时提供具体的销售量，检查赠品发送报表；另一个是赠品接受口，检查赠品赠出记录。通过电话采访、抽查，得到一定的证实。

8.4　公关费用

8.4.1　公关费用控制方案

下面给出某企业的公关费用控制方案，供读者参考。

公关费用控制方案

一、目的

为有效控制公关费用，提高公关费用的使用率，特制定本方案。

二、适用范围

本方案适用于公司销售活动中公关费用的使用与控制工作。

三、规定公关费用的用途

1. 批量订单前期公关费用

该订单必须是现实性的订单，原则上把握程度要求达到70%以上，如需现金投入，必须另附申请报告，且支付时销售部经理必须亲自参与。

2. 重点客户走访费用

重点客户走访费用是指年终走访以及公司高层领导对重点客户的日常走访所产生的费用。

3. 重要客户来访费用

重要客户来访费用是指近期有批量订单需求，且意向性较强的客户来访所花费的接待费用。各部门在申请费用前，必须对客户订购意图以及竞争对手的情况了解清楚后，再确定是否申请该项费用，避免无效投入。

4. 市场准入公关费用

市场准入公关费用是指近期有现实订单需求且审批过程简单、易操作的市场或单位。

四、公关费用请用程序

1. 销售业务经办人员提出书面申请

提出书面申请时，经办人员必须按表格要求认真填写并经销售分部经理确认。"公关费用申请表"如下表所示。

公关费用申请表

申请人			部门			
申请时间			申请金额			
申请原因及预计 要达到的目的	1. 2.					
费用分配	客户姓名	单位名称	职务	联系方式	支付原因	支付金额	支付方式
活动项目 及费用预算							
销售分部经理意见	把握程度及运作方法						
	是否同意申请及原因						
销售部审核	意向信息审核			申请金额审核			
总经理意见	是否同意申请						
	批复金额及支付方式						
销售分部经理审核	实际效果						
	同意报销的费用金额						
落实情况汇报	费用使用情况						
	效果跟踪（销售部）						
	失败原因分析	（销售业务经办人及销售部经理填写，另附页）					

2. 销售分部经理填写审批意见

销售分部经理必须写明自己对该订单的判断，不允许单方面听取汇报，需对申请事项的真实性以及费用使用的真实性和费用使用效果负责。

3. 销售部审核

（1）意向信息管理员负责查证有无该意向，以及意向信息中描述的把握程度、要求交付时间等项与申请表中的各项是否相符。

（2）销售部经理负责对分部申请的费用金额进行审核。

（3）费用金额的审核将采取分项累加的办法进行，如下表所示。

公关费用金额核算标准一览表

项目	核算标准（以5人为例）
餐饮	早餐：10元/人 午餐：200元/餐（每增加2人，增加50元） 晚餐：300元/餐（每增加2人，增加50元）
旅游	按实际旅行人数及景点收费标准核算（陪同人员不计算在内）
住宿	按入住时间以及房间价位进行核算（原则上不允许到公司指定快捷酒店以外的酒店入住）
礼品	如需要，须经销售部经理审批后上报主管副总，由采购部负责统一采购
娱乐	需说明项目并出示原始发票

4. 公司总经理审批。

5. 销售部备案。

6. 销售业务经办人员持批准后的"公关费用申请表"及"借款单"到财务部办理借款手续。

7. 销售业务经办人员及分部经理汇报该项费用的使用效果，同时经理要审核费用的实际使用情况并签署意见（含实际允许报销金额以及此次活动的效果说明）。

8. 销售部验证实际效果，每月跟踪一次实际订单的运作情况，直到订单成功或失败为止。

9. 销售业务经办人员持经审核后的票据到财务部办理报销手续。

五、费用管理控制

1. 各销售分部的公关费用由各部门经理统一掌握，业务人员使用时必须出示书面申请。

2. 各销售分部经理要切实做好公关费用使用情况的把关工作，避免盲目投入。凡一次性费用支出在5 000元（含5 000元）以上的，各分部经理必须提供该项目的可行性分析报告。

3. 各销售分部的公关费用计入各分部总体费用，总额不得超支。

4. 当订单成功获取后，该批订单的公关费用自动转入该申请销售业务经办人员的招待费用；如该公关项目失败，销售业务经办人员及经理需详细分析失败原因并交公司总经理审阅。

5. 各部公关费用为专项费用，正常业务费用不得列支公关费用，一经发现将不允许继续使用公关费用并停止报销相关业务费用。

六、公关效果反馈

1. 销售业务经办人员及各分部经理应主动向公司总经理汇报每笔费用使用后实际达到的效果，并在销售部费用管理专员处备案。

2. 如各分部未能及时汇报，销售部费用管理专员每月应至少与经理或销售业务经办人员沟通一次该费用对应订单的实际运行情况，并记录汇总后在每月 10 日前向公司总经理进行汇报。

3. 如各部所申请费用对应订单连续两个月无明显进展或连续两次失败，则暂停该部公关费用的办理手续。

8.4.2 公关赞助费控制方案

公关赞助费是指企业利用赞助活动提升企业声誉所产生的各项费用。下面给出某企业的公关赞助费控制方案，供读者参考。

公关赞助费控制方案

一、公关赞助费用预算的控制

项目负责人需要提交一份详细提案，列出可能产生费用的项目，避免产生不必要的开支。详细内容如下表所示。

项目实施表

项目实施内容			
活动目的		市场份额	
合作方		合作形式	
活动主题		合作阶段	
活动重点内容			
预期效果			
费用预算（元）			
费用明细（元）	场地租赁费		
	住宿费		
	餐饮费		
	礼品费		
	资料费		
	人工费		
	其他		

（续表）

项目实施内容			
所需资源	内部		
	外部		
项目成功的标准			
受众范围	范围大小		
	程度		
公众知晓度	了解程度		
	知晓途径		
目标受众的喜好	购买行为		
	喜爱程度		
受众的看法	是否符合预期效果		
	活动后的转变		
目标受众的行为	以前行为		
	现在行为		
项目时间安排表			
项目内容	开始时间		结束时间

二、充分利用公司内外资源，节省公关赞助费用

1. 内部资源

（1）借鉴以往赞助活动实施的经验和教训，优化现有方案和预算。

（2）尽量让其他部门的人员参与项目，增加可利用的资源，实时改进和防止额外费用的支出。

2. 外部资源

与外部供应商取得联系，尽可能得到外部供应商的支持，推动项目的实施进程和实施效果。

三、定期维护与供应商和客户的关系，保证赞助活动的实施效果

1. 维护媒体关系

（1）每月四日定期为媒体提供具有吸引力的会议活动安排。

（2）每月第二周的周五定期给媒体发送公司重要活动信息。

2. 联络参会人员

把公司主办的杂志、报告、报表邮寄给参会讨论人员。

3. 实时探寻市场需求

（1）公关经理定期亲自拜访大客户。

（2）公关专员每月第一周的周三和供应商保持定期沟通，进一步了解供应商的需求。

4. 维护重点客户关系

（1）遇重大节日，部门主管级以上人员带节日礼品登门拜访大客户。

（2）每周周五给重点客户发送周末问候，建立一种长期的客户关系。

四、根据活动目的和资助内容等确定最佳方案

最佳方案需要依据赞助目的、赞助内容、形式、主题和费用预算等因素综合确定，具体如下表所示。

实施方案比较表

方案名称	时间	赞助内容	形式	主题	目的	费用预算
A	1 月	在主要路段设置平面公益广告	与环保局合作	环保	树立公司形象	20 万元
B	3 月	在日报上举办环保知识有奖问答，抽出 20 名，其中抽奖活动安排在周末举办	日报社	能源	产品推广	10 万元
C	5 月	设立环保专题栏目	当地有线电视台	天然气	提升公司知名度和美誉度	5 万元

8.4.3 公关礼品管理控制办法

公关礼品的购买、发放或馈赠，都会产生一笔相当庞大的费用。做好公关礼品的管控工作，会对节约公关费用产生直接的影响。下面给出某企业的公关礼品管理控制办法，供读者参考。

公关礼品管理控制办法

第 1 条　目的

为有效管理公关礼品的订购、发放工作，控制公关礼品的费用，提高公关礼品的功效，特制定本办法。

第 2 条　职责

公关礼品原则上由办公室统一订购及发放。

第 3 条　礼品订购控制

1. 销售部根据销售工作的实际情况统计所需的公关礼品，并于年初上报办公室。

2. 办公室对每年统一购买的礼品提出需求申请，根据金额不同经公司管理层或经公司授权人员审批同意后，按公司相关采购办法签订合同。

3. 进行货比三家、择优选择，以便最大限度地提高资金的使用率。购买金额达到招标采购标准的，必须进行招标采购。

4. 礼品款式和设计应严格遵循企业 CI 策划思想，不追求贵重奢华，须注意风格的继承性和统一性，保持公司整体形象的和谐统一。

5. 销售部需要礼品时原则上到办公室领取，特殊情况也可按需采购，但必须上报办公室并经办公室主任批准后方可购买，累计金额在 2 000 元以内的由办公室主任签字购买，2 000 元以上的由公司总经理签字购买。未经办公室审批或超标准购买礼品的不予报销。

第 4 条　礼品发放控制

1. 各销售部门应本着节俭的原则，严格控制礼品的领取和发放。

2. 礼品领用程序

（1）各销售部门须详细填写"礼品申请单"，特别是赠送单位及用途。

（2）申请单经主管领导审核签字。

（3）申请单报公司办公室主任批准后，销售部门到行政部物品专员处领取。

（4）行政部物品专员根据已批"礼品申请单"填写"出库单"（一式三份）办理领取手续，"出库单"一联留行政部记账，二联转财务部记账，三联返回销售部门。

3. 各销售部门填写"年节赠送礼品预算申请单"，由办公室统一汇总上报公司领导审批后统购或分购节日礼品。

4. 各销售部门已领用的物品，再发放时须做好登记使用记录，以备核查。

第 5 条　本办法自＿＿＿年＿＿＿月＿＿＿日起实施。

8.5　售后服务费用

8.5.1　客户损失赔偿费控制方案

客户损失赔偿费是指企业因产品质量缺陷而向客户提供的赔偿所发生的费用。下面给出某企业的客户损失赔偿费控制方案，供读者参考。

客户损失赔偿费控制方案

一、目的

为控制客户投诉带来的损失赔偿费用支出，合理分摊该项费用，特制定本方案。

二、背景说明

售后服务部接到客户投诉后，依据相关程序逐级上报相关领导处理。

相关领导及部门判定投诉问题的发生单位，若确系本公司产品或服务的品质问题，依据"投诉损失金额核算基准"及"投诉罚扣判定基准"拟订责任部门损失金额、个人惩处种类并呈主管批示后，依据罚扣标准办理，若涉及行政处分则依《投诉行政处理原则》办理。

三、客户损失赔偿金额核算基准

客户投诉经判定处理后，属本方品质问题，本公司需对客户采取赔偿、折扣、退回、补送及返修等措施，不同损失所承担的费用核算基准如下表所示。

投诉损失金额核算基准

损失类别	损失金额计算法
赔偿	依实际赔偿金额计算损失
折扣	依实际折扣金额计算损失
退回	依实际退回数量及实际售价的20%核算损失金额
补送	依A级品售价核算补送品的金额核算损失
返修	依返修加工费用、装卸搬运费、运输费用等核算损失（含损耗）

四、客户损失赔偿金额责任分摊

（一）分摊程序

总经理办公室每月10日前汇总结案，与生产制造部依据发生异常原因判断责任归属。若系个人过失则全数分摊至该员工，若为两人以上的共同过失（同一部门或跨越部门）则依责任轻重分别判定责任比例，以分摊损失金额。

（二）投诉罚扣基准

1. 投诉罚扣责任归属

（1）制造部门以各班组为最小单位。未明确归属班组单位时，归属至全车间。

（2）业务部门、服务部门以归属至个人为原则，未能明确归属个人时，归属至业务部门或服务部门。

2. 投诉罚扣案件分别罚扣

（1）投诉案件的罚扣依"投诉罚扣判定基准"原则，判定有关部门或个人罚扣个人绩效奖金，其罚扣金额上交公司。

（2）投诉罚扣标准以"投诉损失金额核算基准"罚扣责任归属部门的人员，将损失金额除以该责任部门的总基点数，再乘以个人的总基点数，即得出罚扣金额。

（3）投诉罚扣最高金额以全月效率奖金的50%为准，该月超过50%以上者逐月分摊罚扣。

3. 生产制造部罚扣方式

（1）归属至发生部门时，依"投诉罚扣标准"（如下表所示）计扣该部门应罚金额。

投诉罚扣标准一览表

责任负担金额	处分标准	备注
1 000 元以下（含 1 000 元）		检查，另扣每基点数 200 元
1 000 ~ 5 000 元（含 5 000 元）	训诫一次	
5 000 ~ 10 000 元（含 10 000 元）	训诫两次	
10 000 ~ 20 000 元（含 20 000 元）	记小过一次	主管连带处分，以降一级为原则
20 000 ~ 40 000 元（含 40 000 元）	记小过两次	主管连带处分，以降一级为原则
40 000 ~ 100 000 元（含 100 000 元）	记大过一次	主管连带处分，以降一级为原则
100 000 元以上	记大过两次以上	主管连带处分，以降一级为原则

（2）归属至全车间从业人员时，依"投诉罚扣标准"每基点数罚扣全车间每人的基点数。

4. 服务部门罚扣方式

（1）归属至个人时比照生产制造部各车间的发生部门罚扣方式。

（2）归属至发生部门时，比照生产制造全车间的罚扣方式。

5. 投诉行政处分规定

（1）凡发生投诉案件，经责任归属后，予以行政处分，给予一个月的转售时间，如售出，则以 A 级售价损失金额，依责任归属分摊至个人或班组；如未售出，以实际损失金额依责任归属分摊。

（2）投诉实际损失金额的责任分摊计算

由总经理办公室每月 10 日前汇总责任归属，若系个人过失则全数分摊至个人，若为两人以上共同过失（同一部门或跨越部门），则依责任轻重分别判定责任比例，以分摊损失金额。

（3）行政处分的绩效罚扣折算办法如下。

①训诫一次，以每基数罚扣 400 元以上类推。

②记小过一次，以每基数罚扣 800 元以上类推。

③记大过以上者，当月绩效奖金全额罚扣。

6. 处分文件的公布执行

以上各款处分原则，执行时由总经理办公室依据处分标准及情节的轻重，签呈各个责任部门，并呈总经理审批后，由人力资源部监督执行。

8.5.2 维修配件费用控制方案

维修配件是企业售后服务人员开展售后服务工作时必备的材料。企业在采购、保管这些维修配件时所产生的一系列费用，均被记入"销售费用"的"售后服务费用"中。下面给出某企业的维修配件费用控制方案，供读者参考。

维修配件费用控制方案

一、背景说明

企业目前未将售后服务的维修备件损耗作为产品销售费用中显性费用的一部分,因而产品销售人员、设计人员、制造人员的人工费用均未被计为售后维修成本,导致销售定价的规则被扭曲,轻质量、重采购成本将导致返修率上升,部件品种太多、通用性弱会引起维修备件库的库存量居高不下,服务成本上升。

为此,企业成本费用控制人员为使维修配件采购人员、保管人员、使用人员都了解维修配件费用控制的重要性,特制定本方案。

二、适用范围

本方案适用于售后服务部门。

三、维修配件成本控制办法

(一)维修备件成本进入产品销售成本

在总成本不增加的情况下使成本变现提前,以采取各种弥补措施,改善经营工作质量,如科学策划产品、降低采购成本、提高产品质量、合理定价、控制损耗、把部分维修成本的压力转移给供应商等,从而把显性成本的影响压缩到最低。

这种做法主要有以下四个方面的优势。

1. 时效性强,员工提高成本意识,维修备件成本按比例实时摊入产品销售成本,并在定价的过程中加以考虑,最终有利于实现合理利润。

2. 账面库存的资产规模得到有效控制,各项财务指标得到改善。

3. 总库存资产中跌价损失成分减少,资产质量提高。

4. 备件库存资产的财务处理简单化,利润的水分减少。

(二)备件库账面规模总量控制

在完成以上变革前,由于历史原因,备件库资产未如期执行跌价处理,账面规模已相当可观,可能造成严重的资产结构性问题,必须采取总量控制措施,抑制账面规模继续膨胀。

(三)强化备件残值回收工作

售后服务部应成立修旧利废工作小组,专职从事此类工作。

(四)业绩考核

1. 在保证资产质量的前提下合理制定利润指标,考核业绩利润时剔除坏账和库存跌价损失。

2. 财务制度用平均应收款的周转天数、年存货周转次数来衡量。

3. 根据前三年总销售成本的百分比,核定备件库账面规模的最高限额。对于超过部分,年终考核利润时进行强制跌价处理,冲减当年利润。

8.6 其他销售费用

8.6.1 展览费用控制方案

展览费用是指企业参加展览、展销会等所支付的费用，具体包括参展费用、展会布置费用、展品运输保管费用、宣传赠品费用、人员差旅费用及其他费用。

下面给出某企业的展览费用控制方案，供读者参考。

展览费用控制方案

一、目的

企业为了控制展览费用的合理支出，特制定本方案。

二、展览费用的构成

展览费用的具体构成如下图所示。

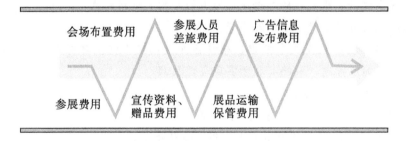

展览费用具体构成明细图

三、参展费用的控制措施

1. 联合其他企业共同参展

（1）产品相关联或互补的企业可以在展会上合租一个展位，这样可以大大降低参展费用。

（2）如果参展的资金不足，可以选择合适的代理公司，委托别人将自己的产品介绍给客户。

2. 询价议价

（1）参展前应与举办方商议价格，或争取其他方面的优惠政策。

（2）对于打算长期重点合作的展会，应与主办方建立良好的关系，以获得优惠的参展价格和相关待遇。

四、参展人员差旅费的控制

1. 严格控制参展人员数量

（1）根据展会的规模，配备相应的参展人员。

（2）参展人员主要包括展示经理、展示助理、销售人员、女性解说员。

2. 明确规定差旅费用的标准

参展人员的差旅费用应严格按照公司规定的销售人员差旅费标准进行报销。

五、展会布置费用的控制

1. 布置可持续的展台，大大降低展览费

（1）如果打算多次布置和安装展台，可以考虑使用一些轻便的、可移动的或标准化的展台。

（2）对于笨重的、特殊订制的展台可留在大型展览中使用。如果正在准备一个新的展台，则使用那些便于运输的轻型材料，这样也能大大降低费用。

2. 减少不必要的服务项目，降低展览费

在费用预算很紧张的情况下，对于有些需要付费的工作，企业可以自己来做。

六、宣传赠品费用的控制

1. 明确宣传资料的规格、宣传赠品的标准

企业应该根据展会的规模以及重要性，设计宣传资料的规格以及宣传赠品的标准。

2. 合理控制宣传资料及赠品数量

（1）预测到会人数，估算宣传资料及赠品数量

企业准备多少宣传册、宣传单、赠品取决于预期到会人数。如果预期每小时有12名参展者，那么可以估计出需要准备多少份宣传单以及宣传赠品。

（2）发挥宣传资料的最大作用

根据宣传资料的质量和费用，展位工作人员可以向参展者提出以邮件的形式寄送宣传资料。

七、展品运输保管费用的控制

1. 利用仓储服务，降低运输保管费用

（1）把展位及相应物品直接从一个展会运到另一个展会，然后仓储起来，到展会召开时再取出来。

（2）如果体积不是太大，展位工作人员可以在出行时随身携带展位，这样可以节省转运费用；或者可以把展位运到工作人员入住的宾馆。

2. 海外参展运输费用控制

在海外参展的运输费用十分昂贵，在可行的范围内，应尽量减少参展实物的数量、重量和体积。仔细检查展台的陈列清单，精简额外的东西。

8.6.2 租赁费用控制方案

租赁费用是指企业为销售产品而租用柜台、设备、房屋等支付的费用，不包括融资租赁费用。下面给出某企业的租赁费用控制方案，供读者参考。

租赁费用控制方案

一、目的

为控制租赁费用的不合理增长或支出，依据公司相关销售政策，特制定本方案。

二、租赁费用的构成

租赁费用主要包括租金、担保费、租赁保证金占用损失三部分。

三、租金的控制

1. 租金的定义

租金是签订租赁合同的一项重要内容，直接关系到出租人与承租人双方的经济利益。出租人要从取得的租金中得到出租资产的补偿和收益。

2. 影响租金的因素

影响租金的因素包括租赁房屋及设备的价格、各种税金、租赁保证金、运费、维修费、保险费、各种费用的支付时间，以及租金采用的计算公式等。

3. 控制租金的措施

（1）公司应该比照租金核算成本，即租赁资产产生的销售收入，除了抵偿租金外，还要取得一定的利润，合理控制租金费用。

（2）货比三家，选择信誉好、售后服务周到的租赁公司。

（3）对于重大资产的租赁，可以采用招标的方式。

（4）如果打算长期租赁，可以与出租方签订长期合同，从而降低租金。

四、担保费的控制

1. 担保费的定义

出租人一般要求承租人请担保人对该租赁交易进行担保，当承租人由于财务危机付不起租金时，由担保人代为支付租金。一般情况下，承租人需要付给担保人一定数额的担保费。

2. 控制担保费的措施

（1）公司应该选择正规的担保公司或合作单位提供担保。

（2）运用谈判技巧，尽量压低担保费用。

五、租赁保证金占用损失的控制

1. 租赁保证金

为了确认租赁合同并保证其得到执行，承租人必须先交纳租赁保证金。

2. 租赁保证金占用损失

在租赁期间，企业的租赁保证金为出租人占用，因此导致的损失即为租赁保证金占用损失。

3. 控制租赁保证金的额度

保证金一般是合同金额的5%，或是某一基期数的金额（如一个月的租金）。

4. 控制租赁保证金的退还方式

当租赁合同结束时，租赁保证金将被退还给承租人或在偿还最后一期租金时加以抵销。

8.6.3 委托代销手续费控制方案

下面给出某企业的委托代销手续费控制方案，供读者参考。

委托代销手续费控制方案

一、目的

委托代销手续费是指企业委托其他单位代销，按代销合同规定支付的费用。为严格控制这些费用的不合理支出或增长，依公司相关销售政策，特制定本方案。

二、明确支付委托代销手续费的额度

1. 按产品售价的____%支付委托代销手续费

（1）产品销售定价高，支付的委托代理手续费就高。

（2）产品销售定价低，支付的委托代理费相应降低。

2. 按产品的型号支付委托代销手续费

（1）____产品/台（件、套），支付手续费：____元。

（2）____产品/台（件、套），支付手续费：____元。

三、支付委托代销手续费的方式

委托代销手续费按到达公司账户的货款为准，如果客户未支付全部货款，则根据收货款的比例支付委托代销手续费，客户支付了全部货款后，将补齐剩余的委托代销手续费。

四、规定委托代销手续费支付时间

公司每季度末根据到货款向受托方支付委托代销手续费。

第 9 章

管理费用控制

9.1 办公费

9.1.1 办公费支出控制方案

办公费是企业管理费用的重要组成部分，在管理费用的分配使用中起着至关重要的作用。下面给出某企业的办公费支出控制方案，供读者参考。

办公费支出控制方案

一、目的

为降低公司成本，提高经济效益，减少管理费用开支，特制定本方案。

二、相关定义

办公费是指公司因日常经营需要而购买的办公用品及其他办公性质的费用，如购买纸笔的支出、印制名片费、邮寄费、快递费，因工作需要统一订购的报纸及书刊、办公室清洁卫生所需的用品等费用。

三、严格执行办公费用预算控制

（一）明确预算体系及职责分工

公司的预算体系由公共办公费用预算、部门办公费用预算和临时办公费用三大体系构成，其职责分工情况如下表所示。

公司预算体系构成一览表

预算体系	制定者/执行人	预算表内容
公共办公费用预算	行政部	各部门在各个费用科目下的预算金额
部门办公费用预算	部门经理	本部门各员工在各个费用科目下的预算金额
临时办公预算	行政部经理	财务部根据具体情况确定其费用科目和对象的明细分类
备注	各预算体系分别制定年度和月度预算，财务部经理统一汇总所有预算	

（二）办公费预算控制

为有效控制办公费用的支出，公司须制定科学合理的预算，并严格执行。公司办公费用预算工作流程如下。

1. 公司于每年 12 月 15 日前向行政部经理和各部门经理发放下一年度预算表，年度预算制作人员须在每年的 12 月 23 日之前完成下一年度预算。

2. 公司于每月 15 日前向行政部经理和各部门经理发放下月预算表，各月度预算制作人员须在每月 23 日之前完成下月度预算。若预算表的形式和内容在不同月份没有变化，则可以持续沿用，无须每月下发。

3. 临时办公预算自财务部预算表下发之日起三天内由相应预算制定人员完成。

4. 所有预算均需以书面和电子两种形式交财务部经理审核。书面预算表需要预算制作人员签字确认。

5. 财务部经理应对汇总的预算分别进行审核和测算，确保各项预算开支的合理性，发现问题应立即将预算表退回相关预算制定人，要求其在一天内重新制定或做出合理的书面解释。

6. 财务部经理应在每月25日前完成预算审核，临时办公预算自财务部收到预算表一天内完成审核，签字后将书面预算交总经理审核批准。

7. 未能通过总经理审核的预算由财务部转回预算制作人，由其在一天内重新制定或做出合理的书面解释，再由财务部重新汇总交总经理审批。

8. 总经理应在每月28日前完成对各项预算的审核，并在收到财务部上交的临时办公预算表两天内完成审批。

9. 总经理审批通过的预算签字批准后由行政部复印一份，保存后交财务部公布生效。预算原件由财务部保存，复印件由行政部保存。

10. 行政部及各部门严格执行已审批发布的年度预算和月度预算，严格控制办公费用的支出和合理使用。

四、办公费报销控制

为控制办公费用的支出，公司须对办公费用的报销手续进行严格控制和审批。公司对办公费用的报销控制如下。

1. 部门人员费用报销控制

各部门相关人员在办公费用发生后须如实填写"费用报销单"，核对报销凭证和金额无误后交本部门经理审核签字，由部门经理签字后交财务部经理审核无误后由财务部出纳处报销，报销费用金额冲抵本部门预算。

2. 部门经理费用报销控制

部门经理本人用于部门工作的费用报销由本人在"经办人"栏签字后，直接交财务部经理审核报销。

3. 公共费用开支报销控制

公共费用开支的报销由经办人在"费用报销单"上签字，行政部经理审核签字后交财务部经理审核报销，相应费用冲抵公共费用预算。

4. 总经理办公开支报销控制

总经理本人的办公开支要直接在"费用报销单"上签字并交财务部经理审核无误后报销。

5. 非预算项目开支报销控制

部门经理本人或其他员工受到总经理指派用于部门外工作的非预算项目开支的报销，经部门经理签字，由总经理审批后交财务部经理审核报销，相应费用冲抵总经理预算。

6. 超出预算费用报销控制

财务部在审核过程中发现某项开支已经超出预算的，须要求相关报销人和审核人做出书面解释，经总经理批准后进行报销。

7. 特殊情况费用报销控制

因特殊情况发生大额的预算外支出，必须经总经理审批签字后，再由财务部经理审核报销。

五、办公借款控制

办公借款主要是指公司正式员工因为办公或出差等业务要求向公司借取的临时款项，不包括因采购、施工、广告等外部客户发生的服务或材料支出借款。为控制办公费用，避免资金损失，公司须对办公借款进行严格控制。

（一）借款权利规定

1. 非公司正式员工不得以任何理由进行办公借款。

2. 公司正式员工因办公或出差等业务需要方可办理借款。

（二）填写借款单

公司正式员工因办公或出差等业务需求，需要向公司申请临时借款时，借款人需填写"借款申请单"。

（三）明确借款审批权限

1. 借款金额在 1 000 元及以下时，由部门经理审核批准后交财务部审核支款。

2. 借款金额在 1 000 元以上的，由部门经理、总经理审核批准后交财务部审核支款。

3. 部门借款每月累计超过 3 000 元以上的，财务部应及时书面通知总经理，同时停止接受由部门经理审批的借款申请，该部门再借款须由总经理审核批准后由财务部审核付款。

（四）还款与报销规定

1. 任何借款须在财务部支出之日起一个月内归还公司或报销抵账。

2. 对借款超过归还期限的部门和个人，财务部停止接受其新的借款申请，直至超期借款归还为止。

3. 因长期出差造成的借款超期，在当事人和相关部门提出充分的书面解释后，财务部可以恢复该其借款权利。

六、检查与奖惩

1. 公司每月对办公费用进行核算，发现月度预算超支5%的，相关预算编制人员须以书面形式向总经理提出合理解释，总经理将同意的部分通知财务部和人力资源部，否则财务部将按照不能合理解释的预算超支金额给予罚款，通知人力资源部从预算编制人员的次月工资中扣除。

2. 经检查发现违反办公费用使用规定的部门和个人，财务部和人力资源部将根据具体情况给予相关责任人相应的处罚。

9.1.2 纸张消耗费用控制方案

纸张是企业员工在日常工作中消耗量非常大的办公资源，倡导节约理念、管控私人用纸等均是节约纸张消耗的有效举措。下面给出某企业的纸张消耗费用控制方案，供读者参考。

纸张消耗费用控制方案

一、目的

为规范管理各部门纸张的使用情况，降低纸张消耗费用，特制定本方案。

二、适用范围

本方案中的纸张是指稿纸、打印纸、传真纸、复印纸以及信封等。

三、明确职责分工

行政部专人负责办公纸张的发放、领用、使用、登记与维护工作，并整理汇总相关记录。

四、打印、复印签批控制

1. 公司各部门人员打印、复印文件时，均需登记签字后方可办理。

2. 行政部每月统计打印、复印、传真等相关数据，发现不合理使用或浪费的，要及时通知相关部门或人员，听取原因后按照实际情况，通知人力资源部做出相关处罚。

五、发挥公司内部局域网作用，降低纸张消耗

公司内部各部门之间的相关信息传递与沟通可通过公司的局域网办公系统进行，相关文件尽量以电子版的方式传递，在减少纸张消耗的同时提高工作效率，实现无纸化办公。

六、严格执行纸张使用规范

1. 节约使用稿纸，对使用过的信封、复印纸要尽量再利用。

2. 严格控制纸质文件、简报等的印刷数量。

（1）能传阅的文件、电报尽量传阅，避免复印。

（2）准确计算发文数量并严格按发文数量复印文件，尽量减少文件复印次数。

3. 文印室要妥善保管并正确使用打印机、复印机、传真机，避免因保管及使用不当而引起损耗。

4. 打印用纸尽量双面使用。文件草稿及清样的打印纸可以再利用的，在确保安全的前提下，提倡双面使用。

5. 除正式文件采用正规格式排版印刷外，公司使用的一般文件原则上采用四号字，并缩小页边距。

9.1.3 办公用品采购费用控制方案

下面给出某企业的办公用品采购费用控制方案，供读者参考。

办公用品采购费用控制方案

一、目的

为规范公司办公用品的采购工作，控制办公用品的采购费用，特制定本方案。

二、办公用品分类

（一）耐用品

1. 办公家具类，包括各类办公桌、办公椅、会议桌、会议椅、档案柜、沙发、茶几、保险箱及室内非电器类较大型的办公陈设等。

2. 办公设备类，包括计算机、电话、传真机、复印机、碎纸机、电视机、摄像机、幻灯机、（数码）照相机、电风扇、音响器材等。

（二）低值易耗品

1. 办公文具类，包括铅笔、胶水、单（双）面胶、图钉、回形针、笔记本、信封、便笺、签字笔、白板笔、荧光笔、涂改液、剪刀、订书钉、复写纸、大头针、纸类印刷品等。

2. 生活用品类，包括面巾纸、茶具等。

三、明确职责分工

（一）行政部

行政部是公司办公用品的归口管理部门，主要负责审批及监控各部门办公用品的申购及使用情况。

（二）采购部

采购部主要负责办公用品的购买工作。

（三）财务部

1. 汇总各使用部门的采购费用预算。

2. 审核采购申请。

3. 监督采购费用的支出。

（四）使用部门

1. 制定并执行办公用品的采购预算。

2. 提出采购需求申请。

四、办公用品采购的需求控制

为控制办公用品的采购费用，避免不必要的浪费，降低采购费用，公司须严格控制办公用品的申购。

（一）耐用品采购申请控制

1. 使用部门人员填写"耐用品购置申请表"，如下表所示。

耐用品购置申请表

申请部门：_____   申请日期：____年____月____日

序号	耐用品名称、规格	单价	数量	金额	用途
申请人		部门负责人		行政部意见	
财务部意见					

2. 使用部门负责人汇总本部门申购的耐用品，查看年初编制的"本部门年度耐用品费用预算表"，依据公司情况进行合理审批。超出预算的，部门负责人须根据实际情况退回或向公司总经理申请。

3. 行政部汇总申请表，审核各部门的"耐用品购置申请表"并整理成"耐用品购置申请汇总表"，提交财务部审批。具体如下表所示。

耐用品购置申请汇总表

耐用品名称	使用部门						合计	
	销售部		策划部		推广部		数量	金额
	数量	金额	数量	金额	数量	金额		
财务部意见				总经理意见				

4. 财务部将行政部提交的"耐用品购置申请汇总表"和"年度耐用品费用预算表"进行核对，如果拟采购的耐用品超出预算，则不予批准或视情况上报公司总经理，如在预算内，则批准购置申请。

5. 总经理审批后，由行政部通知采购部进行统一采购，财务部拨款。

（二）低值易耗品采购申请控制

低值易耗品采购控制同于耐用品采购控制，但需要注意以下三点。

1. 若低值易耗品拟购数量过多，作为存货积压的物品会增多，导致资金无法得到有效利用，加大费用开支。

2. 若拟购数量过少，会造成库存中断，使业务停止。

3. 公司须制定合理的低值易耗的需要计划和该年度的预算。

五、办公用品使用与维护控制

维护办公用品的使用和保养，有利于延长办公用品的使用期限，是控制办公用品采购费用的重要措施。

（一）耐用品的使用与维护

1. 仓储保管过程控制

（1）行政部相关人员对入库的耐用品，须按照规格、数量、质量，认真验收、登记、上账、入库、精心保管，库房内的各种耐用品要摆放合理，并做到整齐、美观。

（2）行政部相关人员要经常检查库房内的耐用品，防止其损坏、变质、变形，并经常进行整理、维修，以使其经常处于使用状态。

（3）行政部相关人员及时登记"耐用品保管账单"，做到账物相符。

2. 使用过程控制

（1）在日常使用过程中使用部门须进行定期统一维修。

（2）公司制定使用规章制度，并要求工作人员严格遵守。

（3）发现违规者，公司按具体情况进行处罚。

3. 耐用品报废确认控制

耐用品报废须经过专业维修人员的鉴定。当技术人员鉴定耐用品可以进行维修时，财务部须比较维修成本和重置成本的高低，如维修成本高于重置成本则准予此耐用品报废。

（二）低值易耗品的使用与维护

1. 使用原则

使用低值易耗品时，应遵循下列四项原则，具体如下图所示。

经济化原则	◆ 要求工作人员消耗耐用品的数量必须和其工作成就的价值相等，如果不等值，消耗量大于价值量，则造成耐用品和经费的浪费，违反了节约的原则
制度化原则	◆ 要从本公司的实际情况出发，公开制定低值易耗品的使用原则与方法，要求员工严格执行、绝对遵守，形成稳定的制度
有效化原则	◆ 行政工作中直接消耗的耐用品，虽然不能任意浪费，也不应一概缩简，只要使用得当，即使花费多也不能吝惜，以低值易耗品发挥最大作用为出发点
标准化原则	◆ 为了把有效化原则和经济化原则统一起来，应力求低值易耗品的使用合乎办公的特殊需要，并和办公地点、建筑等相适应

低值易耗品使用原则示意图

2. 使用与采购相挂钩

企业所需的低值易耗品种类繁多、用量较大，对其进行管理控制是一项较为复杂的工作，所以，使用要和采购挂钩，既不能积压浪费，又不能供不应求。

3. 预算控制

为避免低值易耗品的总体费用超过预算，要按计划消费。当即将超过预算时，行政部应向各有关人员发出指示，提醒其节约使用低值易耗品。

4. 检查

低值易耗品负责人对低值易耗品的收入和领取进行检查，检验其是否和实际的存货量保持一致。如果不一致要立即查找原因。

9.1.4 办公场地租赁费用控制方案

办公场地租赁费用是企业办公费用的重要组成部分。为控制办公场地的租赁费用，企业应制定相应的措施或方案，以便员工参考使用。

办公场地租赁费用控制方案

一、目的

为有效控制办公场地租赁费用，依据公司行政办公管理等相关制度，特制定本方案。

二、适用范围

本方案所指的租赁单指公司办公场地的经营租赁。

三、相关定义

1. 经营租赁，是指除融资租赁以外的其他租赁。经营租赁资产的所有权不转移，租赁期届满后，承租人有退租或续租的选择权。

2. 办公场地租赁费用，是指公司租赁办公场地所支付的费用，包括租赁手续费、租赁期间利息、保险费、维修费等。

四、明确职责分工

1. 公司总经理

公司总经理负责组织办公场所租赁的相关工作，签订租赁合同。

2. 财务部相关人员

财务部相关人员主要负责办公场地租金、利息的支付，核算办公场地费用。

3. 行政部经理

行政部经理负责相关合同谈判、手续的办理和文件的整理等工作。

五、租赁合同谈判控制

公司办公场地的租赁费用以租赁合同为支出、核算依据。公司须重点针对租金、日常维护规定、付款方式等进行合同谈判，尽量减少租赁费用。

（一）付款方式的选择控制

租赁的付款方式直接影响着利息的支付，采用不同时间段的付款方式，其计息的次数也不相同。在付款方式的谈判过程中，负责人须以如下相关内容为依据，确定付款方式。

1. 公司流动资金状况。

2. 公司发展和经营规划。

3. 银行利息及利息变动趋势。

4. 合同期限内的总租金数额。

5. 出租方提供的优惠条件。

（二）日常维修费用的约定

1. 与出租方进行合同谈判的过程中，须明确日常维修保养费用（如物业费等）由谁承担。

2. 财务部应比对公司自承日常维修保养所需费用和出租方提供的优惠情况，并根据比对结果进行选择。

六、办公场地的维护与保养

为控制办公场地的租赁费用，在使用办公设施设备的过程中，加强保护工作，尽量避免相关损坏，降低维修费用，避免造成大额的维修费用。

1. 投保

为降低办公场所的使用风险，财务部须进行投保，降低损失。

2. 使用规范

公司所有员工在使用办公场所时，须严格遵守公司的固定资产管理使用相关规定和员工手册，不破坏公司财物，保护公共财产安全。

七、相关检查工作

公司财务部、行政部采取定期或不定期的方式对公司的办公场所进行检查，检查使用情况和维修登记情况。发现问题，及时找出原因，并根据具体情况对相关责任人进行处罚。

9.1.5 办公设备修理费用控制方案

下面给出某企业的办公设备修理费用控制方案，供读者参考。

办公设备修理费用控制方案

一、方案说明

为了严格控制办公设备修理费用的不合理增长，将开源节流工作落到实处，特制定本方案。

二、归口管理部门

办公设备的归口管理部门为行政部，行政部负责各部门办公设备修理费用的日常管理。

三、办公设备报修程序

各部门办公设备出现质量问题时需报行政部。

1. 对于保修期内的设备，由行政部直接联系厂家维修。

2. 对于保修期以外的设备，行政部接到报修后，先与维修站联系，确定修理费用，然后报有关领导审批后进行维修。

四、报销审批权限

1. 若办公设备的修理费用单笔金额超过2 000元（含2 000元），由主管副总（或财务副总）审批。签批报销流程如下。

经办人→部门经理→行政部经理→财务部经理→主管副总→财务副总→财务报销。

2. 若办公设备的修理费用单笔金额在2 000元以下，由部门经理审批。签批流程如下。

经办人→部门经理→行政部经理→财务部经理→财务报销。

五、修理费预算控制

在一个预算年度内，办公设备的修理费用总金额不应超过年度预算。

9.2 招待费

9.2.1 交际费节约实施方案

下面给出某企业的交际费节约实施方案，供读者参考。

交际费节约实施方案

一、目的

为加强公司对交际费的使用管理工作，减少不必要的浪费，降低交际费用开支，特制定本方案。

二、交际费的定义

交际费是指公司因招待客户而产生的支出，包括餐费、礼品费用、娱乐活动消费、旅游景点门票等。

三、交际费额度

公司对交际费额度做出如下规定，超过定额的部门本期不予报销。

1. 整个公司的交际费不得超过销售净额的2‰。

2. 业务部门最大额度是销售净额的1‰。

3. 职能部门的交际费控制在销售净额的 0.8‰ 内。

四、交际费节约措施

(一) 严格执行交际费申请程序

1. 使用部门必须填制"交际请求单",注明请求部门的名称、客户或团体名称、招待日期及招待理由。

2. "交际请求单"由本部门经理和经办人签字确认。

3. 超过____元时,还需呈交总经理或授权的总经理助理批示。

(二) 严格执行公司接待标准

接待人员要严格按照公司对外接待办法等文件中规定的标准接待客户。

(三) 严格执行费用报销规定

1. 使用部门报销招待费用时,必须携带"交际请求单"及消费发票。

2. 对手续不全者,财务部作退回处理。

3. 对超出申请金额者,财务部不予报销。

9.2.2 招待费管控实施办法

招待费的支出需要有理有据,所以,行政部需要会同财务部对招待事项、招聘费请批等事项给出具体的规定,以便各部门员工参照执行。

招待费管控实施办法

第1章 总则

第1条 实施目的

为规范公司公关招待管理工作,明确公关招待流程、礼仪和招待标准,维护与提升公司形象,特制定本办法。

第2条 适用范围

1. 本办法适用于公司总部、成员公司和项目组的招待管理工作。

2. 本办法所称的公关招待是指企业对以建立维护良好关系或重大业务谈判为目的来访的政府机构、相关企业、客户、社会团体等的招待,以下统称"招待"。

3. 本办法不包括项目开业典礼、揭牌、点火仪式等活动,此类活动招待结合行业特点制定指导性方案,由相关单位或部门执行预算。

4. 如果是出差时招待客户发生的餐费,则列入招待费。

第2章 招待标准和程序

第3条 各级行政管理部门为公关招待的管理部门。

第4条 各业务招待部门应严格遵守 A、B、C 三级招待规格和标准,如下表所示。

业务规格和招待标准一览表

规格	来访客人和事由	招待标准
A级公关招待	◆ 国家部委、省市政府领导等重要来宾莅临视察、考察	陪同标准：总经理出面陪同，也可视具体情况由总经理指定、委托专人陪同，与此相关的成员公司由本公司总经理作为主陪同
		会场及周边环境布置：鲜花、水果、饮料、毛巾或纸巾、喷泉、灯光、扩音设备等
		用车标准：高档礼宾车迎送
		宴请标准：总经理出面或指定代表出面宴请的，实报实销；成员公司总经理出面或代表出面的，平均每人80~100元
		住宿标准：三星级套房以上标准
		礼品标准：总经理出面招待的可定制礼品，费用实报实销；其他招待人员可赠有公司文化特色的纪念品
B级公关招待	1. 地市级政府部门或事业单位官员的考察或业务洽谈性来访 2. 以建立或维护公共关系为目的的重点关系企业的高级管理人员 3. 有一定社会影响力的社会团体、个人等来访	陪同标准：专业集团原则上由总经理或副总经理陪同；成员公司由总经理陪同
		住宿标准：三星级标准间以上
		宴请标准：专业集团总经理或副总经理招待的，平均50~80元/人；成员公司总经理出面或代表出面的，平均50元/人
		礼品标准：有公司文化特色的纪念品或其他现有中档礼品
C级公关招待	1. 以参观学习为目的的地市级以下政府机关单位、企业单位、社会团体、大中专院校或个人 2. 其他临时性普通来访团队或个人	陪同标准：专业集团及成员公司由招待主管部门负责人陪同
		住宿标准：三星级标准间
		宴请标准：招待部门主管领导出面，平均每人40元
		礼品标准：有公司文化特色的纪念品或不赠送

第5条 A级招待方案应该提前三天拟订，B级和C级招待如果拟订方案会影响工作效率的话，可以不拟订招待方案。来不及拟订的可进行草拟或口头汇报，招待工作涉及其他部门或人员的，招待管理部门应提前24小时通知对方，并详细说明情况与注意事项。

第6条 陪同来访人员用餐时，如来宾人数在10人以下，原则上本公司作陪人员最多不超过3人；如来宾人数在10人以上，则每增加5人本公司增加一名作陪人员。

第7条　招待管理部门应按季度对招待工作进行汇总分析，并提交上一级主管部门。

第8条　对于重要的来宾应设立招待卡，详细记载其爱好、兴趣与特点等。

第3章　招待费用的使用

第9条　招待费用主要包括餐费，住宿费，礼品赠送费，车辆使用费，胶卷及洗印费，鲜花、水果、饮料等购置费和笔、墨、纸张费。

第10条　在公司规定的酒店和饭店住宿和就餐。

第11条　招待费用应在"招待审批单"（如下表所示）的"费用预算"栏中填写，并申请报批。

招待审批单

填表人：　　　　　　　　　　　　　　　　　　　　填表日期：＿＿＿年＿＿＿月＿＿＿日

来访单位资料	单位名称	主要人员姓名及职务	来访人数	来访目的
接待情况说明				
招待地点及标准				
招待预算				
陪同人员				
住宿安排				
经办部门意见	主任签字：　　　　　　　　　　　　　　日期：＿＿＿年＿＿＿月＿＿＿日			
总经办意见	主任签字：　　　　　　　　　　　　　　日期：＿＿＿年＿＿＿月＿＿＿日			
总经理批示	总经理签字：　　　　　　　　　　　　日期：＿＿＿年＿＿＿月＿＿＿日			

第4章　招待费用的审批

第12条　招待主管部门领导根据"招待审批单"的内容对预算进行审核，特殊情况超过本级审批权限的，须报上一级领导批准。

第13条　招待费由财务部根据审定后的费用数额借支。

第14条　招待工作结束后三日内，经办人将主管领导签字后的发票凭证与"招待审批单"一起送财务部核算报销。

第5章　招待费用的报销

第15条　财务部根据年度经营预算核定各部门招待费总额，由部门分解月度支出额，按月度分解预算定期考核，超额部分由部门经理承担。

第16条　公司各部门及各子公司上报本单位招待费用预算，按照公司分配下达的指标使用，由财务总监（或财务经理）掌握开支情况。

第17条　针对预算内的招待费用，凭正式票据由经手人签字，注明活动性质、参加人数，报部门经理审批，总经理助理（含）以上的各级主管领导签字后、财务总监核准后予以报销。子公司则要有总经理助理（含）以上的各级主管领导签字后，财务总监（或财务经理）核准后予以报销。

第6章　附则

第18条　本办法由行政部会同财务部制定，经总经理批准后实施。

第19条　本办法自颁布之日起实施。

9.3　通信费

9.3.1　通信费管控实施办法

下面给出某企业的通信费管控实施办法，供读者参考。

通信费管控实施办法

第1章　总则

第1条　为了贯彻落实公司的成本控制目标，遵循"增收节支、开源节流"的原则，控制通信费用的开支，结合公司的实际情况，特制定本办法。

第2条　通信费的管控采用"包干制、节余归公、超额自负"的原则。

第2章　通信费管控职责分工

第3条　行政部的职责

负责公司各类通信费用的统一缴纳管理，超支通信费用的统计、核算，以及通信费用的内部公开工作。

第4条　财务部的职责

负责通信费用的支付管理，以及通信费用超支部分的扣除等成本核算工作。

第3章　固定电话通信费管理

第5条　固定电话配置说明

公司为各部门配置固定电话，固定电话的所有权归公司，各部门只有使用权，不得私自迁移或过户转让。

第6条　固定电话配置原则

1. 公司为各生产车间的控制室配备一部电话，车间办公室原则上配备一部电话（特殊情况需增加配置时需经生产部经理审批），以上电话均限公司内网。

2. 公司职能部门的电话配置，按办公房间数量与工作岗位相结合的原则进行配备。

第7条　各办公室原则上除经理级（含）以上办公室、公司传真和服务热线可开通长途电话外，其余办公室不予开通。各办公室确因工作需要可以申请开通长途，也可到行政部拨打长途电话，但需在《长途电话使用记录本》上登记。

第8条　职能部门各办公室开通市话，生产部以车间为单位各开通一部市话。

第9条　各办公室负责人为所辖固定电话的第一负责人，同时设立电话管理员专门负责对固定电话的管理工作。

第10条　凡开通多部固定电话的部门可调剂余缺，相互联系提倡多使用分机号。

第11条　公司主管（含）以上级办公室的固定电话及服务热线电话按实报销，行政部凭登记与话费详单据实报销。

第12条　公司职能部门的通信费报销标准（不包括主管以上级）为____元/月。

第13条　月度电话费用先由财务部统一支付，然后根据报销标准列支费用，超额（或节余）部分列入办公室负责人专项往来，按月公布。固定电话通信费每半年清算一次，超额部分由第一责任人承担50%（第一责任人再追究到电话管理者），节余部分的50%由各办公室调剂，可弥补移动电话费用的不足。

第14条　公司应加强对固定电话费用的日常检查，具体检查内容如下表所示。

固定电话费用降低检查表

检查要点	答复		备注
	是	否	
1. 有没有废弃私用电话			
2. 有没有先写好谈话要点再打电话			
3. 有没有制作书信、明信片格式，管制长途电话			
4. 有没有在核算的情况下采用传真机			
5. 有没有设置成本记录装置			
6. 有没有边打电话、边想事情，或等候什么事情、找借口、找东西			
7. 各事业部除急事外，有没有定期性的联络			
8. 接到电话后有没有报出公司名与受话人姓名			
9. 有没有安装电话答录机，有没有自动应答功能			

第4章　移动电话通信费管理

第15条　公司为副总经理（含）以上级领导配备移动电话。移动电话的所有权归公司，使用人员只享有使用权。

第16条　公费配备移动电话的人员调动到新岗位后，若仍符合公司公费配备条件的，可继续使用原移动电话，新部门不得再为其重新配备；因工作职务变化不符合公司待遇配备条件的，原部门必须收缴移动电话，新部门不得以其他理由给予配备。

第17条　公司在通信运营公司（如移动、联通或电信）开通集团用户业务，集团内部固定包干话费（＿＿＿元/月）由公司统一支付。

第18条　移动电话通信费用按岗位区别对待，具体报销标准如下。

1. 总经理报销600元/月。

2. 副总、总监级别的人员报销400元/月。

3. 列入公司服务联系卡的人员，可享受100元/月的移动电话通信补贴。

第19条　移动电话通信费原则上凭票在标准内按月据实报销。特殊岗位（指业务量不均衡的岗位）一年内可统筹结算。超额自负，节约归公。

第5章　其他相关规定

第20条　凡报销话费的电话或手机在工作时间（黄金周等特殊时期24小时）内一律不得关机，必须保证畅通。

第21条　无特殊原因不得拒接公司内部电话（含内部手机）。

第22条　营运时间内，各车间不得使用调度电话办私事。

第23条　凡违反本办法第20、21、22条者，首次罚款50元，第二次罚款200元，第三次取消当季话费报销资格。

第6章　附则

第24条　本办法由财务部制定，经总经理批准后实施。

第25条　本办法自公布之日起实施。

9.3.2　电话费支出控制方案

下面给出某企业的电话费支出控制方案，供读者参考。

电话费支出控制方案

一、目的

为了贯彻落实公司的成本控制目标，遵循"增收节支、开源节流"的原则，控制电话费用开支，特制定本方案。

二、电话费的构成

本方案中所指的电话费主要包括固定电话费和手机话费。

三、固定电话费用控制措施

（一）规定各部门电话费用标准

1. 各部门电话费用标准

（1）公司职能部门、仓储部和物流部的电话费标准为＿＿＿元/月（行政部除外）。

（2）市场部、销售部的电话费标准（不含主管以上级）为____元/月。

2. 各部门只能报销限额内的电话费（行政部可凭相关证明实报实销）。

（二）选择性开通长途电话

1. 公司经理级以上办公室可开通传真和服务热线，行政部可开通长途电话，其他部门不予开通长途电话。

2. 其他办公室确因工作需要可以申请开通长途电话，但必须提供相关证明。

3. 其他人员因工需要拨打长途电话时，可到行政部拨打长途电话。

4. 行政部建立《长途电话使用登记本》，使用人员需在登记本上签字。

（三）指定部门固定电话第一负责人

1. 公司指定各部门主管为所辖固定电话的第一责任人，各部门根据实际情况安排各办公室的电话管理者，并对其进行考核。

2. 财务部按月公布各部门的固定电话话费，每半年对固定电话费进行一次考核清算，超额部分由第一责任人承担50%（第一责任人再追究到电话管理者）。

3. 部门电话费节余部分的50%作为部门奖金。

（四）严禁使用公司电话谈论私人事务

对使用公司电话谈论私人事务者，由人事部记录通话时间，从其当月工资中按1.5倍话费标准扣减。

四、手机话费控制措施

（一）开通集团客户业务

公司在三大通信运营商中选择一家经济、实惠的运营商，开通适合本公司实际情况的集团客户业务，其相关费用由公司统一支付。

（二）规定手机话费报销标准（如下表所示）

手机话费报销标准

单位：元/人/月

编号	职位			话费标准
A	集团领导层	A1	总经理、常务副总	实报实销
		A2	副总经理、首席财务官	1 000
B	各一级部总监级		市场总监、技术总监、运营总监、财务总监等	600
C	部门领导层	C1	项目总监、市场类部门经理	600
		C2	总经理助理、分公司经理、商务部经理	500
		C3	其他非市场类部门正副经理	400
D	分支机构非市场类部门经理	D1	分支机构工程部经理	500
		D2	分支机构其他部门经理	300

（续表）

编号	职位	话费标准
E	高级行业经理、大区经理	600
F	区域经理、产品经理、分支机构市场类部门经理	500
G	高级客户经理、工程监理工程师	400
H	客户经理、研发项目经理、客户服务经理、高级技术经理、工程师	300
I	研发项目经理、客户服务代表、商务部助理、市场类部门助理、总经理秘书、售前工程师、售后支持工程师、司机	200
J	生产厂的值班人员、系统维护员、水电工、安全员、生产调度员	100
K	其他部门助理（主管、专员）、行政助理、行政秘书、会计、出纳、网管工程师	80

注：以上表格中"市场类部门"特指业务拓展部（或销售部）、市场部。

（三）严格执行报销规定

1. 员工通信费每月报销一次，报销程序按照财务部相关规定执行。如有超支，由部门主管根据部门预算处理，报主管副总审批，但公司负担一般不超过50%。节约部分归公。

2. 生产岗位员工的话费报销，由文员统一定时报销；特殊岗位（指业务量不均衡的岗位）的话费一年内统筹结算。

3. 其他员工在工作期间可使用公司座机电话，公司不负责报销手机话费。

4. 经总经理批准，特定人员可提高报销标准，但必须由总经理签字后在财务部备案。

9.3.3 出差通信补贴控制方案

下面给出某企业的出差通信补贴控制方案，供读者参考。

出差通信补贴控制方案

一、方案背景与目的

公司对部分岗位因工作需要出差，且必须在出差期间进行通信联系的员工给予一定的出差通信补贴。为了控制员工出差期间通信费的不合理支出，确保通信补贴能恰到好处地发挥作用，特制定本方案。

二、出差通信补贴的界定

出差通信补贴指员工到公司办公地以外的地方出差因公联系电话的补贴。

针对上述出差通信补贴的界定，有两点需要特别说明。

1. 领取通信补贴后，出差员工就不得另外报销出差电话费，但邮政信件、传真、电报费可据实报销。

2. 如在出差工作地装配有现场办公电话，公司不另发放出差通信补贴。

三、各岗位出差通信补贴标准

出差通信补贴采用包干制，节余归己，超支自负。各岗位具体补贴标准如下表所示。

各岗位出差通信补贴标准表

岗位名称	出差通信补贴
董事、总经理、事业部经理、总经理助理	50 元/天
（副）总监、事业部副总经理、总工程师	40 元/天
分部门（副）经理、高级业务主管、高级项目经理（销售、市场）、职能部门经理	30 元/天
业务主管、高级项目经理（工程、施工、生产、开发）、项目经理（销售、市场）	30 元/天
项目经理（工程、施工、生产、开发）	20 元/天
其他岗位	10 元/天

四、出差通信补贴发放规定

1. 员工出差前，应将自己出差期间的电话号码通知部门秘书，并及时向人力资源部更新。

2. 出差通信补贴由财务部按该员工的实际核定出差天数在差旅费中发放。住宿费发票中含有电话费的由当事人在报销时自行扣除。

3. 临时员工、按日计薪的员工无出差通信补贴，其出差电话费凭注明有日期、电话号码的发票报销，平均每天不得超过 10 元，超标自负。

4. 所有出差在外的员工必须保证公司随时能与其取得联系，出差地确实无任何通信设施时，必须保证每三天与公司联络一次。无故与公司失去联系超过三天且事后仍未向公司报告原因者以旷工论处（路途中除外）。

5. 公司员工发现与其他员工超时失去联系，应及时向上级主管或人力资源部报告，以免影响工作，若因此造成公司损失，该员工将按公司规定承担损失责任。

6. 如员工违反本方案、岗位变动、离开公司，由各部门总监或总经理于月底前书面通知人力资源部办理出差通信补贴扣除、变更或停止手续。隐瞒不报或漏报者承担相应经济赔偿责任。

9.4 交通费

9.4.1 交通费控制方案

下面给出某企业的交通费控制方案，供读者参考。

交通费控制方案

一、目的

为了有效控制交通费的支出，特制定本方案。

二、交通费控制范围界定

1. 因公产生的市内交通费。

2. 租用交通车辆的租赁费。

3. 员工上下班的交通费用补助。

三、市内交通费

（一）市内交通费的包干办法控制

对于公司员工因公外出产生的交通费，公司可以采用交通费包干办法进行控制。公司各部门按编制人数和每人每月____元的标准计算包干数额。公司应区别情况确定不同标准，发给各部门，做到包干使用、超支不报、结余自行支配，每人每月发放的具体标准如下表所示。

市内交通费每人每月发放标准一览表

部门	人数	每人每月发放标准（元）	总额（元）
行政部、人力资源部			
财务部			
总经理办公室			

（二）市内交通费用的使用控制

1. 市内交通费按实报销，原则上以公交车、地铁为主，无特殊情况不得乘坐出租车；若有特殊情况的，应事先向主管经理提出申请，批准后方可乘坐。

2. 因工作需要而加班或外出办事的，时间在8：00前或22：00后，可乘坐出租车。

3. 乘坐出租车的人员在报销车费时，须在出租车票空白处，写明乘坐原因及起讫地点，不写明以上两项内容的，将予退回处理。

4. 公司自备车在本市出差的，无市内交通费。

四、交通车的租赁费

（一）费用界定

交通车的租赁费是指员工在本市外出办事，因工作需要租用交通车的租赁费。

（二）租赁费的控制

1. 选择租赁公司

行政部在比较租赁公司的信誉和价格后，选择具有良好信誉和价格低廉的租赁公司，并形成长期合作关系，力求降低租赁费，尽量减少交通费用的支出。

2. 明确报销审批权限

（1）租赁费在 3 000 元以上的，由行政总监审批。签批流程如下。

经办人→部门主管→行政部经理→财务部经理→行政总监→财务报销。

（2）租赁费在 3 000 元以下的，由行政部经理负责审批。签批流程如下。

经办人→部门主管→行政部经理→财务部经理→财务报销。

3. 规范报销凭证

（1）对于 1 000 元以上的租赁费以支票形式支付。

（2）无论何种情况，都必须与租赁公司签订租赁合同或协议，作为报销租赁费的凭据之一。

五、员工上下班交通费

1. 乘坐公司班车上下班的，无交通补助。

2. 员工家庭住址距离办公地点____公里以上的，利用公共交通工具上下班的，公司给予____元补贴。

3. 员工骑自行车上下班的，每月按照交通补助金额发给自行车修理费。

9.4.2 车辆费用控制方案

下面给出某企业的车辆费用控制方案，供读者参考。

车辆费用控制方案

一、车辆费用范围

车辆费用是指企业用于公务车辆使用和保养方面的各项支出，具体包括耗油（天然气）费、维修保养费、洗车费、车险费、停车费、路桥费、审验费等其他相关费用。

二、车辆费用借支与报销

1. 车辆费用借支

（1）车辆因故需借款或报账时，应由车辆主管填报"借款申请单"，经行政部经理审核无误后，报主管行政后勤工作的行政总监审批（维修费用需附"请修单"）。

（2）车辆主管或相关人员凭审批意见，到财务部借支或报账。

（3）司机入职时，可于财务部领取 600 元的车辆费用备用金。此备用金可用于紧急情况下的加油费、维修费，以及日常保养费、停车费、过路过桥费的支付。

2. 车辆费用报销

（1）油费报销：司机在发票背面注明行车起始路程，行政部根据里程表、耗油标准、加油时间、数量、用车记录进行复核，经行政部经理签字验核。

（2）路桥费、洗车费报销：司机每月汇总报销一次，行政部根据派车记录复核，经行政部经理签字验核。

（3）车辆维修保养费报销

①车辆维修保养前，需提供书面报告，说明原因和预计费用。

②报销时，在发票上列明详细费用清单，由行政部根据车辆维修情况复核，经行政部经理签字验核。

三、车辆费用额度规定控制

1. 企业中、高层管理人员用车费用额度的规定

（1）企业中、高层管理人员用车费用额度，是指中、高层管理人员在办公常驻地的日常工作用车费用。

（2）中层管理人员每月用车额度为1 500元，高层管理人员的每月用车额度为3 000元。

（3）凭发票（如加油票据、停车费、路桥费、维修费等）及企业的"出车单"核销，每月最后一天结算本月的费用，在额度内实报实销，超过部分个人承担。

2. 各部门用车费用额度

路桥费、维修费、油费、停车费等相关费用包括在各部门用车费用额度内，各部门用车费用额度如下表所示。

各部门用车费用额度控制表

部门名称	用车费用额度（元）	备注
营销部	1 200	票据齐全、通过审核
客户服务部、采购部	1 000	票据齐全、通过审核
生产部	800	票据齐全、通过审核
质量管理部、人力资源部、行政部	500	票据齐全、通过审核

3. 用车费用额度的其他规定

（1）因公接待客户发生的用车费用，列入各部门的费用额度内。

（2）企业各部门因特殊情况产生的额度外用车费用，须提交申请，报行政部经理审核，交财务部经理审批，用车费用超过1 000元，须交行政总监审批。

四、车辆费用额度控制程序

本企业的车辆费用额度控制程序，如下图所示。

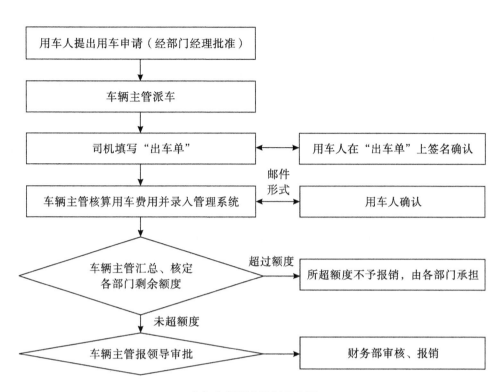

车辆费用额度控制程序图

五、相关部门费用控制职责

1. 行政部

行政部负责核算各部门用车费用，并进行费用汇总，每月最后一天在企业资金管理会议上，按部门报告本月的用车费用，并与财务部共同核定当月各部门用车费用的剩余额度。

2. 各部门

（1）各部门自行制订自己的用车计划及费用预算，报行政部审核、备案。

（2）各部门用车费用控制程序：司机申请报销用车费用→车辆主管审核→行政部经理批准→计入各部门的用车费用→控制各部门的用车费用额度。

9.4.3 车辆油耗控制方案

下面给出某企业的车辆油耗控制方案，供读者参考。

车辆油耗控制方案

- -

一、目的

为了有效控制车辆的油耗量，降低车辆耗油费，特制定本方案。

二、有效控制耗油量

1. 建立油料供应管理制度

出车前，司机到行政部领取汽油卡，油料管理专员要根据本次出车的大概里程供应汽油卡。

2. 建立发票审核制度

司机在行车途中用油，报销时必须首先由用车人签字，然后交油料管理专员审核登记，最后再按票据报销的有关规定进行报销。

3. 建立约束机制

每年要对不同车辆的使用年限、车辆状况等影响油耗的主要因素进行审定，大致核定百公里油耗，按行驶路程结算，节约归公，超支自负。下表所示为车辆百公里油料供应量。

车辆百公里油料供应量一览表

编号	车辆型号	使用年限	百公里油料供应量

4. 建立监督机制

（1）司机要根据车辆近期状况，及时进行检查修理，确保车辆运行正常。

（2）行政部车辆主管应定期组织测算车辆的百公里油耗，随时进行监督管理，发现问题，及时提醒，限期纠正。

（3）定期张榜公开车辆油耗，具体操作如下。

①定期对同类型的车辆耗油量以及行车路程进行对比公开。

②定期将每辆车的百公里油耗与审定油耗、上月实际、年度实际、上年同期等主要指标进行对比公开，同时公布当月行车路程。

③年底将全年百公里油耗与车辆运行的其他有关数据进行全面公开。通过全面公开，让员工了解企业各辆车的油耗情况，增加工作透明度，达到控制车辆油耗的目的。

三、合理降低耗油量

1. 平稳起步

起步、停车时要轻踏轻放。油门踩到底比中速行驶费油2～3倍。

2. 适度热车

（1）在车辆发动后的一分钟内上路，最好是让车辆维持在2～3挡的速度平缓行驶3～5公里，以此热车。

（2）热车时间过长会浪费油，而以冷车行驶除了费油外，还会导致维修费用增加。

3. 高挡低速行驶

（1）在车辆行驶过程中，尽可能挂入高挡，同时保持低速行驶。

（2）发动机以不必要的高速运转会浪费油耗。例如，轿车在每小时 50 公里匀速行驶的情况下，以二挡行驶，耗油量约 13km/L；以三挡行驶，耗油量约 18km/L；以四挡行驶，油耗量约 22km/L。

4. 按经济时速驾车

按照车辆设计的经济速度驾驶，低于或高于这个速度都会增加油耗。

5. 巧借剩余动力

（1）看到红灯亮起或出入高速路时，减速行驶，巧借引擎剩余的动力让车辆滑行前进。

（2）如果加速至最后关头刹车，不仅会增加油耗，同时还将加剧刹车片的磨损。

6. 避免发动机空转

（1）在排队、堵车或等人时，尽量避免车辆处于发动机空转的状态。

（2）发动机空转三分钟的油耗就可让汽车行驶一公里。因此，如果滞留时间超过一分钟，就熄火。

7. 夏天应避免长时间使用空调

（1）空调打开两小时后，应关闭，待温度上升后再开启。

（2）同样的行驶速度下，开空调每 100km 将增加 2~3L 燃油。

8. 禁止车辆超载、超速行驶

企业货用车辆一定要在载重范围之内，不能超载行驶。

9. 严禁轮胎气压偏低

（1）司机出车前，一定要检查轮胎气压是否正常。

（2）轮胎气压偏低不仅耗油，而且将增加方向的不稳定性，加剧轮胎磨损。

9.4.4 车辆维修费用控制方案

下面给出某企业的车辆维修费用控制方案，供读者参考。

车辆维修费用控制方案

一、目的

为了保证安全行车，加强车辆维修保养，延长各部件的使用寿命，降低备件寿命和备件消耗，有效控制企业车辆的维修保养费用支出，特制定本方案。

二、适用范围

本方案适用于企业所有司机。

三、明确维修预算和维修厂家

1. 司机发现车辆故障或需要保养时，应先填写"车辆维修保养单"，经部门经理签字后，向车辆主管提交车辆维修保养申请，申报维修保养的费用预算。

2. 车辆主管接到"车辆维修保养单"后，对车辆进行故障分析，确定是否需要维修及维修项目，并确定维修费用的限额。

3. 车辆主管根据车型、维修项目，采用询价的方式确定车辆送修的维修保养厂家，并呈交行政部经理。

4. 车辆主管确定维修厂家之后，应呈交行政部经理在"送修单"上签字。

5. 司机将待修的车辆送到确定的维修厂家进行修理。

6. 维修结束后，送修人及行政部相关人员应对维修车辆进行技术鉴定，经检验合格的，收回更换的旧部件，并核定维修费用的合理性、准确性后，方可在维修厂家的单据上签字。送修人对费用的真实性负责。

7. 送修车辆返回企业后，由车辆主管进行验收。送修人应将"车辆维修保养单"及"维修清单"及时交回车辆主管。

四、细化车辆维修保养费用

1. 车辆主管对维修保养费用实行统一的月结或季度结算。结算前，车辆送修人员须检查送修车辆审批手续的规范性，并再次核定费用收取的合理性。

2. 车辆的维修保养应由车辆主管指定维修厂家进行，并指定专人结算；否则，维修保养费一律不予报销。

3. 自行修护者，可报销购买材料、零件费用。

4. 车辆行驶途中发生故障或其他耗损急需修理或更换零件时，可根据实际情况进行修理，但非迫切需要或修理费超过2 000元时，应与车辆主管联系请求批示。

5. 由于司机使用不当或疏于保养，导致车辆损坏或机件故障，应依情节轻重，由企业与司机按比例共同负担维修费。

6. 行政部经理应对车辆进行不定期检查，具体检查内容包括车辆内外卫生、一般保养状况等。检查不合格者，对司机及相关主管人员分别处以50～200元不等的罚款，情节严重者取消司机的驾驶资格；对公认车辆保养好的司机可给予表扬和奖励。

五、控制车辆日常保养费用

1. 每月有两次保养时间，定为每月第二、四周的周五下午作为司机的保养日。如果周五因公出车，可转到下周一的下午作为本车的保养日。

2. 司机在保养日必须更换工作服，亲自注油，并向车辆主管报告注油、充电、加水等情况。

3. 油嘴注不了油时，应由司机自己更换处理，情况严重时可由维修人员解决。

4. 司机在日常保养中应做到"三检四勤"，具体如下图所示。

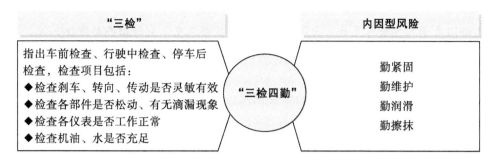

"三检四勤"操作要点示意图

9.5 差旅费

9.5.1 差旅费控制方案

下面给出某企业的差旅费控制方案，供读者参考。

差旅费控制方案

一、目的

为保证出差人员工作和生活的需要，有效控制公司差旅费的支出，特制定本方案。

二、适用范围

本方案适用于公司所有员工差旅费的控制。

三、职责分工

1. 财务部负责报销各部门的差旅费。

2. 各部门出差人员按照公司的相关规定，凭证据实报销。

四、差旅费审批控制

1. 出差人员填写"出差登记表"，如下表所示。

出差登记表

出差人员姓名			随行人员姓名			
预计费用			借款金额（大写）			
出差地点		出差时间		交通工具		
出发地	目的地	出发时间	到达时间	火车	汽车	飞机	轮船
事由						

批准：　　　　　　　　审核：　　　　　　　　申请人：

2. 部门负责人签署意见后，出差人员将"出差登记表"交给财务部审核。

3. 部门经理、副总出差，由总经理或其授权人批准。

五、交通费用控制

交通工具的选择应该依据业务的重要程度、紧急情况、出差地点、员工的职级来规范，详细如下表所示。

差旅交通工具分类表

出差类型	出差情况			出差工具
短途出差	单程距离在300公里以内			公务车、自用车前往
长途出差	同行超过两人，需要迅速到达			公务车
	单程距离达300公里以上	没有配公务车的员工长途出差		长途客车、火车、客船、飞机及公务车
		已经配有公务车或有自用车的员工长途出差		公务车、自用车
	运行时间在6小时以上	火车出差在当日晚6时至次日早8时		硬卧
		经理级及公司聘任的高级专业人员		
		副总经理级及资深级专业以上（含）人		软卧
	因故未能乘坐卧铺的夜间（当日晚6时至次日早8时）			

备注：1. 员工应通过公司指定的代理商购买机票

  2. 机场巴士应该作为标准的往来机场的交通工具

  3. 员工在申请出租车费报销时，必须提供详细的乘车地点、时间、原因和金额等信息

六、差旅住宿费用与补助控制

差旅中各个员工的住宿费用及补助应依据员工情况不同而有所差异。

（一）住宿标准

1. 公司员工因出差情况不同和出差人员不同，其住宿级别也有差异，详细如下表所示。

差旅住宿标准一览表

出差情况	住宿级别
一般员工出差	标准间
员工所去城市有公司定点酒店	入住公司定点酒店
需要超标准住宿	事先需由总经理及财务总监批准
员工出差人数为两人，且为同性别员工	合住标准间

（续表）

出差情况	住宿级别
出差是为了参加会议	员工入住会议组织者指定的宾馆
出差城市在员工家庭所在地时	不报销住宿费，特殊情况需请示上级主管批准后方可报销
不同级别员工出差	住宿费按高职位员工所住宿酒店的标准间费用标准核付
员工出差遇正常工作日（周一至周五）	只领取差旅补助，不计加班或倒休
员工出差遇休息日（周六、周日）	除领取差旅补助外，可计加班或倒休
员工出差遇法定节假日	可领取三倍差旅补助，同时给予相应时间的倒休

2. 员工离开出发地城市和回到出发地城市的不同时点住宿费标准如下。

（1）中午12：00前离开城市、中午12：00后抵达城市，均按1天计。

（2）中午12：00后离开城市、中午12：00前抵达城市，均按半天计。

3. 出差天数按照公历日天数计算。

（二）住宿费用补助标准

公司员工在不同地区出差其住宿补助会有差异，详细如下表所示。

住宿费用补助标准一览表

行政级别	总经理	副总经理	部门经理一级	部门主管一级	公司员工
一类地区	800 天/元	650 天/元	500 天/元	350 天/元	250 天/元
二类地区	700 天/元	500 天/元	400 天/元	300 天/元	200 天/元
三类地区	600 天/元	450 天/元	300 天/元	200 天/元	150 天/元

备注：1. 一类地区：北京、上海、天津、重庆、南京、大连、青岛、杭州、宁波、温州、福州、厦门、广州、深圳、珠海、海口、三亚

2. 二类地区：除一类地区以外的省会及地市级城市

3. 三类地区：其余各地

七、其他费用报销控制

公司其他差旅费用报销标准如下表所示。

其他差旅费用的报销标准一览表

费用明细	报销条件
新员工路费、行李托运费	人力资源主管签字办理
出差期间因业务发生的传真费、邮寄费	票据背面填写清楚事由，据实报销
项目组前期未设食堂则享受餐费补助	项目所在地和回总部后的考勤记录

（续表）

费用明细	报销条件
出国考察期间产生的费用	1. 考察报告 2. 由总经办签字的考察报告记录
员工发生的误机、误车费用	个人承担60%的费用
出差发生的订票费，往返机场、火车站的交通费用	人力资源主管签字办理
未经许可逾期返回所产生的费用	扣减其逾期天数的住宿费及出差补助
未按照"出差登记表"中拟订路线产生的费用	相关费用不予报销，且扣减相应天数的出差补助

9.5.2 差旅费报销控制细则

下面给出某企业的差旅费报销控制细则，供读者参考。

差旅费报销控制细则

第1章 总则

第1条 为规范差旅费报销标准及流程，严格控制差旅费支出，特制定本细则。

第2条 本细则适用于公司全体员工（含试用期员工）。

第3条 差旅费是指公司员工为开展公司业务去往其他城市、地区或国家产生的费用。

第2章 差旅费法定报销标准

第4条 公司应结合自身实际情况制定差旅费报销标准，发生差旅费时要严格按规定报销。

第5条 差旅费的证明材料包括公出人员姓名、地点、时间、任务、支付凭证等。

第3章 差旅费报销流程

第6条 申请人出差前需要填写"出差登记表"，获得直接上级签署意见之后，方可出差。

第7条 出差人员凭核准的"出差申请表"向财务部申请合理金额的借款，返回后一周内填具"差旅费报销单"，结清暂支款项。

第8条 未于一周内报销者，财务部应通知人力资源部从其薪资中先行扣回，待报销时再行核付。

第9条 特殊情况者报总部财务总监审定。

第10条 员工不能使用以下方式结算费用。

1. 费用先由总部下属的一家公司代付后再通过总部间往来结算的方式。

2. 差旅费用账单直接开给公司并要求公司直接支付的方式。

第4章　差旅费的报销和审批程序

第11条　员工出差结束后，应该向直接上级出具《出差报告》，汇报出差情况及在客户拜访中遇到的主要问题、心得与成果。

第12条　报销人员应先从财务部领取"差旅费报销单"，由各主管部门经理审签和财务部审核，并送交总经理审批。

第13条　员工出具的票据需要按时间顺序及财务规定粘贴在报销单背面。

第14条　对于报销票据的的正规性与合法性的具体要求如下表所示。

报销票据具体要求一览表

票据类型	要求
车票	1. 车票上出现单位盖章或盖章有效字样时，必须加盖出票单位印章后方可报销。印章不清晰，视同无印章不予报销
	2. 所贴车票必须与"差旅费报销单"上所填写的起止日期、出差路线一致。如果所附车票没有明确标明起止地点的，应自己写上
	3. 对非同一次乘车却出现票号相连的现象，不予报销；对于弄虚作假者，将给予票据金额两倍的罚款
发票	1. 必须是印有"全国统一发票监制章"的正规发票，发票的户名必须写全称
	2. 跨行业（住宿发票、餐饮发票、商业零售发票等）发票不可互相混用
	3. 发票金额（无论大写、小写）填写有错误、描画或涂改的，只能由发票的出具单位重新开具，而不能自己在原发票上进行更正
	4. 发票记载的其他内容确实有误的，应当由发票的出具单位重新开具或进行更正，如果进行更正，开具单位还应当在更正处加盖该单位的印章
收据	只有行政事业性收据可以作为报销凭证

第15条　票据交由出纳人员核对后，予以报销。

第16条　部门经理出差由助理总经理以上职位的主管领导核准。

第17条　总经理助理以上职位的员工出差由总经理核准。

第18条　所有国际出差的差旅费须得到公司总经理的批准。

第5章　差旅费超支费用报销规定

第19条　员工在出差期间加入因私旅行或由家人陪伴产生的费用由员工本人承担。

第20条　员工在出差途中因病或遇意外灾害事故等经请示核准人同意后可延长差期，给予报销。

第21条　公司不需给予购买人身意外保险的员工报销其他旅行事故保险费用。

第22条　住宿费需依据凭证于给付标准内认定报支，低于标准的实报实销，超出公司标准的部分自付。

第 23 条 员工申请差旅费报销时，必须提供有效的住宿发票，有条件的要提供"住宿费用明细单"，不能提供明细单的要在住宿发票上写明费用明细。

第 24 条 严禁将与住宿无关的费用，如餐费、娱乐费等开成住宿费报销，违者除罚款外，还将予以全集团通报，屡次出现此类问题者予以开除。

第 25 条 员工在国内出差时，公司可以承担住宿开支以外的费用如下。

1. 出差超过三夜（含）时，衬衫和内衣洗衣费。

2. 出差超过 15 天（含）时，套装洗衣费（包括干洗）。

3. 公务电话和传真。

第 26 条 公司支付员工差旅费补助后，差旅费制度未涉及的其余杂费一律不予报销。

第 27 条 享受驻勤补助的员工出差期间，公司不再发放驻勤补助。

第 6 章 附则

第 28 条 员工出差时如确因业务需要必须支付业务招待费、礼品等特殊开支时，员工须事先请示获得批准，方可报销。

第 29 条 如果出差员工是到下属公司出差，费用由总部审核报销。

第 30 条 财务部定期核对差旅费报销情况。

第 31 条 如有虚报冒领差旅费及出差补助者，轻则以一罚十，重则予以除名。

第 32 条 本细则自＿＿＿年＿＿＿月＿＿＿日起实施。

9.6 印刷费与会议费

9.6.1 印刷费控制方案

下面给出某企业的印刷费控制方案，供读者参考。

印刷费控制方案

一、印刷费的定义

印刷费是指因公印制文件、会议材料、资料、期刊、书籍、年鉴、宣传品、讲义、培训教材、报表、票据、证书、公文用纸、信封等印刷品所发生的费用。

二、归口管理部门

印刷费的归口管理部门是行政部，行政部主要负责印刷费用的核定、质量与监督执行，坚持从简、质优、价廉的原则。

三、印刷费报销审批程序

业务部门提出书面申请，交行政部，经审批同意后，统一由行政部联系印刷事宜。

四、印刷费报销审批权限规定

1. 印刷费单笔金额超过 2 000 元（含 2 000 元）的由主管副总（或财务副总）负责审批。签批流程如下。

经办人→部门经理→行政部相关负责人→财务部经理→主管副总→财务副总→财务部出纳报销。

2. 印刷费单笔金额在 2 000 元以下的由部门经理审批。签批流程如下。

经办人→部门经理→行政部相关负责人→财务部经理→财务部出纳报销。

五、印刷费预算控制

在一个预算年度内，公司及各部门发生的印刷费的总额不应超过年度预算。

9.6.2 会议费控制方案

下面给出某企业的会议费控制方案，供读者参考。

会议费控制方案

一、目的

为加强会议费管理，控制公司会议费的支出，尽可能降低会议费，特制定本方案。

二、会议及会议费的相关界定

（一）会议类别

1. 一类会议

公司经营管理性会议、客户座谈会及其他公司级重要会议。

2. 二类会议

年度营销工作会、财务工作会等专业年度工作会及公司内部项目评审会、鉴定会。

3. 三类会议

公司季度经济活动分析会、公司专业部门组织的各项专题内部会议等。

（二）可列支会议费的费用

本方案所指的会议费用是指公司内部因生产经营需要而召开的各层级会议所支付的费用，会议的地点包括公司内部和公司外部。会议费具体包括的费用项目如下图所示。

三、会议费控制职责分工

（一）公司行政部

行政部是会议工作的归口管理部门，负责汇总编制全公司会议计划，对公司各部门组织的会议规模、规格、费用等进行统一管理和控制。

（二）财务部

财务部负责对会议费进行费用预算控制、会议费审批和核算。

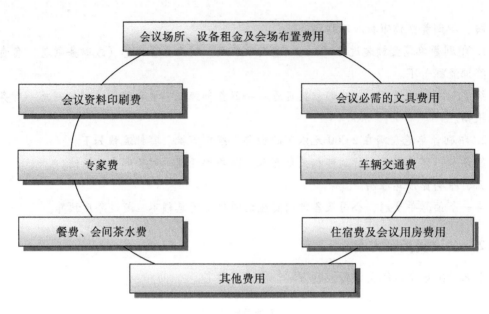

会议费用明细示意图

四、会议费的事前控制措施

（一）会期选择控制

一般而言，一类会议会期为5~7天、二类会议会期为3~5天、三类会议会期为2~3天（项目评审会、鉴定会可根据项目多少适当延长会期）。会议主办部门要合理安排会议议程，尽量缩短会期，从而减少会议费的直接支出和隐性支出（如参会人员的工资、福利成本等）。

（二）会议地点选择控制

1. 会议地点选择标准

（1）一类会议可选择在四星或条件相当的宾馆举行。

（2）二类、三类会议尽量选择通过视频会议系统开会。如必须集中开会，选择标准如下。

①二类会议可选择在三星或条件相当的宾馆举行。

②三类会议的参会人数在30人以内的，会议地点定在公司办公室，住宿地点定在公司附近宾馆；参会人数超过30人的，可选择同二类会议相同的会议场所举行会议。

2. 会议地点的选择程序

（1）主办会议的部门在开会前一周应首先根据会议的规格、规模、时间等要求填写"_____会议审批表"，交行政部。

（2）行政部综合比较各合作会议场所的地理位置、场地条件、服务承诺、优惠承诺等因素进行选择。

（3）因特殊情况现有合作宾馆不能满足需要的，由主办部门提出申请并附主管领导批示，经核准后，行政部可以选择协议范围之外的宾馆。

（三）各类会议费用标准

不同的会议，因其重要性、规模、时间等因素的影响，会议费的支出标准有所不同。具体标准如下表所示。

各类会议费用支出标准表

会议费项目	一类会议	二类会议	三类会议	说明
食宿费用	300~500元/每人·天	250~350元/每人·天	180~300元/每人·天	餐饮费所占的比例原则上不低于食宿费用的50%
会场、设备租金及会场布置费	不超过3 000元/天	不超过2 000元/天	不超过1 000元/天	
会议资料印刷费、办公费、必要文具费用	不超过50元/人	不超过50元/人	不超过50元/人	
其他相关费用	不超过总费用的30%	不超过总费用的30%	不超过总费用的30%	

说明：依会议举办城市的不同，上述费用标准可适当浮动。浮动后的费用标准应报财务部审核。

五、会议费用的使用控制

会议举办期间要严格按照会议费用标准控制会议费用，由总经理办公室根据会议主办部门的要求编制会议预算，经总经理审批后严格按预算数额执行。

六、会议费报销控制

（一）报销审批权限

1. 会议费单笔金额超过50 000元（含50 000元）时

会议费单笔金额超过50 000元（含50 000元）由公司总经理审批。其报销审批流程如下。

经办人→部门经理→主管副总→财务部经理→总会计师→公司总经理→财务部出纳报销。

2. 会议费单笔金额在2 000元（含2 000元）到50 000元之间时

会议费单笔金额在2 000元（含2 000元）到50 000元之间的，由主管领导（总会计师）审批。其报销审批流程如下。

经办人→部门经理→财务部经理→主管领导（总会计师）→财务部出纳报销。

3. 会议费单笔金额在2 000元以下时

会议费单笔金额在2 000元以下的，由部门经理审批。其报销审批流程如下。

经办人→部门经理→财务部经理→财务报销。

（二）会议报销原则

各部门会议费实行"一会一报销"的原则，报销时需提供会议预算、发票等相关证明文件。财务部对会议费用的使用情况进行全程监督检查。

（三）会议报销时间控制

会议报销应及时，原则上在会议结束后七天内办理完毕。

（四）会议费报销规定

公司各部门根据每次会议的具体情况填具"会议费用报销清单"，报财务部报销。报销费用时需严格遵循公司费用报销程序经总经理签字后，统一报销。"会议费用报销清单"如下表所示。

会议费用报销清单

编号：　　　　　　　　　　　　　　　　　　　　　报销日期：＿＿＿年＿＿＿月＿＿＿日

会议名称		
会议时间		
会议地点		
会议主题		
主办部门		
实际费用	会议室租金	
	设备租金	
	车辆租金	
	专家费	
	餐饮费	
	住宿费	
	劳务费	
	其他费用	
	总计	
主办部门经办人		主办部门负责人	
行政部负责人意见		财务部负责人意见	
总经理意见		

（五）专家费发放控制

1. 以现金形式发放的专家费控制

以现金形式发放的专家费必须本着"合理、必要、有用"的原则，财务部必须根据会议预算按照开会前拟订的名单发放，对于不在该名单上的人员，财务部有权拒付。

2. 公司员工代领的专家费控制

由公司员工从会务组代领的专家费必须亲自交给本人，如专家未出席会议则应及时将专家费退回。

3. 专家费增加控制

非特殊原因，严禁任何人以任何借口临时增加专家费。未经事先书面请示批准，个人擅自给付他人的费用，由当事人自行负担。

七、相关检查工作

财务部和行政部定期或不定期对公司的会议费进行审查，若发现问题，及时查找原因。如果发现私自挪用专家费或未按时交回者，除勒令退回外，公司将给予其必要的处分。

9.6.3 会务费控制方案

下面给出某企业的会务费控制方案，供读者参考。

会务费控制方案

一、目的

为有效控制公司会务费的支出，特制定本方案。

二、可列支会务费的费用

会务费是指公司因经营需要指派相关人员参加外部会议（如展销会、交流会等）所发生的费用。会务费的具体费用项目包括参会费、交通费、住宿费、伙食费及其他费用。

三、交通费的控制

与会者需按照规定等级乘坐交通工具，凭据报销交通费。未按规定等级乘坐交通工具的，超支部分由与会者自理。

（一）本市交通费

1. 一般员工应乘坐公共汽车、地铁等交通工具到达会场，凭票报销。

2. 副经理以及同等职位以上者，可以打车，凭票报销。

（二）城市间交通费

公司乘坐火车、轮船、飞机等交通工具的等级标准如下表所示。

与会者交通工具等级标准表

职务	火车	轮船	飞机	其他交通工具
领导层	软席车	一等船舱	头等舱	
管理层	软席车	二等船舱	商务舱	按实凭票报销
一般员工	硬席车	三等船舱	经济舱	

1. 与会者乘坐火车，从当日晚8时至次日早7时乘车6小时以上的，或连续乘车超过12小时的，可购同席卧铺票。符合规定而未购买卧铺票的，按实际乘坐的硬座票价的90%给予补助；可以乘坐软卧而改乘硬卧的，不再给予补助。

2. 对与会者乘坐飞机要从严控制，出差路途较远或出差任务紧急的，经公司总经理批准后方可乘坐飞机。

3. 公司高管出差，因工作需要，随行一人可以乘坐火车软席或轮船一等舱、飞机头等舱。

4. 乘坐飞机时，对于往返机场的专线客车费用、民航机场管理建设费和航空旅客人身意外伤害保险费（限每人每次一份），凭据报销。

四、食宿费的控制

（一）会议主办单位统一安排食宿

会议主办单位统一安排食宿的，会议期间的住宿费、伙食补助费由会议主办单位按会议费规定统一开支。

（二）会议主办单位不安排食宿

与会者参加的会议不提供食宿时，按照以下规定报销。

1. 伙食标准如下表所示。

伙食标准一览表

地区差异	伙食标准（每餐）
本市内	10元
本省内的其他城市	20元
外省	25元
特区（深圳、厦门、珠海等）	30元

2. 住宿标准如下表所示。

住宿标准规定表

职务	住宿标准（元）	
	一般地区	特区（深圳、珠海等）
领导层	按实凭证报销	
管理层	100~180	120~260
一般员工	80~160	100~200

（1）除表列第一类人员凭据按实报销外，其余人员住宿费实行限额包干，凭发票低于最低规定标准的，低于部分归己，高出最高规定标准的部分自付50%。单独出差的，最高标准可按相应的规定标准上调100%。

（2）午休住宿费可参照上述标准按半天报销。

（3）参会期间，住宿费实行统算（规定住宿费＝实际住宿天数×住宿费标准），未支付住宿费的天数不计算在内。

9.7　审计费与咨询费

9.7.1　审计费控制方案

下面给出某企业的审计费控制方案，供读者参考。

审计费控制方案

一、审计费的定义

审计费主要是指企业完成审计工作需要花费的资金、人工费和时间成本。审计费控制是指企业通过合理配置资源，力求以最小的审计成本最有效地实现审计目标的一种控制手段。

二、审计费归口管理部门

审计费的归口管理部门是财务部，由总会计师负责审批。超过预算额度的审计费未经总会计师、总经理的批准，财务部一律不予报销。

三、审计费控制规划

（一）强化预算控制

1. 实行定额预算

根据审计工作经验，分别对项目的性质、类型、规模等实行定额管理，减少预算编制中的人为因素，这样在保证计划科学性的同时，也实现了经费使用的计划性和科学性。

2. 建立节约奖励制度

审计项目的多样性和不可测性给确定定额带来了很大的困难，而且对于一些较为复杂或有较强变化性的审计项目，可以采取经费包干、节约奖励的方式。

（二）严格控制审计程序，尽量减少中间环节

1. 从审计工作的整体发展要求出发去分析和设计审计程序，避免重复交叉。

2. 保证审计程序的计划性，促进程序的有效运行。

3. 评估程序运行所需费用，简化审计程序。

（三）优化审计组织，整合审计资源的利用状况

1. 计划安排要明确目标、突出重点。

2. 加强对统一组织审计项目的管理，全面深入地把握被审计对象或事项的情况。

3. 将审计与审计调查相结合，注重发挥延伸审计或调查的作用。

4. 在不影响独立性的前提下，项目安排要尽可能就地、就近。

5. 灵活采用就地审计与送达审计的方式。

（四）加强审计费的报销审批控制

1. 审计费单笔金额超过2 000元（含2 000元）的由总会计师审批。其签批流程如下。

经办人→部门经理→财务部经理→总会计师→财务部出纳报销。

2. 审计费在预算范围内且单笔金额在2 000元以下的由部门经理审批。其签批流程如下。

经办人→部门经理→财务部经理→财务部出纳报销。

（五）开发利用审计成果，合理转嫁成本

1. 注重审计成果的综合利用。

2. 建立审计结果跟踪落实制度，确保审计不仅要查出问题，还要促使问题得到尽快解决。

9.7.2 咨询费用控制方案

下面给出某企业的咨询费用控制方案，供读者参考。

咨询费用控制方案

- -

一、咨询费的定义

咨询费是指公司因工作需要长期或临时外聘专家、顾问所发生的费用，包括诉讼费、聘请常年法律顾问的费用和外请专家的费用。

二、咨询费的归口管理部门

咨询费的归口管理部门是人力资源部。人力资源部负责预算控制、对外谈判确定费用并签订合同、聘请法律顾问等日常工作。

三、咨询费的控制规划

（一）咨询费的预算控制

在一个预算年度内，全年的咨询费应控制在年度预算额度之内。具体操作步骤如下。

外聘专家、顾问、评估机构由有关部门提出申请后报人力资源部汇总，经公司总经理办公会集体决定，费用支付标准按国家规定标准执行或经总经理办公会研究决定。

（二）咨询项目的必要性分析控制

对照近五年公司接受过的咨询项目，从以下七个方面考察公司或某部门接受咨询的必要性。

1. 项目名称、内容、目的。

2. 项目成功将给公司带来多少利益。

3. 是否符合公司近五年的发展目标。

4. 项目推迟或者取消会对公司产生何种影响。

5. 其他公司是否做过类似的咨询项目，效果如何。

6. 全面咨询是否可以改为有针对性的咨询。

7. 本公司已做过的同类咨询项目是否有必要重复做。

（三）咨询费用的议价控制

1. 参考本公司或其他公司同类项目的咨询费用

公司在做咨询项目之前通常都会参考本公司或其他公司同类咨询项目的咨询费用，这也是咨询公司定价的依据之一。

2. 考察同类项目不同咨询方的报价

通常同类项目不同咨询方的报价会有很大差别，横向比较时应注意以下几项内容。

（1）价格并不是决策的惟一依据。

（2）重点考虑咨询方的资质、经验、口碑。

（3）对于做类似项目多、做同行业项目多的咨询方应重点考虑。

3. 考察咨询方的报价是否存在降价空间

目前市场上的咨询方报价普遍虚高，一般都会有降价的空间。

（四）审计费的付款方式选择

付款方式通常规定首付时间和比例、二期付款时间和比例、三期付款时间和比例、尾款时间和比例。公司应尽量争取较少的首付款比例和较长的二期、三期付款时间，同时要求付款与项目验收相结合，只有达到合格要求才能付款。

（五）审计费的报销审批控制

1. 申请部门填写"咨询项目费用预算申请单"，如下表所示。

咨询项目费用预算申请单

申请部门：　　　　　　　　　　　　　　　　申请日期：＿＿＿年＿＿＿月＿＿＿日

项目名称			
项目内容			
项目目的			
咨询费用	咨询方报价		
	咨询项目辅助费用	住宿费	
		餐饮费	
		酒会及活动费	
		交通费	
		礼品费	
		其他	
		总计	

（续表）

其他公司同类咨询项目报价	企业名称	项目名称	咨询公司报价
项目成果			
财务部审核意见	财务部经理签名： 日期：____年____月____日		
总经理审批意见	总经理签名： 日期：____年____月____日		

2. 报销审批权限规定

（1）咨询费单笔金额在2 000元以下的，由部门经理审批。其签批报销流程如下。

经办人→部门经理→财务部经理→财务部出纳报销。

（2）咨询费单笔金额在2 000元（含2 000元）到10 000元之间的，由主管副总（或财务副总）审批。其签批报销流程如下。

经办人→部门经理→财务部经理→主管副总（或财务副总）→财务部出纳报销。

（3）咨询费单笔金额超过10 000元（含10 000元）的，由公司总经理审批。其签批报销流程如下。

经办人→部门经理→财务部经理→主管副总（或财务副总）→公司总经理→财务部出纳报销。

9.7.3 咨询项目附加费用控制方案

下面给出某企业的咨询项目附加费用控制方案，供读者参考。

咨询项目附加费用控制方案

一、咨询项目附加费用包含的内容

企业在接受咨询方的咨询时，咨询项目的附加费用主要包括以下七个方面的费用。企业相关人员应重点关注其支出情况。

1. 咨询方咨询人员的住宿、餐饮费用。

2. 咨询人员在咨询过程中使用的办公场所、电脑、电话、传真机、打印机、复印机、网络、复印纸、签字笔、笔记本等发生的费用。

3. 咨询人员在咨询过程中发生的通信费及交通费。

4. 企业抽调出来配合咨询人员工作的人员工资。

5. 企业为咨询人员举办欢迎会、欢送会、项目启动会、汇报会等会议或者活动发生的费用。

6. 咨询人员在咨询过程中参加商务会议、外出旅游等活动发生的费用。

7. 企业为咨询人员购置的礼品费用。

二、咨询项目附加费用列支标准

咨询项目附加费用的列支标准如下表所示。

咨询项目附加费用列支标准表

附加费用	项目经理		其他人员		备注
住宿费	三星级宾馆，单人间，300 元/天以下		三星级宾馆，标准间，200 元/天以下		
餐饮费	100 元/天以下		50 元/天以下		如当天有酒会，应扣除相应餐饮费
酒会费用	100 元/人以下		50 元/人以下		企业陪同人员不超过三名，且须与咨询项目有关
交通费	12 小时以内，软卧	12 小时以上，飞机经济舱	12 小时以内，硬卧	12 小时以上，飞机经济舱	使用打折机票
礼品费	20~50 元/人以下				
通信费	50 元/天以下		20 元/天以下		
旅游费	200~500 元/人				
抽调人员	一般选取行政部、人力资源部员工				
提供车辆	商务轿车				
办公场所及办公用品	1. 一般选取企业较少使用的一间办公室 2. 提倡无纸化办公，需要打印、复印的应双面打印、复印				

三、咨询项目附加合同

附加合同中一般应规定咨询过程中发生的附加费用由谁承担以及发生费用的标准，不过，这类费用目前多由咨询公司部分或全部承担。

9.8 工会经费

9.8.1 工会经费控制办法

下面给出某企业的工会经费控制办法，供读者参考。

工会经费控制办法

第1条 目的

为充分发挥工会经费的作用，保证工会经费使用的及时性和针对性，控制工会经费的不合理支出，特制定本办法。

第2条 经费来源

1. 公司正式员工每人每月缴纳会费3元，由财务部按月从工资中直接划转到工会财务。

2. 公司每月按员工工资总额的2%向工会拨付工会经费。

第3条 经费使用原则

勤俭节约，量入为出，统筹安排，物尽其用，员工满意。

第4条 经费使用范围

工会经费使用范围包括五个方面，具体如下图所示。

宣传活动费	◆工会进行时事、政策教育，组织劳动竞赛，举办各种报告会、展览会和其他交流活动的宣传费用；工会主办图书室、阅览室等订阅和购置图书、报刊的费用
文体活动费	◆工会开展员工业余文化、艺术、体育、娱乐活动所需消耗用品的购置与维修费，举办文艺演出、节日联欢、体育比赛等所需的活动费用
工会建设费	◆工会举办的员工业余教育和工会干部、积极分子培训与训练费用
工会行政费	◆各级工会专职人员的办公费、差旅费，工会文件、资料的印刷费，工会召开的会员代表大会、工作会议等的费用支出
员工慰问费	◆员工结婚、员工直系亲属去世、员工生病的必访费用

工会经费使用范围

第 5 条　经费管理与支出审批权限

1. 全年累计支出不得超过本年度计提工会经费的额定比例数。

2. 提前一个月向工会上报活动计划，含经费使用计划，大型活动可事先报单项活动计划。

3. 活动支出需报方案，由工会主席批准。

4. 工会购置固定资产时需经工会主席审定，按相关采购程序报批。

第 6 条　报销程序

1. 经办人签字。

2. 工会副主席签字。

3. 工会主席签字。

4. 公司财务兼管工会财务，负责处理账务。

第 7 条　工会经费使用情况的审计

工会委托公司审计室对工会经费进行审计。

第 8 条　本办法由公司工会负责解释、修订。

第 9 条　本办法自＿＿＿年＿＿＿月＿＿＿日起执行。

9.8.2　工会经费拨交过程控制方案

下面给出某企业的工会经费拨交过程控制方案，供读者参考。

工会经费拨交过程控制方案

一、目的

为加强企业集团母子公司工会经费拨交过程的控制，实现按时足额拨交工会经费和企业经济运行成本控制及经济效益稳定与提高的有机统一，特制定本方案。

二、工会经费拨交过程的控制内容

企业对工会经费拨交过程的控制包括事前根据财务管理和控制的目标进行的预算与编制，事中在预算的基础上对各项具体工会经费使用的控制与监督，以及事后对工会经费使用效果的考核及相应的激励与约束。

三、事前控制

1. 子公司都要严格执行《工会法》，做好工会经费拨交的财务预算。

2. 母公司应该充分考虑到子公司将工会经费列入预算编制的实际情况，在投资收益的量化考核中予以认可。

四、事中控制

1. 过程控制

企业集团应该明确规定整个集团的经济运营目的，确定企业集团中各级企业在执行《工会法》方面应该遵循的准则，并进行实时监控和调整。

2. 专项控制

专项控制的重点是母公司对子公司的工会经费拨交行为的控制，即母公司要明确子公司的具体情况，确定工会经费专项拨交的原则，借助行政指挥系统的权力，要求子公司支持同级工会。

3. 资金控制

资金控制主要是制定具体的集团控制程序，对子公司的福利基金、帮困资金、员工活动资金等带有公益性质的资金，应该由行政和工会组成联合机制，由工会参与管理甚至负责管理，将这些公益资金与工会经费形成完整的整体，最大限度地服务于员工。

4. 设置责任会计

（1）行政和工会双方协商认可。

（2）具备公正的素质和职业操守。

（3）由工会组织委派或选举产生。

五、事后控制

1. 审计监督

对于工会经费拨交的审计，应在行政和工会双方协商一致的基础上共同参与。工会派出的审计人员，负有监督行政的责任。行政派出的审计人员，应该对下级企业经营者进行监督，负有责成权利，要求下级企业经营者完成拨交工会经费的行为，从而建立自上而下的指挥机制。

2. 完善公司的考核评价与激励机制

对子公司的考核评价和激励机制，主要是对经营者从政治和经济的角度，全心全意依靠群众办企业，在企业利益和员工利益之间做到兼顾，既保障企业利益，又保障员工利益。

9.9 绿化费

9.9.1 绿化费控制方案

绿化费用是指维护公司所在地草坪、树木花卉、盆景及园林设施所产生的费用，主要包括以下四个方面的费用，具体如图9-1所示。

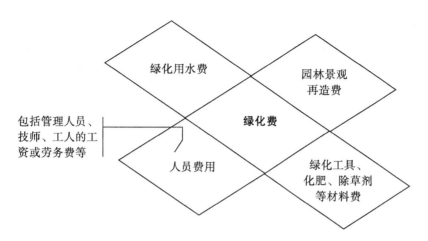

图9-1　绿化费构成明细图

下面给出某企业的绿化费控制方案，供读者参考。

绿化费控制方案

一、目的

为了加强公司绿化管理，在使公司拥有整洁、优美环境的同时，严格控制绿化费用支出，特制定本方案。

二、绿化费用的核算

下表为绿化费用的核算公式。

绿化费用核算公式一览表

费用项目	费用金额	绿化费用核算公式
人员费用	F_1（元／月）	$P = \dfrac{\sum Fi}{S}$ （$i = 1, 2\cdots, 4$）（元／月·平方米）
绿化用水费	F_2（元／月）	
绿化工具、材料费	F_3（元／月）	注：P代表单位面积的月绿化费用，S代表公司所有的绿化面积
园林景观再造费	F_4（元／月）	

三、绿化费用的控制

1. 合理设置绿化专员人数

按照厂区的绿化面积设置合理的绿化专员人数，避免不必要的费用支出。

2. 制定绿化工作的执行标准

绿化专员按照科学的绿化执行标准，提高工作效果及劳动效果，降低绿化费用的支出。具体的执行标准参考《绿化工作执行控制方案》。

3. 制定绿化环境的维护制度

公司应制定绿化环境的维护制度，规范公司内部人员的行为，共同维护绿化环境，降低不必要的费用支出。

9.9.2 绿化工作执行控制方案

下面给出某企业的绿化工作执行控制方案，供读者参考。

绿化工作执行控制方案

一、目的

为了规范绿化专员的绿化养护工作，提高绿植的成活率，延长绿植的存活期，从而降低绿化费用，特制定本方案。

二、适用范围

本方案适用于对公司范围内的所有绿化工作进行控制。

三、提高植物成活率的措施

（一）浇水

对植物进行科学合理地浇水，是保证植物存活期的重要步骤。绿化专员在浇水时需注意以下几点。

1. 确定浇水量和浇水次数的原则

以水分浸润根系分布层和保持土壤湿润为宜。如果土壤水分过多，土壤透气性差，会抑制根系的生长。

2. 根据气候条件决定浇水量

（1）半荫环境下可少浇水。

（2）入秋后光照减弱，水分蒸发慢，可少浇水。

（3）在阴雨连绵的天气，空气湿度大，可不浇水。

（4）夏季阳光照射强，气温高，水分蒸发快，消耗水分较多，应增加浇水次数和分量。

3. 根据品种或生长期决定浇水量

（1）旱生植物需要水分少，深根性植物抗旱性强，可少浇水。

（2）荫生植物需要水分多，浅根性植物不耐旱，要多浇水。

（3）生长期长的植物生长缓慢，需要水分少，可少浇或不浇水。

（二）施肥

园林绿地栽植的树木花草种类很多，有观花、观叶、观姿、观果等植物，其中又有乔木、灌木之分，对养分的要求也有所不同。

1. 花芽形成，施磷钾肥，以磷肥为主。

2. 观花观果植物，花前以施氮肥为主，促进枝叶生长，为开花打基础。

3. 行道树、遮荫树，以观枝叶、观姿为主，可施氮肥，促进生长，枝叶繁茂，叶色浓绿。

4. 树木生长旺盛期，需要较多的养分，氮磷钾肥都需要，但还是以施氮肥为主。树木生长后期应施磷钾肥，促进枝条、组织木质化而安全越冬。

5. 肥料分为无机肥和有机肥两种。堆肥、厩肥、人粪是有机肥、迟效肥。化学肥料属无机肥、速效肥。

6. 由于环境条件限制，有机肥多用作基肥，少用或不用于施肥。速效肥料易被根系吸收，常用作追肥使用。迟效肥，放入土壤后，需要经过一段时间，才能为根系吸收，须提早 2~3 个月施用。

（三）整形、修剪

1. 整形修剪是园林栽培过程中一项重要的养护措施，树木的形态、观赏效果、生长开花结果等方面，都需要通过整形修剪来解决或调节。

2. 整形修剪的方式很多，应根据树木分枝的习性，观赏功能的需要，以及自然条件等因素考虑。

3. 树木修剪要根据树木的习性及长势而定，主干强的宜保留主干，采用塔形、圆锥整形。主干长势弱的，易形成丛状树冠，可修成圆球形、半圆球形或自然开心形，此外还应考虑所栽植地环境组景的需要。

4. 整形修剪方式

（1）自然式修剪

各种树木都有一定的树形，保持树木原有的自然生长状态，能体现园林的自然美，称为自然式修剪。

（2）人工式修剪

按照园林观赏的需要，将树冠剪成各种特定的形式，如多层式、螺旋式、半圆式或倒圆式，单干、双干、曲干、悬垂等。

（3）自然式和人工混合式

在树冠自然式的基础上加以人工塑造，以符合人们的观赏需要，如杯状、开心形、头状形、丛生状等。

5. 整形修剪时间

（1）休眠期修剪

落叶树种，从落叶开始至春季萌发前修剪，称为休眠期修剪或冬季修剪。这段时间树木生长停滞，树体内的养分大部分回归发根部，修剪后营养损失最少，且伤口不易被细菌感染腐烂，对树木生长影响最小。

（2）生长期修剪

在生长期内进行修剪，称为生长期修剪或夏季修剪，常绿树没有明显的休眠期，冬季修剪伤口不易愈合，易受冻害，故一般在夏季修剪。

（四）松土、除草

1. 松土是松动土壤表面，使之疏松透气，达到保水、透气、增温的目的。

2. 除草是清除树冠下（绿化带）非人为种植的草类，面积大小根据需要而定，以减少草树争夺土壤中的水分、养分，有利于树木生长；同时除草可减少病虫害的发生，消除了病虫害的潜伏处。

（五）防治病虫害

1. 花木在生长过程中都会遭到多种自然灾害，其中病虫害尤为普遍和严重，轻者使植株生长发育不良，从而降低观赏价值，影响园林景观。严重者引起品种退化、植株死亡，降低绿地的质量和绿化的功能。

2. 病虫害防治，应贯彻"预防为主、综合防治"的基本原则。预防为主，就是根据病虫害发生规律，采取有效的措施，在病虫害发生前，予以有效控制。综合防治，是充分利用抑制病虫害的多种因素，创造不利于病虫害发生和危害的条件，采取各种必要的防治措施。

3. 药剂防治是防治病虫害的主要措施，科学用药是提高防治效果的重要保证。

（1）对症下药

根据防治的对象、药剂性能对症下药，进行有效防治。

（2）适时施药

注意观察和掌握病虫害的规律，做到适时施药，以取得良好的防治效果。

（3）交替用药

长期使用单一药剂，容易引起病原和害虫的抗药性，从而降低防治的效果，因此要交替使用各种类型的药剂。

（4）安全用药

严格掌握各种药剂的使用浓度，控制用药量，防止产生药害。

第 10 章

财务费用控制

10.1 利息支出

10.1.1 利息支出控制方案

在当前的市场经济环境中，企业在经营管理的过程中，既会举债也会进行投资。企业若对这些债务和投资予以恰当的调整与管理，则有利于改善企业的现金流。

为了在投资收益与利息支出管理这一环节中，控制因过度的利息支出而导致的现金外流，提高企业的整体经济效益，财务管理人员应加强对金融工具的实践应用研究，以便在利息支出控制工作中参考执行。

利息支出控制方案

- -

一、利息支出的定义

在本方案中，利息支出主要是指公司在生产经营期间，为筹集生产经营所需资金而发生的利息净支出（减存款利息收入）。

二、利息支出的责任人及其职责

在利息支出控制或提高利息收益方面，总会计师是主要责任人，其主要职责是向总经理或董事会按时报告每个项目的利息支出或收益，并提出合理化建议，以增加利息收益或减少利息支出。

三、控制利息支出的工具——债务、投资所产生的利息支出及收益明细表

为了达到上述目的，总会计师有必要创建一个"债务、投资所产生的利息支出及收益明细表"（具体如下表所示），表中列示每项债务和投资的利息成本与收益及其税后利率。

这一表格能让总会计师一目了然地确定公司最大的利息支出点，从而及时通过额外的投资或低成本负债融资获得的资金来偿还那些高利息支出的债务。

债务、投资所产生的利息支出及收益明细表

摘要	总额度	利率（%）	税率（%）	税后利率（%）	利息成本或收益
短期银行借款					
长期借款					
应付票据					
应付账款					
预收账款					
货币市场基金					
公司债券					
可转换债券					
……					

使用本表时，需要重点检查的是"税后利率"这一列。因为税后利率反映的是扣减税收因素后，债务的真实利益支出或投资的真实收益。

通过这张表格和额外的投资或低成本负债来还清成本较高的债务，逐渐改变本公司的资金组合，从而使利息支出导致的现金流出能够降到最低水平，实现公司股东价值的增加。

四、控制利息支出的措施

（一）加强资金的计划管理与调度，尽量减少高成本负债

1. 总会计师应根据本公司的生产经营需要，做好资金需求计划，并筹划使用合理的融资渠道及方式，监控本公司的投资和资金使用情况。

2. 根据公司的资金情况，合理选择投资项目、投资领域，同时注意做好投资的可行性研究分析工作，避免因盲目投资导致公司资金和利益受损。

3. 通过产销平衡、加大促销力度等管理手段削减公司存货，提高存货周转率，减少存货占用的现金，缩减资金需求，尽可能减少负债。

（二）尽可能利用低成本的资金

根据"债务、投资所产生的利息支出及收益明细表"显示的高成本债务，选择低成本资金（如低利息负债、低回报率的投资等）进行偿还。具体措施包括但不限于以下四个方面。

1. 与金融机构协商，争取获得低利息负债，如短期信用借款、票据贴现等。

2. 与供应商协商，争取较长信用期限的应付账款，从而用这笔应付账款支付高成本债务。在应用这项措施时，总会计师需要衡量放弃供应商给予的现金折扣的成本与拟偿付债务的利息支出的高低。下列公式供计算放弃现金折扣成本时参考。

$$放弃现金折扣成本 = \frac{折扣百分比}{1-折扣百分比} \times \frac{360}{信用期-折扣期}$$

或：

$$放弃现金折扣成本 = \frac{折扣额}{全额-折扣额} \times \frac{360}{信用期-折扣期}$$

3. 加强应收账款的回收工作

（1）设置信用部门，做好应收账款客户资信评估和动态评价工作，加强对应收账款的管理，强化应收账款的回收制度，从而减少不合理的资金占用，有效缓解资金紧张局面，保证资金的正常周转。

（2）与公司产品的购买方协商，争取用最低成本的现金折扣提前收回货款，从而用这笔应收账款支付高成本债务。

4. 活用票据贴现、公司债券等各种融资方式，获取使用成本相对比较低的资金，以支付高成本债务，从而在总体上减少利息支出。

10.1.2 贴现利息控制方案

下面给出某企业的贴现利息控制方案，供读者参考。

贴现利息控制方案

一、目的

为了尽可能减少公司在票据贴现方面的利息支出，保证公司资金结构的均衡，特制定本方案。

二、贴现利息的定义

贴现利息是指公司为筹集生产经营所需的资金，以未到期的承兑汇票向银行申请贴现时，银行根据贴现率和承兑汇票的剩余天数从汇票总金额中扣收的一部分款项。

三、控制贴现利息的主要措施

为了达到上述目的，公司在做出票据贴现决策或开展票据贴现业务时，需要做好以下三个方面的工作。

（一）严格控制票据贴现业务规模

1. 合理控制公司的资金结构，尽量避免公司出现资金流动性不足的情况

根据本公司在未来短期内（不超过现有票据的到期日）的资金需求情况和可能的资金来源（主要指现金、短期应收款等），确定是否运用票据贴现这种短期内可变现的融资方式。

2. 考虑以其他借款方式替代票据贴现业务

通过均衡考虑各种融资方式的成本，选择最优的融资组合，以寻求在满足资金需求的情况下，达到融资成本最低的目的。

（二）控制贴现利率

贴现利率是市场定价制，由贴现公司和银行之间协商确定，但最高不会超过商业银行同档次流动资金贷款利率。所以，公司在进行票据贴现时应尽可能寻找信誉高、贴现利率低、贴现业务办理效率高且有着良好合作关系的银行进行贴现。

（三）积极开展赎回式票据贴现业务

赎回式票据贴现业务是指公司在将票据以贴现的形式出售给银行的同时，双方约定在一定的条件下，公司可以赎回用于贴现的商业汇票。在赎回日，银行会在足额收妥票款后将票据返还给公司。

所以，当公司资金周转良好且在确定未来有足额的现金流入时，可以采用赎回式票据贴现业务。通过在票据到期前将贴现的票据赎回，可以减少贴现时间，从而在一定程度上降低了贴现利息支出。

10.2　其他财务费用

10.2.1　汇兑损失控制方案

下面给出某企业的汇兑损失控制方案，供读者参考。

汇兑损失控制方案

一、方案背景

随着国家金融环境的逐步开放和本公司进出口业务的迅速发展，公司利用外币进行结算的频率越来越高。

为了有效防范外汇市场的汇率风险，尽可能降低公司在利用外币结算或进行外汇交易时的汇兑损失，减少因汇兑损失导致的现金外流，提高公司的整体经济效益，特制定本方案。

二、汇兑损失的定义

在本方案中，汇兑损失主要是指公司在发生外币交易、兑换、期末账户调整及外币报表换算等业务时因汇率波动而产生的损失。这种损失是由于在不同的时间点上，公司持有的外币资产、外币负债与人民币之间的兑换比率不同而造成的。

三、汇兑损失的控制措施

为了达到上述目的，公司在开展外币业务时，可以采取下列六种措施。

（一）根据汇率走势及时调整进出口业务结构

抛开国内外价格的差异、进出品关税税率等诸多因素的影响，公司可根据汇率的预期走势，及时调整进出口业务的结构。

1. 当预计人民币汇率会降低时，公司应减少原材料进口，增加国内采购量，同时增加产品出口。

2. 当预计人民币汇率会走高时，公司应多进口原材料，增加内销量，减少出口量。

（二）合理选择进出口业务结算时使用的货币

1. 进口业务时尽量使用可兑换货币中的弱势货币，也可采用即期外汇买入的办法。

2. 出口业务时尽量使用强势货币，在信用证结算方式下可以通过银行押汇提前收回资金。

（三）提前或推迟结算

公司若有以外币计价的应付账款，如果该货币属于强势货币，即该外币预期会升值，则公司可采取提前付款策略，以减少或避免汇兑损失；如果该外币属于弱势货币，即该外币预期会贬值，则公司可采取延迟付款的策略，以减少汇兑损失。

公司有以外币计价的应收账款，若该外币为弱势货币，则应尽可能将收汇时间提前，同时确定收汇金额和收汇日期，并在《出口合同》中加入汇率风险条款。

（四）合理运用外汇理财产品（如外汇结构性存款）

外汇结构性存款是指公司根据自身对某种货币汇率波动的把握，通过期权组合，在承担一定利息损失风险的前提下，与银行签订一份《存款协议》，以争取获得比定期存款利率更高的收益率。

对本公司而言，因外币结算量较大，若赶上其中某种货币贬值，即会带来无法控制的巨大损失。公司与银行办理外汇结构性存款后，既可通过存款利息收入冲减汇率下跌造成的损失，也降低了国际金融市场上外币价值不稳定的风险。

同时，外汇结构性存款的期限可长可短，这样就有利于公司在获得资金收益性的同时，还收获了资金的流动性。

（五）运用外汇品种组合策略

按一定比例持有欧元、英镑、美元、加币、澳元及其他货币，以及不同币种的各国政府短期票据或外汇衍生产品，通过币种的权重配置，实现本公司外汇组合的币种配置在最大程度上贴近人民币参考的外汇篮子，以便于分散不同货币的汇率风险和降低汇兑损失。

（六）积极利用金融衍生工具（如套期保值）

积极参加金融市场交易业务，利用各种金融工具包括衍生金融工具等手段进行交易，有效应对国际金融市场的汇率风险，控制汇兑损失，最大程度上降低因汇兑损失而造成的现金外流。

例如，若公司拟出口一批产品，其毛利预期为 5.000%，在其与海外客户签订贸易合同时，美元/人民币的汇率为 6.860，并约定信用账期为三个月。下面的分析反映了是否采取套期保值这一金融衍生工具对控制汇兑损失的不同影响。

1. 若公司在与客户签订合同的同时，未与银行做任何套期保值的产品，那么三个月后收到海外买家的美元时，市场的即时汇率已经变成 6.750，即人民币升值了 1.630%，则公司的毛利比预期少了 1.630%，即实际获得的毛利为 3.370%。

2. 若公司在与客户签订合同的同时，与银行做了远期结汇的套期保值产品，即在即期汇率为 6.860 的市场水平中，三个月的市场远期价格为 6.830，即将人民币的升值范围锁定在 0.439%。

所以，经过套期保值，无论美元在未来的三个月里是否贬值及贬值幅度如何，公司都可以将收到的美元在做套期保值的银行按 6.830 这一价格兑换成人民币。这样一来，公司即可在签订贸易合同时，将这笔出口业务的毛利锁定在 4.561%，将汇兑损失控制在 0.439% 这一水平上。

10.2.2　现金折扣控制方案

1. 现金折扣

现金折扣，是指销货方在销售货物或应税劳务后，为了鼓励购货方及早偿还货款而给予购货方的一种折扣优待。

例如，企业向某客户提供了这样的现金折扣，规定如10天内付款则享受2%的货款折扣，如20天内付款则享受1%的货款折扣，如30天内付款即付全款，即现金折扣为2/10、1/20、$n/30$。

2. 折扣期限

折扣期限，最长不宜超过客户的信用期限，而且随着客户信用期限的改变，其折扣期限及现金折扣率也应作相应调整。在上例中，10天、20天均为折扣期限，30天为企业对该客户的信用期限。

3. 现金折扣率

在上例中，2%、1%即为企业向该客户提供的现金折扣率。一般来说，确定现金折扣率时，公司应当参照银行同期活期存款利率，现金折扣率一般均略高于银行同期活期存款利率。

下面给出某企业的现金折扣控制方案，供读者参考。

现金折扣控制方案

一、目的

为了合理控制现金折扣的使用情况，确保能以最低的现金折扣快速收回应收账款，以减少因现金折扣造成的现金损失，提高公司的整体经济效益，特制定本方案。

二、现金折扣决策控制

（一）现金折扣决策的基本原则

销售部及应收款项催收工作负责人在决定是否向购货方提供现金折扣时，在不会产生呆坏账的情况下，必须衡量加速收款所获得的收益是否足以弥补提供现金折扣的成本。必要时，可寻求公司财务部经理的协助。

1. 如果公司因缺乏资金而需加速回款时，则需比较其他低成本融资方式所产生的成本与现金折扣成本的高低。在不会产生呆坏账的前提下，若存在一种比现金折扣成本低的融资方式，则应放弃提供现金折扣。

2. 加速收回的款项用于短期投资时，需衡量该项投资的保守预期收益是否高于现金折扣成本。若投资的保守预期收益高于现金折扣成本，则应选择提供现金折扣。

（二）现金折扣的决策分析

对现金折扣损失的控制，重点在于通过差量分析，合理设置折扣期限及相应的现金折扣率。

所谓差量分析法，即计算方案改变所引起的差量收入与差量成本，以计算差量收益。如果差量收益为正，则方案改变是有益的。

下面以举例的形式来分析不同的现金折扣条件对公司经营效益的影响。

情形一：

现假设公司采用60天的信用期限，实现的销售收入为120万元，同时，拟向客户开出 2/10、1/30、n/60 的现金折扣。根据市场分析，大约有 20% 的客户接受 2% 的折扣，30% 的客户接受 1% 的折扣。同时，坏账损失率由 3% 降至 2%，收账费用也由 3 万元降至 2 万元。

由此可以分析得出，公司增加了 0.84（120 × 20% × 2% + 120 × 30% × 1%）万元的现金折扣，坏账损失、收账费用分别下降了 1.2（120 × 3% – 120 × 2%）万元和 1.0（3 – 2）万元，在不考虑公司投资报酬率的情况下，提供该级别现金折扣时，差量净收益多出了 1.36（1.2 + 1.0 – 0.84）万元。

情形二：

现假设公司仍采用 60 天的信用期限，实现的销售收入为 120 万元，同时，拟向客户开出 1/10、0.5/30、n/60 的现金折扣。根据市场分析，大约有 20% 的客户接受 1% 的折扣，25% 的客户接受 0.5% 的折扣。同时，坏账损失率由 3% 降至 2.5%，收账费用也由 3 万元降至 2.8 万元。

由此可以分析得出，公司增加了 0.39（120 × 20% × 1% + 120 × 25% × 0.5%）万元的现金折扣，坏账损失、收账费用分别下降了 0.6（120 × 3% – 120 × 2.5%）万元和 0.2（3 – 2.8）万元，在不考虑公司投资报酬率的情况下，提供该级别现金折扣时，差量净收益多出了 0.41（0.6 + 0.2 – 0.39）万元。

通过情形一与情形二的比较不难发现，对现金折扣率稍加调整，对差量净收益的影响竟会如此之大。虽然这两种折扣率都会产生净收益增加，但情形一通过 0.84 万元的现金折扣就增加了 1.36 万元的净收益，而情形二通过 0.39 万元的现金折扣仅增加了 0.41 万元的净收益。所以，公司在不考虑投资报酬率的情况下，应选择情形一的现金折扣条件。

（三）对设定后现金折扣进行审查

现金折扣设定后，应提交销售部经理、财务部经理共同审核，以确保公司以最小的现金折扣获得最大的收益。

三、加强对现金折扣使用情况的审查与监督

1. 销售人员若向购货方提供现金折扣，需向销售主管提出申请。需使用现金折扣的购货方，必须是公司的授信客户。

2. 经销售主管审核后，现金折扣提供方案需提交销售部经理审批确定。

3. 经销售部经理审批确定后，销售人员方可于"销售合同"中注明会向购货方提供的现金折扣条件。

4. 未经公司高层审批确认，销售人员私自向购货方提供的现金折扣，由此给公司造成的损失，由销售人员负责。

10.2.3　财务手续费控制方案

财务手续费是指企业得到金融机构服务时需支付的手续费（如银行手续费），但不包括发行股票所支付的手续费。

因为企业在享受金融机构的服务时，所支付的费用一般要听从于金融机构的定价，所以，企业对于财务手续费没有直接的控制权。但是，企业可以在选择金融机构的类别、金融服务的方式等方面，进行有效的间接控制。

下面给出某企业的财务手续费控制方案，供读者参考。

财务手续费控制方案

一、目的

因公司需要到金融机构办理的业务越来越多，为严格控制在这些业务办理过程中产生的财务手续费，依据公司的经营方针和财务管理政策，特制定本方案。

二、控制银行手续费

（一）选择长期合作银行

公司应选择资产优、信誉高、服务优、优惠幅度大的银行作为公司的开户行，并与其保持长期、良好的合作关系，争取获得手续费方面的优惠。

（二）合并往来收付业务

1. 收款部分。公司可以跟客户约定货款一次性全额到账，降低收款手续费。

2. 付款部分。公司和收款方（供应商）商讨，争取共同承担手续费。

3. 对于同一家公司的收付款，尽量汇总收付（一月一次），减少手续费用。

（三）办理网上银行交易通道

1. 网上银行交易手续费较低。

2. 公司可以在开户行办理账户网上银行功能，这样既方便往来业务收付交易，又可以降低交易手续费。

三、控制其他金融机构手续费

（一）控制保险公司手续费

保险公司手续费主要包括投保手续费和退保费两种，具体控制方法如下。

1. 降低投保手续费。公司可以根据生产经营需要，以及常用保险险种、险别，寻找有实力且口碑好的保险公司，与其建立长期合作关系，争取获得投保手续费方面的优惠。

2. 避免退保。公司在办理保险前，应充分学习保险条款，确保该保险能够满足公司的投保需求，避免因保险内容不符合公司生产经营需要而出现的退险及"退保费"。

（二）控制证券公司手续费

证券公司手续费主要包括公司开设证券账户的开户费、委托费、佣金、过户费等费用。具体控制途径或方法如下。

1. 公司在办理证券公司开户费时，可以选择当地证券机构，避免异地开设证券账户手续费的发生。

2. 公司可以根据自身需求，以及交易方式手续费用的多少，确定适合自身情况的交易方式。证券交易方式主要包括电话委托、网上交易、手机炒股、银证转账等方式。

3. 委托费。该笔费用主要用于支付通信等方面的开支，一般按"笔"计算，在交易时尽量选择本地券商进行交易，这样委托费用较低。

4. 佣金。该笔费用是公司在委托券商买卖成交后所需支付给券商的费用。该费用根据委托交易的内容不同有很大差别。例如，上海股票、基金成交佣金起点为 10 元，深圳股票成交佣金起点为 5 元，债券交易佣金收取最高不超过实际成交金额的千分之二。因此，公司可根据自身需求进行合理选择。

《成本费用控制精细化管理全案（第2版）》
编读互动信息卡

亲爱的读者：

感谢您购买本书。只要您以以下三种方式之一成为普华公司的会员，即可免费获得普华每月新书信息快递，在线订购图书或向我们邮购图书时可获得免付图书邮寄费的优惠：①详细填写本卡并以传真（复印有效）或邮寄返回给我们；②登录普华公司官网注册成为普华会员；③关注微博：@普华文化（新浪微博）。会员单笔订购金额满300元，可免费获赠普华当月新书一本。

哪些因素促使您购买本书（可多选）

○本书摆放在书店显著位置　　　○封面推荐　　　　　　○书名

○作者及出版社　　　　　　　　○封面设计及版式　　　○媒体书评

○前言　　　　　　　　　　　　○内容　　　　　　　　○价格

○其他（　　　　　　　　　　　　　　　　　　　　　　　　　　　　）

您最近三个月购买的其他经济管理类图书有

1.《　　　　　　　　　》　　　2.《　　　　　　　　　》

3.《　　　　　　　　　》　　　4.《　　　　　　　　　》

您还希望我们提供的服务有

1. 作者讲座或培训　　　　　　　2. 附赠光盘

3. 新书信息　　　　　　　　　　4. 其他（　　　　　　　　　　　）

请附阁下资料，便于我们向您提供图书信息

姓　　名　　　　　　联系电话　　　　　　职　　务

电子邮箱　　　　　　工作单位

地　　址

地　　址：北京市丰台区成寿寺路11号邮电出版大厦1108室
　　　　　北京普华文化发展有限公司（100164）

传　　真：010－81055644

读者热线：010－81055656

编辑邮箱：liujun@puhuabook.cn

投稿邮箱：puhua111@126.com，或请登录普华官网"作者投稿专区"。

投稿热线：010－81055633

购书电话：010－81055656

媒体及活动联系电话：010－81055656　　　　　　邮件地址：hanjuan@puhuabook.cn

普华官网：http://www.puhuabook.com.cn

博　　客：http://blog.sina.com.cn/u/1812635437

新浪微博：@普华文化（关注微博，免费订阅普华每月新书信息速递）